Filozofun Köpeği

Raimond Gaita

Raimond Gaita 1946'da Almanya'da doğdu. King's College'da (Londra Üniversitesi) ahlak felsefesi ve Avusturalya Katolik Üniversitesi'nde felsefe profesörüdür. Temel ihtisas ve çalışma alanı etik olan Gaita, aynı zamanda zihin ve dil felsefesi konusunda da kitap ve makaleler yayımlamıştır.

Eserleri: *Romulus My Father* (1988), *Good and Evil: An Absolute Conception* (1991), *A Common Humanity: Thinking about Love & Truth & Justice* (1999).

D

Suat Kemal Angı

1966'da doğdu. ODTÜ'de Metalürji Mühendisliği Bölümü'nde öğrenim gördü. Bir süre aynı kurumda araştırma görevlisi olarak çalıştı. Kimi süreli yayınlarda şiir ve makaleleri yayımlanan Angı'nın yayımlanmış şiir ve inceleme kitapları bulunmaktadır. Daha önce Charles Freeman'ın *Mısır, Yunan ve Roma: Antik Akdeniz Uygarlıkları* (Dost Kitabevi Yayınları, 2003, 2005, Ankara) isimli çevirisi yayımlanan Angı, Dost Kitabevi Yayınları'nda editör olarak çalışmaktadır.

Gaita, Raimond
Filozofun Köpeği
ISBN 975-298-157-7 / Türkçesi; Suat Kemal Angı/ Dost Kitabevi Yayınları
Nisan 2005, Ankara, 183 sayfa
Felsefe-Edebiyat

Filozofun Köpeği

Raimond Gaita

DOST
kitabevi

ISBN 975-298-157-7

The Philosopher's Dog
RAIMOND GAITA

Bu kitabın Türkçe yayın hakları
The Text Publishing Company Ltd.,
Melbourne, Avustralya aracılığıyla
Dost Kitabevi Yayınları'na aittir.
Birinci Baskı, Nisan 2005, Ankara

İngilizceden çeviren, Suat Kemal Angı

Teknik hazırlık, Mehmet Dirican - Dost İTB
Baskı ve cilt, Pelin Ofset, Ankara

Dost Kitabevi Yayınları
Karanfil Sokak, 29/4, Kızılay 06650, Ankara
Tel: (0312) 418 87 72 Fax: (0312) 419 93 97
www.dostyayinevi.com
bilgi@dostyayinevi.com

Cora Diamond için

"İnsanlarla hayvanlar arasındaki fark, Washoe'nun çalışmaları ya da yunusların faaliyetleriyle keşfedilmiş olmayacak. Bu öyle bir araştırma ya da bize hayvanlarla aramızdaki farkı söyleyecek etholoji ya da evrimsel kuram değil: Fark, öne sürmüş olduğum gibi, insan hayatı için merkezi bir kavram ve bir nesnenin gözlenmesinden çok tasarlanmasıdır (yanlış anlaşılabilir olsa da, bunun bir sezgi sorunu olduğunu ileri sürmüyorum). Buradaki kafa karışıklığının bir kaynağı, 'hayvanlarla insanlar arasındaki fark' ile 'hayvanlarla insanlar arasındaki farklar' arasında ayırım yapmayı beceremeyişimizdir, ki aynı tür karışıklık erkek ve kadın ilişkilerindeki tartışmalarda ortaya çıkar. Her iki durumda da insanlar, 'fark'ın düşündüğümüz kadar derin olmadığını göstermek için bilimsel kanıtlara başvururlar, fakat bu tür kanıtların hepsi de, dolaylı ya da dolaysız yoldan, farkların düşündüğümüzden daha az keskin olduğunu gösterirler. Hayvanlarla insanlar arasında fark olması durumunda, ezici sayıdaki aşikâr benzerlikleri çok iyi bilirken, bu fark düşüncesine açıkça biçim verir, fark kavramı yaratırız."

Cora Diamond

"Tanrı dünyayı yaratmak için dışarıya çıktı ve yanına köpeğini aldı."

Kato Indian yaratılış öyküsü

İçindekiler

Giriş

Otuz yıl önce, özellikle dağlardaki deneyimlerimden esinlenip, doğa hakkında bir kitap yazmayı düşünmüştüm. İçinde hayvanlar hakkında küçük bir bölüm de yer alacaktı. Şimdi, bir bölümü dağları, çoğunluğu ise, kelebekler, örümcekler ve arılar diğerlerine göre daha uzunca yer tutsalar da, hayvanları anlatan bir kitap yazdım. İçinde baştan sona insanlar var. Bu kitap bizim yaratıcı niteliğimizle ilgilidir.

Otuz yıl önce yazmaya niyetlendiğim kitap, insanların doğayla ilişkileri hakkında hiçbir şeyi gizlemeyen akademik bir kitap olacaktı. *Romulus, My Father*'ı yazdığımda, hayvanlar hakkında öyküler anlatmaktan hoşlandığımı keşfettim. *Filozofun Köpeği*, hikâye anlatımı ile anlattığım öyküler üzerine felsefi düşüncelerin bir karışımıdır. İçinde kişisel keşifler olmadığı, ve umarım, ne de bir kendini tanıma olduğu için kişiseldir, gene de, çoğunlukla ve çok özel bir şekilde tanıdığım hayvanlar hakkında yazdığım için kişisel bir kitaptır. Zira, aile hayatı bağlamında babam ve arkadaşı Pantelimon Hora, karım ve çocuklarım ile, hemen hemen hep onlar hakkında yazdım. Zaman zaman insanlar bana felsefe ile yaşantım arasındaki ilişkiyi sorar. *Filozofun Köpeği*, bu sorunun bir kısmını yanıtlıyor.

Bazı okurlar, özellikle yunuslar ve maymunlar gibi zeki yabani hayvanların yetenekleri üzerine yapılan kapsamlı ve deneysel çalışmalara bu kitapta gönderme yapılmamasına şaşıracaklardır. Bu tür referansların yokluğu bir kusur değildir. Bu kitabın kendine özgü biçimi, onun bir parça didaktik amacını sergiler: Kuşlar, köpekler ve kediler gibi sıradan ev hayvanlarıyla birlikteyken, yaşadığımız hayat üzerine yaptığımız felsefi türden bir düşünme yoluyla, hayvanlarla olan ilişkilerimizin (ahlaki bağlarımız dahil) ne kadarını öğrenebiliriz?

Felsefe ve öykü anlatımı, benim deneyimimde farklı düşünme biçimleri gerektirir. Felsefe, genellikle, öykü yaratan türden ayrıntıları hızla geçerken, doğrudan ve soyut bir amaç güder. *Filozofun Köpeği*'ndeki felsefi bölümlerin bazıları zordur. Bunların tümü, deyim yerindeyse, konu hakkında felsefe yaparlar. Hiçbiri popüler felsefe değildir. Bu kitabın yazımında felsefe ve öykü anlatımını, öyküleri sonu gelmez felsefi örneklere dönüştürmeksizin ve iyi bir öykü uğruna felsefeden ödün vermeksizin bir araya getirmek, benim için kat kat daha zor bir iş oldu. Yapıp yapamadığıma karar vermek okurun işi. Bazı felsefi bölümleri zor bulacak olan okura önerim, gene de ağır ağır ve yeniden okuması, kitabı bitirdiğinde, felsefenin bütününden fayda sağlamanın, ki hemen hemen tüm felsefeler bunu gereksinir, birden fazla okumayla olası olduğunu unutmadan, bu zor bölümlere geri dönmesidir.

Babamın hayvanlara karşı tutumu beni derinden etkiledi. Hayvanlarla aramdaki ilişkiyi, farklı bir biçimde anlatılmış ve farklı bir bağlamda kurgulanmış olsalar da, *Romulus, My Father*'da anlattığım bazı öyküleri yeniden anlatmaksızın yazamazdım. Umarım ki *Romulus*'un okuru, papağan Jack ve köpek Orloff'la ilgili bu tekrar okumalara itiraz etmez.

Bu kitabı yazmamı yayıncım Michael Heyward önerdi. Onun bu kitaba olan inancı olmasaydı bu işi çoktan bırakmıştım. *Romulus, My Father*'da, babamın bir parça çeliğe dikkatle bakmak, başparmağıyla üzerine bir çizgi kazımak ve onu milimetrik bir hassasiyetle kesmek konusunda nasıl bir yeteneğe sahip olduğunu anlatıyorum. Michael çalışmamın bir sayfasına göz atarken benzer bir armağan almışa benziyordu.

Arkadaşlar ve Yoldaşlar

Döndükçe, yükselip alçaldıkça, koyu mavi gökyüzündeki beyaz yamanın biçimi değişirdi. Sabahları ona hatta on bire kadar kırağıdan kalınlaşmış çimenler de kışın çoğu kez beyaz olurdu. Yaz geldiğinde boyları uzar ve sararırlar, rüzgârın tüm araziyi dans eden çimen dalgalarına, yan yatmış altın ve gümüşlere dönüştürmek için güneşle işbirliği yaptığı geçkin ikindilerde özellikle güzel olurlardı. Onu, zihnime kazınmış ve şimdi bile onun kendi görüntüsü kadar canlı bir imge olan bu kır manzarasında, bu gökyüzüne karşı izlemenin heyecanını duyalı kırk yıldan fazla bir zaman geçti. İsmi Jack'ti, bizim papağanımız. Beni okula kadar izlerdi, biraz uçar, sonra gelir ve biraz daha uçmadan önce bisikletimin gidonuna otururdu.

Jack benden çok babamın kuşuydu. Aslında onun benim olduğunu söylemenin doğruluğundan emin değilim. Zorla kabul ettirdiği dönemleri birlikte yaşadık, ona sahip olma gereksinimimi hiç umursamadan, yalnızca verdiğim ya da esirgediğim şefkatten memnun bir şekilde. Gene de, beni okula kadar izlemesi bile benim için büyük keyifti. Gidonun üzerine oturduğunda arkadaşız gibi hissederdim. Hatta, yoldaş olduğumuz umuduna kapılmaya cesaret ettiğim anlar oldu. Oysa, eve döndüğümüz aynı günün akşamı sorgucuna vurmak için davrandığımda, o da aynı şeyi hissediyor olmalıydı ki, beni gagalamayı düşünmezdi.

Babamın hastanede olduğu ve arkadaşı Pantelimon Hora'nın Orta Victoria'daki Baringhup yakınlarında bulunan tavuk çiftliğimiz Frogmore'da bana baktığı süre dışında, Jack bir kişiye dehşetle sadık kaldı, ki bu kişi babamdı. Bu aylar boyunca sadakatini, yıllarca onunla yaşamış olmama karşın bana değil Hora'ya yöneltti. "Hey lo lo," derdi Hora Jack'e, bazen onu selamlamak bazen de "Nasıl gidiyor?" diye sormak adına. Bu iki adamın Jack'e duyduğu sevgi –ona ve onun tavırlarına gösterdikleri ilgi ve Jack'e dair birbirleriyle paylaştıkları çok özel bilgi– derinleştikçe arkadaşlıkları da derinleşti. Jack'i son kez görmelerinin üzerinden otuz yılı aşkın bir zaman geçtikten sonra bile birbirlerini gene aynı biçimde selamlıyorlardı. "Hey lo lo," diyordu birisi. "Hey lo lo," diye karşılık veriyordu diğeri.

Hora, Jack'in varlığından haz duyuyordu ve çoğu kez onu sevecen bir ilgiyle gözlerdi, kimi zaman Jack'in komik hallerine kıkır kıkır güler, kimi zamansa sergilediği hünere şaşar kalırdı. Hora'yla hiçbir zaman babamla kurduğu fiziksel yakınlığı kurmasa da ve kendisini babamın okşayışlarına bıraktığı gibi Hora'nın avuçlarına teslim etmeye asla hazır hissetmese de, çok geçmeden, Jack evde bizimle birlikte olduğu zamanlarda Hora'nın etrafından ayrılmaz oldu. Layık olduğunu düşündüğü kaliteli yiyecekleri Hora'nın vereceğine tam bir güveni vardı ve bundan ben de hiç kuşku duymadım. Hora ne zaman spagetti pişirse (ki hemen hemen her akşamın yemeğiydi) Jack sabırla yemeğin hazır olmasını bekler, ardından kendisinin de istediğini belli ederdi. Hora da her zaman için ona ayrı bir tabakta biraz verirdi. Jack daima kendi payına ne ayrıldığına bakar, sonra da gözünü Hora'nın tabağındakine dikerdi. Kendi tabağına geri dönmesi için Hora'nın spagettisinin kendisininkinden daha iyi olmadığına ikna olması gerekirdi.

Jack, spagetti kadar, özellikle çayın ya da kahvenin içine batırılmış ekmeğe bayılırdı. Ne zaman elimizde bir fincan çay ya da kahve olsa, ıslatılmış ekmeğini istemek için, kapısının kenarından masanın hizasına kadar inerdi. Bizim hazırladığımız pek çok şeyi yedi.

Daha önce yemediği bir şeyse görülmemiş bir özenle usul usul dişler, kemirir, onun ne tür bir şey olduğunu anlamak için kafasını kaldırır, tekrar çöplenir ve genellikle onu birkaç kez böyle yaptıktan sonra yerdi. Bunun ona zarar vermeyeceğine ikna olduğu anda rahatlar, yeni olan bu şeyin heyecanını tadarken kendisini onun hazzına bırakırdı. Jack, bu ve benzeri pek çok küçük yolla dünyamızı paylaşır olmuştu.

Babam hastanede üç aya yakın kaldı. Eve döndüğünde Jack kendisini kontrol altına alamadı. Tiz ve acı bir çığlık attı, sorgucunu kabarttı ve babam bedeninin her yerine vurabilsin diye saatlerce bir o yana bir bu yana ve baş aşağı dönüp durdu. Bir ya da iki gün sonra, Hora onu okşamak için davrandığı bir sırada saldırgan bir şekilde sorgucunu kabarttı ve onu bir iki kere gagaladı. Jack, hissettiği bağlılığa rağmen iki hak sahibine meydan okumakla içine düştüğü karmaşanın üstesinden kolaylıkla geliyor, duygularını gizleyebiliyordu. Her iki adamı da gönülden seven ben, bu kararsız sevgi bağının zahmeti karşısında kısa bir süre acı duyduğumu anımsıyorum.

Kedilere ve köpeklere gösterdiğimiz fiziksel duyarlığı, karmaşık ahlaki ilişkiler içinde olduğumuzda bile, kuşlara nadiren gösteririz – eğittiğimiz yırtıcı kuşlarla bir aradayken örneğin. Kuşları kafeslerde görmeye alıştırıldığımız için, onlarla olan fiziksel temasımız çoğu kez sınırlıdır. Bazen, kolumuza ya da omzumuza konduklarında onlara vururuz, fakat sarılmayız onlara. Bacakları üzerinde gergin bir şekilde dururlar, gövdeleri esnek değildir, hatları bizim hatlarımıza uymaz. Elbette durum böyle görünebilir, fakat tamamen doğru değildir.

Jack serbestçe uçardı ve eve girme izni vardı. Bir bölümünü yiyerek yuvası yaptığı mutfak kapısının üzerinde ve kapıya bitişik duvarda uyurdu. Hemen hemen her sabah kapısından iner, babamla benim uyuduğum odaya girerdi. Kapıdan inerken kâh gagasından kâh pençelerinden çıkan kazıntı sesleri, yatak odası kapısını kafasıyla itmeye uğraşırken ve üzerine kapanan kapıdan kaçarken çıkardığı sesler genellikle bizi uyandırırdı. Ama babam hâlâ uyanmamışsa ya da uyuyormuş gibi yapıyorsa, Jack, babam gözlerini açana kadar karyolaya tüner, beklerdi. Sonra yatağa sıçrar, battaniyenin altına girer ve ara sıra babamı öpmek için başını dışarı çıkarırdı.

Bir papağan nasıl öper? Şöyle. Gagasının üst kısmını dudaklarınıza yaslar, dudaklarınızı yumuşakça dişler, sonra gagasını alt dudağınıza kaydırır ve bu süre boyunca 'tsk tsk tsk' der. Bu her neyse, Jack'in kesin bir sevecenlikle ve sadece babama yaptığı bir şeydi. Babam da ona vururdu, kanatlarının ve gagasının altına, göğsüne ve karnına. Bazen Jack'in kafasını hafifçe avuçlarının arasına alır ve yeniden onun öpücüklerine dönerdi. Battaniyenin altından aynı 'tsk tsk tsk' sesiyle birlikte arada bir nedeni bazen zevk bazen de babamın elde olmadan canını acıtmasıyla hissettiği ani fakat ince bir sızı olan bir cıyaklama duyulurdu. Fakat hiçbir zaman onun korkudan ya da endişeden bağırdığını duymadım, ki Jack'in babama olan güveninin akla getirdiği herhangi bir şey asla önemsiz olarak nitelenemezdi.

Evimize bir buçuk kilometre mesafede bulunan komşu çiftlikteki bir demircide çalışıyordu babam. Jack çoğu kez onunla giderdi. Bazen, refakatini, ayrı yerlere istiflenmiş küçük bir vida ya da hurda demir yığınını sanki onları tasnif ediyormuşçasına gagasıyla kazarak atölye içinde de sürdürürdü. Bundan yorulduğunda, yaptığı yaramazlıkların görülebileceği bir menzil içinde uçardı. Haylazlık bulmakta asla zorlanmazdı, fakat komşumuzun televizyon antenindeki parlak plastikten bir dolu ıvır zıvırı ısırarak söktüğünde, babam, vurulacağı korkusuyla kanadını kesmek zorunda kaldı. Jack azimliydi, evimizden demirciye kadar yürüdü. Kesilmiş kanadı ile biraz olsun uçamıyor, sadece bir daire çevresinde dönüp duruyordu, ama biraz idmanla antene ulaşabilmek için gerekli yükseklige çıkmayı başardı. Hiç değilse bir süre onu beladan uzak tutabilmeyi uman babam, Jack'in bacağına bir zincir, zincirin ucuna da eski bir sandalet bağladı. Eğer yeterince zorlarsa, zinciri ucundaki ağırlıkla toprakta sürükleyebiliyordu, ancak eline geçenin çektiği sıkıntıya değmeyeceğini anlamış olmalıydı ki, zincirin çaba harcamadan hareket edebilmesine izin verdiği, yarıçapı en çok beş altı metrelik bir daire içinde gezinir oldu.

Babam ve ben Jack'le sık sık konuşurduk. Ona genellikle sorular sorardık. "Yani geri döndün, değil mi?" "İnekleri getirmeye bizimle gelmek ister misin?" "Köpeği niye rahat bırakmıyorsun?" "Kapılardaki delikleri neden çiğnemek zorundasın?" Sonunda, sanki biliyormuş da alay ediyormuş gibi bir tavır takınırdı ya da bana öyle gelirdi. Gene de, Jack'in son derece akıllı bir kuş olduğuna hiç kuşku yoktu. Zaman zaman onu radyodan işittiği bir melodiyi ıslıkla çalmaya çalışırken yakalardık. Birazını çalar, devamını unuturdu, sonra tiz bir çığlık atar, sorgucunu kabartır ve altıgen delikli tel çitin çevresinde hüsranla dans ederdi. Yatıştığında, gene unutana kadar, genellikle biraz daha çalardı. Bunu çok sık yapar, ancak onu izlediğimizi fark ederse dururdu. Duyduğu melodiyi çalma egzersizlerine devam etmesi için onu kimsenin göremeyeceğine inanması gerekirdi. Onunla çok nadir papağanca konuştuk ve o da bizle... Bir dolu şey anlatırdı, ama çoğunlukla kendisine.

Jack bizimle samimiyse de, bu, zamanının yalnızca bir kısmını yeryüzünde geçiren bir mahlukun koşullu yakınlığına benzerdi. Uçsuz bucaksız bir kır manzarasının üzerinde, yükseklerde, koyu mavi gökyüzünde onu görmenin büyük heyecanı, kısmen, kuşların hayatlarımızda sahip olduğu gizemli yerin dışavurumuydu. Bir yandan, göğün yükseklerinde özgürce uçarken, arkadaşlığının bedava armağanı ile yaşantılarımızı onurlandıran tamamen farklı ve imrenilecek bir tür varlık gibi, bize yabancı görünürdü. Öte yandan, o benim evcil papağanımdı, mutfak kapısının üzerinde uyuyan, babamın yatağına çıkan ve birazdan, birkaç dakikalığına bisikletimin gidonuna oturmak için beni okula dek izleyecek ve beni tekrar, babama olduğu kadar bana da yakın olacak hayaline teslim olmaya davet edecek olan benim evcil papağanım.

Frogmore'dan yakındaki Maryborough kasabasına taşındığımızda, babam Jack'i ardında bıraktı. Umursamaz ve yıkıcı olduğu için onun kasabada serbestçe dolaşmasına izin veremezdi. Ne de onu kafeste taşıyabilirdi. Kanat tüyleri yeniden uzamıştı ve sandaletle zincir onu yere bağımlı kılmanın kalıcı araçları olarak düşünülemezdi asla. Jack zaman zaman geçen papağan sürüleriyle birlikte günlerce, hatta bazen haftalarca uçmaya alışıktı; ve biz onun eve gelmeyeceğimizi anladığında gene böyle davranacağını umduk. Onu bu şekilde bırakmak babamın kalbini kırmış, geri dönmemizi boşuna bekleyen Jack'i düşündüğünde babam suçluluk duygusuyla acı çeker olmuştu.

Babamın Jack'e ne olduğuna bakmak için geri dönmeye karar vermesi bir aydan fazla zaman aldı. Jack'in hâlâ evde, çit direklerinin birinin üzerinde oturuyor olmasından korkuyordu ki, ardından ya haline acıyıp onu, daha iyi olduğunu düşündüğü önceki kararına karşın, kafese kapatacağı Maryborough'a getirecekti ya da Jack bu ziyaretten cesaret alacak, geri dönmeyecek birisini beklemenin ümitsizliğiyle tekrar yüzleşmek zorunda kalacaktı. Jack orada değildi. Onu bir daha hiç görmedik.

Orloff benim Jack'ten önceki ve Jack'ten daha derin bağlandığım ilk hayvan arkadaşımdı. Pek çoğundan daha uzun ve dayanıklı siyah melez bir tazı. Bizden önce Frogmore'da yaşayanlardan kalmıştı. Kaç yaşında olduğunu bilsem de şimdi unuttum, fakat kaslı bedeninin gücü, tavşanların peşinden koşarkenki hızı ve hemen hemen daima onları yakalaması, hâlâ kesinlikle oldukça genç olduğunu gösterir. Eğer ki tavşanları kovalarken bir çite rast gelirse, iki tel arasından yavaşlamaksızın geçebilmek için bedenini kurnazca basık duruma getirirdi.

Çocukluğum sorunluydu. Annem babamı çok zamansız terk etti, defalarca geri döndü ve gene gitti. Bana çok yoğun bir sevgi beslemesine ve bundan asla kuşku duymamama rağmen, babam sevgisini belli edebilen bir adam değildi, böylece ben de, ihtiyacım olan sıcaklık ve teselli için Orloff'a yöneldim. Babam farklı biri olsa da muhtemelen böyle davranmak zorunda kalmıştım, çünkü bir çocuğun bir kadın dokunuşuna olan doyurulmamış açlığını giderebilmesi için bir köpeğe bir erkekten daha yakın olabileceğini sanıyordum.

Kırdaki hayatımız boyunca babam bir süre gece vardiyasında çalıştı ve ben yıkık dökük çiftlik evimizde geceleri yalnız başımaydım. En yakın kasabadan kilometrelerce uzakta, en yakın çiftlikten on dakikalık yürüme mesafesinde, elektriği olmayan ve rüzgârda uğursuzca gıcırdayan bir ev. Bu korkuyla baş edebilmek için Orloff'u yatağıma alırdım, ki onun her seferinde kaygılarımı gideren varlığına minnettarım, fakat uykuya dalana kadar radyodan dinlediğim öykülere gösterdiği kayıtsızlık beni hayal kırıklığına uğratırdı.

Yıllar sonra, yetişkin bir insan olduğumda, bazı Aborijinlerin gecenin soğuğunu sıcaklıklarına gereksindikleri birkaç köpekle ölçtüğünü keşfetmiş olmaktan hoşnuttum. Çok soğuk bir gece, üç hatta dört köpek gecesi demek olmalıydı. Orloff'a olan ihtiyacımı anımsadığımda, bunu bana Aborijinleri hor gören bir edayla anlatan kişiye hayret etmiştim. Gene bu yüzden, yatağın içinde olması şöyle dursun, yatağın üzerine çıkan bir köpek düşüncesinin birçok kişiye iğrenç gelmesi gibi, köpekle uyuyan pirelerden şikâyet etmemeli diyen eski atasözünün ifade ettiği bu tepeden bakma da bana yabancıydı. İnsanlar, sık sık, yatağa çıkmalarına izin vermenin köpekleri şımarttığını söyler, fakat böyle olması gerekmez. Onları terbiye etmenin, her arzularını karşılamak yerine onlardan isteklerini frenlemelerini talep etmenin farklı yolları vardır. Disiplini bir alanda gevşetirseniz onu her alanda aşındırırsınız düşüncesi, inanıyorum ki, insanlara olduğu kadar köpeklere uygulandığında da pek çok koşula bağlıdır.

Altı kilometre ötedeki okula gittiğim günlerde, Orloff sık sık yolun bir kısmına kadar bana eşlik ederdi ve geri döndüğümde onu orada, benden ayrıldığı yerde bekliyor bulurdum. Çoğu zaman okula bisikletimle giderdim, ama bazen bir çiftçi komşumuz beni arabasıyla bırakırdı. Araba yolundaki ayırımdan eve doğru bozuk yoldan yürürken, Orloff beni selamlamak için öylesine büyük bir sevinçle sıçrardı ki, beni yere devirirdi. Orada, uzun çimenlerin arasında uzanırdık, bacaklarını ayırıp göğsüme oturur, beni yalar, sevgisini belli eden sesler çıkarır ve kuyruğunu öyle bir şiddetle sallardı ki, tüm bedeni kuyruğuyla birlikte sallanırdı, o zaman onun benim en yakın ve gerçek arkadaşım olduğunu hisseder, onu sevdiğimi anlardım.

Muhtemelen yalnızca bir çocuk bir köpeğin sadakatine böylesi saf bir güven duyabilir. Ama ben Orloff'a güvenmezdim, çünkü çocukken onunla ilgili yanlış şeylere inanırdım. Onun bir insan olduğunu düşünmez ve anımsadığım kadarıyla sahip olmadığı yetenekleri ona atfetmezdim. Ne de bir makine ya da bir yığın şartlı refleksten ibaret olduğuna inanırdım elbette. Aile içi olaylar karşısında derinden üzüntü duyan, olası kötü şeylerden ve bazen bulunduğum ortamdan korkan bir çocuktum sadece. İhtiyacımın derinliği, Orloff'un zekâsı ve bu gereksinime yönelik sadık tepkileri, onunla olan ilişkimde saf arkadaşlık düşüncesiyle yakalanamaz bir yoğunluk yaratmıştı.

Gereksindiği yakınlığı ve arkadaşlığı hayvanlarda, özellikle köpeklerde bulan insanlar, bazen köpeklerin insanlardan iyi olduklarını söyler. İnsanlara duyulan ve genellikle bu tür sözlerle ifade edilen böylesi bir güvensizlik her zaman için üzücüdür. Henüz bir çocukken söylediğim, Orloff'un en hakiki dostum olduğunu hissediyorum sözüyle okul arkadaşlarımı kötülemek değildi niyetim. Ama onlar, yoğun biçimde hissettiğim teselli, korunma ve güvenlik gereksinimlerimi Orloff gibi karşılayamıyorlardı. Ona yersizce atfettiğim güçleri anımsatmak istemiyorum, ama eğer ki tehlikedeysem onun beni koruyacağına güvenim tamdı. Bazı çocuklar için bu güven, köpekleriyle olan ilişkilerinde önemli bir rol oynar ve bu, çoğunlukla, hem çocuk hem de köpek için iyidir. Bu tür çocuklar doğal olarak büyük köpek isterler.

Bu olayda Orloff'a sadakatsizliğini ispatlayan bendim. Tarzan'ın şempanzesini çok merak ettiğim için Melbourne hayvanat bahçesine mektup yazdım ve bana bir şempanze verip veremeyeceklerini ya da satıp satamayacaklarını sordum. Hayvanat bahçesinin mektubumu kısa sürede ve kibar bir dille yanıtlaması, beni ve hatta Hora'yı, ki o sıralar bana bakıyordu, çok şaşırtmıştı. "Sevgili Üstat Gaita," diye başlıyordu mektup, ricamın kabul edildiğine dair umutlarımı artıran bir hitaptı bu. Ne yazık ki, mektup, çocuklara şempanze ya da herhangi başka cins bir maymun vermenin ya da satmanın hayvanat bahçesinin politikasına aykırı olduğunu söyleyerek devam ediyordu, fakat belki bir kedi, bir köpek ya da bir kuş düşünebilirdim. Herhangi bir kimsenin, hep bir şempanze hayal etmiş birisini böyle sıradan hayvanların tatmin edebileceğini düşünebilmesi kuşkuludur, mektubu fırlatıp attım, fakat böyle yaparken bile hain isteklerim yüzünden Orloff'a karşı suçluluk hissetmiştim. Gene de, bana ve babam hariç herkese zor anlar yaşatmış Jack'e karşı değil. Beni gagalamıştı, kedilere rahat vermezdi, ne zaman taslarından süt içiyor olsalar gider kulaklarını ısırırdı ve Orloff'un sırtına konar, ondan yürümesini istediğinde ya da sırf kötü niyetli zevklerinin tatmini uğruna kulağını gagalardı. Bir maymun, diye düşünmüştüm, ona haddini ancak bir maymun bildirebilirdi.

Orloff evden kilometrelerce uzağa, kırlarda gezinmeye giderdi. Bir gün, bir çiftçi, babama, bir köpeğin civardaki bir koyuna cinsel tacizde bulunduğunu ve Orloff'dan kuşkulandığını söyledi. Umutsuzca o olmamasını diledik, çünkü eğer oysa sonuçlarını biliyorduk, fakat içimizde bir sıkıntı vardı ve uğursuz bir önsezi hayatımızı karartmıştı. Bir ay ya da biraz daha fazla bir zaman sonra, Orloff böğründe bir kurşun yarasıyla eve geldi. Alçaktan uçup gelen kurşun, bodur ve ince yapılı tazının midesine isabet etmiş ve midesini delip geçmişti. Babam önemsiz sıyrıkların ve iltihaplanmış yaraların tümünün tedavisi için kendi ilaçlarını kullandı: mavi ispirto, lanolin ve örümcek ağı.

Birkaç hafta sonra, bir sabah, evden bir yirmi metre ötede Orloff'un cesedini bulduk. Ağzından kan geliyordu, çünkü birilerinin verdiği içi sivri cam parçalarıyla dolu eti yemişti. Evi ve evin bahçesini ötesindeki kırdan ayıran çitin arkasında, yerde yatıyordu. Bir bahçe diye bahsediyorsam da, sözcüğün evle ilgili çağrışımlarını doğrulamak ve onu bir bahçeye benzetmek adına hiçbir şey yapmazdık. Bahçenin içinde fakat uzakta bir yerde, şişelerin ve paslı konserve kutularının oluşturduğu yaklaşık on metre çapında bir çöp yığını vardı ve çitin iki tarafı arasında göze çarpan tek fark buydu. Gene de, babam, Orloff'u öyle bir şefkatle kaldırıp çitin bu tarafına taşıdı ki, neden böyle yaptığını sormama gerek yoktu, çünkü Orloff evinde gömülmeliydi.

Babam mezarı kazarken, Orloff'u içine koyarken ve üzerini toprakla kapatırken, arkadaşlığımızı düşündüm hep. İç organları sivri cam parçalarıyla harap olmuş bir halde eve dönmeye çalışması kim bilir ona nasıl acı vermiş olmalıydı. Çit sonunda imkânsız bir engele dönüşmüştü. Onun için ağladık. İlk kez babamı ağlarken görmüştüm ve o gün birlikte ağladığımız tek gündü. Haftalarca kalbimde, göğsümü patlatacak kadar büyük bir acı hissettim.

Bazen basit ve iyi insanlarla hayvanlar arasında doğal bir benzerlik vardır. Çocukken böyle bir adam tanımıştım, gözüme bütünüyle masum, yumuşak ve nazik görünürdü. İsmi Vacek Vilkovikas'tı. O da babam gibi Avustralya'ya 1950'lerin başlarında, karşılığında iki yıl çalışması gerekeceği ücretsiz bir yolculuk sonrasında gelmişti. Onunla bir baraj inşası için babamın da yollandığı Orta Victoria'daki göçmen işçiler kampında tanıştık. Çok geçmeden iş bitmiş, Vacek aklını kaçırmıştı ve babamla benim yaşadığımız yerden on beş kilometre uzaktaki küçük bir dağın eteğinde, iki kocaman granit kayanın arasında yaşamaya gitti. Kötü havadan korunmak için kayaları bulabildiği şeylerle kapattı ve birkaç yıl boyunca orada, inanıyorum ki, halinden hoşnut yaşadı. Onun ilkel evi, ötesinde mavi Pireneler, hemen yanında komşu tepeler olan bölgenin en güzel manzaralarından birine sahipti. Yazın, tepenin Vacek'in yaşadığı tarafı uzun ve sapsarı otlarla kaplanırdı. Granit kayaların arasında, yer yer, bazıları altı metre boyunda, renkleri mavi ve eflatunun olağanüstü bir karışımına sahip meyvelerin müjdecisi olmaya yaraşır koyu sarı çiçekleriyle büyük kaktüsler olurdu. Yuvarlak ve gri renkli antik kayalarla birlikte kaktüsler, özellikle meyveleri kuşlar tarafından oyulup açıldığında, araziye tarihöncesi bir görünüm katardı. Vacek bu kır manzarasında sanki onunla arkadaşmış gibi yaşıyordu.

Biriktirdiği makul miktarda parayla, şaftlı, tekerleri küçük bir otomobil büyüklüğünde geniş bir güneş motosikleti ve tavşan avlamak için dürbünlü bir tüfek satın alan tutumlu bir adam. Artan parasını da iki üç kilometre uzaktaki Maldon'da bir bankaya yatırmıştı, küçük şeyler almak için ihtiyacı oldukça azar azar çekerdi. Uyuduğu kayaların yakınında tenekeden küçük bir kulübe çatmıştı (neden içinde uyumadığını bilmiyorum) ve orada salamura yaptığı, ki bunun için bazen sidiğini kullanırdı, çeşitli karışımları saklardı. Kesin aklını kaçırmıştı, deliliğin türlü biçimlerine özgü, saldırgan ve gırtlağından çıkardığı gürültülü bir sesle olmasa da, kendi kendine konuşurdu. Konuşurken başkalarına olduğu kadar kendisine karşı da kibardı, bazen sesi güçbela işitilirdi, kendisine bir soru sorduğunda yüzünü kırıştırır ya da çaresizliğini ve vazgeçişini anlatmak için, avuçları yukarı dönük, kollarını açardı.

Vacek'in masumiyeti yaptığı her şeye yansıyordu. Deliliğinin zarafetinde, hayvanlarla olan ilişkisinde, onlarla birlikteyken büründüğü ve bir tür eşitlik düşüncesini dışa vurur görünen, ki gene de biraz tuhaf kaçıyordu, doğal tasasızlıkta hep bu masumiyet vardı. Arada sırada, bir haftalığına ya da daha fazla bir süre kalmak için babamla benim yanıma gelirdi. Bu ziyaretlerin birinde akşam yemeği için yanında biraz sosis getirmişti. Yemeğini hazırlarken sosisleri masada bırakıp kalktı ve evin bir başka yerinde bir şeyler yapmaya gitti. Döndüğünde sosisler yoktu. Tek şüpheli Orloff'tu. Vacek sormak İçin Orloff'u çağırdı. Sosislerini o mu almıştı? Gereksiz bir soruydu bu, çünkü Orloff'un ifadesi şüphe götürmez biçimde suçlu bir köpeğin ifadesiydi. Sonra Vacek ona ne denli kırıldığını anlattı. Güvenine böylesine berbat bir şekilde ihanet edeceğini hiç düşünmediğini söyledi. Bir daha asla böyle bir şey yapmaması için ona yalvardı. Vacek, daha sonra olayı Hora'ya anlatırken, Orloff'un bu konuda kendisine söz verdiğine dair yemin etti.

Bu kitaptaki birçok öyküde, arkadaşlık ve teselli gereksinimi için insanların hayvanlarla kurdukları ilişkileri anlattım. Gereksinimin çarpıtılabileceği ve ilişkileri zehirleyebileceği olası durumlar nedeniyle ondan kuşku duyma eğilimindeyizdir. Bu çarpıtmaları önlemek için, ya da, daha umutsuzca, yeterlilik duygusunun peşinde kendimizi bu gereksinimden kurtarmaya çabalamak feci bir şey olurdu, ne var ki biz bunu başaracaktık. Diğer insanlara karşı çoğunlukla kavranılamaz biçimde duyumsadığımız bu gereksinim, kısmen koşullarla ve kabullendiğimiz değer yargılarıyla ilgilidir. Hayvanlarla olan ilişkimizde de aynısı geçerlidir. Gereksinimin yıkıcılığı, onlarla olan ilişkimizin en yüce biçimlerini üretmede, onun gücünün negatif boyutudur.

Tanıdığım en bilge adamlardan birisi, bana, öldüğümüzde bizim için ağlayacak bir insana hepimizin ihtiyaç duyduğunu söylemişti. Bu gerçeğin alçakgönüllüce kabulü, hem insanlara hem de hayvanlara yöneltilen budalaca küçümsemelere karşı sahip olduğumuz en iyi korunma yoludur. Gereksinim gerçeğini kabul etmemiz şeyleri daha doğru görmemizi sağlar. Kendisini başkalarına ihtiyacı olmadığı düşüncesine kaptıran, hiç kimsenin hasretini ve acısını çekmeyen kişi, şeyleri en açık biçimleriyle görebilme şansına hiçbir zaman sahip olamayacak kişidir. Ve hayvanlara gereksinmeyen kişi, bu gereksinimi duyan insanları küçümserse, insanlarla hayvanlar arasındaki ilişkilerin yaratacağı gerçek olanakları anlamada daha iyi bir konuma sahip olamaz. Arkadaş hasreti çeken, kalabalıklara karışmaktan coşkun bir haz duyan babam, sahipsiz çiftlik evimizdeki yalnız yaşamında gerçek arkadaşlığı papağan Jack'te bulmuştu. Bu ihtiyaçtan dolayı, bir adamla bir kuş arasında daha önce asla tanık olmadığım bir ilişki gelişti. Benim Orloff'la olan sıkı arkadaşlığım, çocuk duyarlığıyla onu en hakiki dostum olarak görmem, yalnız kalmama ihtiyacımın işlevsel bir parçasıydı.

Hayvanlar gereksinimlerimize şaşırtıcı bir duyarlılıkla yanıt verebilirler. Zac, kız kardeşlerim Katie ve Eva'nın ve onların annesi Margaret'ın köpeğiydi. Orloff gibi o da, sanırım çok akıllı değildi, fakat gene tıpkı Orloff gibi Zac da iyi bir köpekti. Aslında tanıdığım en iyi köpekti. İnsanlarda olduğundan fazla önemli sayılan akıllılık meziyeti, köpekler için en önemli nitelik değildir.

Bir Avustralya çoban köpeği ile labrador kırması olan Zac, Katie ve Eva'nın ona ilk göz koyduklarında ilan ettikleri gibi, ta-ma-men* istedikleri cins bir köpekti. Zac umulandan daha kısa sürede, kesinlikle ihtiyaç duydukları –özellikle Eva'nın– bir köpek de olup çıktı. Evin arkasındaki basamaklarda otururlarken, Eva ona okuldayken katlanmak zorunda kaldığı son derece zor ve berbat dönem boyunca çektiği acılardan söz ederdi. Çok üzüldüğünün farkına varır varmaz Eva'nın kucağına tırmanır, patilerini omuzlarına koyar ve gözyaşlarını yalardı. Kinikler gözyaşlarındaki tuz yüzünden köpeğin böyle yaptığını söylerler, ama öyle değildi. Onun kucağına üzüntüsünü fark edip ağlayacağı beklentisiyle tırmanmazdı. Ne de gözyaşlarıyla birlikte tavrı değişirdi. Onun gözyaşlarını yalaması, Eva'nın üzüntüsünde kendi aşikâr üzüntüsünü duyduğunun göstergesiydi, bunu da jestlerindeki sevecenlikle, patilerini Eva'nın omuzlarına koyma biçimiyle ve çıkardığı yumuşak seslerle ifade ediyordu.

Evin içindeki ses tonu yükselirse (ille öfkeden olması gerekmez), Zac, saldırıya uğradığını ya da azarlandığını düşündüğü kişiyi koruyucu, koruyucu olduğu kadar da saldıran taraf olduğuna inandığı kişiyi azarlayıcı bir tavırla, tarafların arasına girerdi. Tamamen aşina olmadığı insani davranışlar karşısında, öfke ile diyelim heyecan arasındaki farkı her zaman ayırt edemezdi ve kendisini aceleyle insanlar arasına atmak için koştuğunda bazen komik durumlar ortaya çıkardı. Zekâsı kimi zaman kuşku uyandırırdı fakat iyi kalpliliği asla.

* Ex-zac-tly.

Gençken Zack'ın güçlü sıçrayışları izleyenin soluğunu keserdi. Sonraki yıllarda kalp rahatsızlığı baş gösterince hızla kuvvetten düştü. Yürürkenki acıklı hali artık iş görmeyen bir pençenin neden olduğu topallama ile birleşmişti. Gittikçe kötülemesi, babamın kalp hastalığı yüzünden çöküşünü anımsatmıştı bana. Gençken her ikisi de öyle güçlüydü ki. "Bana olana inanabiliyor musun?" demişti babam, alet tutamaz hale gelen ellerine bakarak. Zac bunu söylememişti, ne de düşünebilirdi bunu. Gene de durumunun acınası hali, onun gençlik yıllarıyla ahir vakitlerini bir araya getiren bu öykünün bir parçasıydı.

İlaçla tedaviye rağmen, Zac, Eva'nın dönem sonu sınavlarının bitimine kadar yaşayabildi ancak. Eva çalışırken Zac onun odasına serilirdi, bazen de onun yatağında uyurdu. Okulun başladığı ve bittiği günlerde onu teselli ederdi. Margaret ve kızlar Zac'ın küllerini, onu sık sık yürüyüşe götürdükleri yakınlardaki okul bahçesine saçtılar.

İnsanlar arasındaki arkadaşlık, onu sahtelerinden ayıran ahlaki değerlerle ve aynı zamanda yoldaşlıkla tesis edilir. Arkadaşlık, diye iddia eder Aristoteles, yetişkinlerle çocuklar arasında var olamaz, çünkü o yalnızca eşit, ve bilgelikle arkadaşlığın taleplerini yükseltecek iradeye sahip insanlar arasında gerçekten var olabilir. O, insanlarla hayvanlar arasında var olabilecek arkadaşlık fikrini küçümsemiştir.

Bir erdem ya da bir duygunun gerçekliği ile onun sahte biçimleri arasındaki karşıtlık, insan yaşamını karakterize eden temel unsurdur. Aşk olmadan örneğin, içtenlik, sadakat, cesaret ve arkadaşlık olmadan, nerede olurduk? Derinlemesine düşünme yeteneğinden, belki ciddi bir beyin hasarı yüzünden âciz bir insan, gerçek aşk ile deli divane olmak ya da gerçek bağlılık ile kölelik arasındaki ayırımı yapamaz, aşksız ve sadakatsiz ya da karakteri biçimleyen herhangi bir erdemden ya da ruhsal yaşantıyı zenginleştiren herhangi bir duygudan yoksun kalırdı. Öyleyse, bu duyguları ve erdemleri hayvanlara mal etmek, tam bir insanbiçimcilik değil midir?

Sanki böyle değilmiş, sanki öykülerini anlattığım hayvanların düşünme yetenekleri yokmuş gibi yazdım. Bunun nedenini yavaş yavaş ve biraz da dolaylı yoldan açıklamaya çalışacağım.

Bir Köpek İçin mi?

Gypsy'nin geçirdiği kazadan bir hafta önce, yaşlı bir kadın, St Kilda Acland Caddesi'nde karşıdan karşıya geçerken bir bisikletin çarpmasıyla öldü. Karım Yael ve ben kadını gördüğümüzde, kadın caddeye serilmişti, kulaklarından kan geliyordu. Yael ile birlikte olay yerinde bulunan bir başkası, kadının yattığı yerin tam karşısında olduğunu bildikleri kliniğe koştular. Bir doktor geldi, zavallı kadının kafasının altına bir yastık koydu, giysilerini gevşetti, onu elinden geldiğince muayene etti ve bir ambulans çağırdı, fakat bunların kadına pek bir faydası olmadı. Üç gün sonra hastanede öldü.

Yardım etmek için sadece iki ya da üç kişi durmuştu. Daha fazlası merak etmemişti. İnsanların, böylesi acıklı bir manzaranın endişesiyle belki, ya da olayla duygusal olarak baş edememekten korktukları için, yolda yatan kadından bilerek uzaklaştıklarını söyleyebilmeyi isterdim. Fakat yapamam. Kesinlikle söyleyebilirim ki, kadının yazgısıyla yeterince ilgilenen yoktu.

Gypsy, bizim dişi Alman çoban köpeğimiz. Bu olay olduğunda iki yaşındaydı. Yaşlı kadın öldükten bir hafta sonra o ve ben, Acland Caddesi'ndeki yaya kaldırımında durmuş, süpermarkette alışveriş yapan Yael'i bekliyorduk. Yirmi dakikadan fazla olmuştu ve Gypsy giderek endişeleniyordu. Tam o sırada, otuz metre uzaktaki Yael'i gördük. Aptalca davranarak tasmasını çıkardım ve ona doğru koşmasına izin verdim. Heyecandan kaldırımdaki bir dolu insanı fark etmemişti ve iri cüsseli sarhoş bir adamın ayaklarına dolandı.

Olan biteni ağır çekimmiş gibi gördüm. Ne olduğunu anlayamadan, sanki yüksek bir yerden düşüyormuş gibi ellerini ve ayaklarını yana açan sarhoş adam geriye doğru devrildi. Refleksleri ağır, kendisini ya da Gypsy'yi koruyabilmek için fazlasıyla sarhoştu, altında olduğunu belirsiz bir şekilde algılaması gereken canlı bir şeyden yana doğru çekilemedi. Adam Gypsy'nin üzerine düştü, ardından, ayağa kalkabilmek için yavaşça yuvarlanarak ondan uzaklaştı, bunu yaparken tökezledi ve az kalsın bir dükkân camından kafa üstü içeri giriyordu.

Gypsy kaldırımda böğrü üstüne yatmış acıyla inliyordu. Ta içinden burkularak gelen korkunç bir sesti bu – bir inilti olamayacak kadar yüksek, bir sızlanma ya da cıyaklama denemeyecek kadar güçlü ve tasarlanmamış. Yael, gözleri fal taşı gibi açılmış, kaşları yukarı kalkmış ve üzüntüden çatılmış halde, her iki elinde taşıdığı alışveriş torbalarının izin verdiğince hızla koşarak yanımıza geldi. "Tanrım, ne oldu burada?" Soru şeklinde ifade edilse de, aslında bir feryattı bu. Kaderciliği yüzünden en kötü sonucun beklentisi içinde olmuştu hep.

Korkarım bu saçma gelebilir, ama nasılsa söyleyeceğim, zira daha sonra olanlarda önemli bir payı olduğundan eminim. Gypsy olağanüstü güzel bir köpekti. Herhangi biri onun güzelliğine dair bir söz söylemeden yirmi metreden fazla yürüyemezdik – güzelliği en çok kızların dikkatini çeker, erkek arkadaşlarına söylerlerdi. Safkan bir çoban köpeğinin tavırlarına, güzel rengine –siyah ile kırmızının farklı tonlarına çalan açık kahverengi– ve huzurluyken onu melankolik gösteren kaşları ile oldukça sevimli bir yüze sahipti. Kaldırımın üzerinde yatarken inleyen Gypsy ile onun yanında diz çökmüş halde duran ve Yahudi ruhunun derinliklerinden gelen bir acıyla feryat eden Yael, yoldan geçenler için dayanılmaz olduğu aşikâr, dokunaklı bir görüntü oluşturuyorlardı. Birkaç dakika içinde bir yirmi otuz kişiyi etkilemişti.

Olay yerinde ilk olarak iki orta yaşlı Yahudi kadın vardı. Hengâmenin içine karıştılar. "Vah vah! Zavallı köpek," diye söylendiler.

Halden anlayan tavırları sadece Gypsy'ye yönelik değildi ama. Bunu sözle ifade etmeseler de, Yael'e baktıklarında yüzlerini kaplayan düşünceyi okuyabildim: "Bu denli güzel bir Yahudi kızın başına böyle bir şey nasıl gelebilir?"

Zavallı sarhoş, sefilce ve tekrar tekrar özür diledi. Eğer ki çevresindeki yaygara bir gösterge idiyse, berbat bir şeye neden olduğunu fark edebilmesi için tüm dikkatlerin üzerinde toplandığını hissetmesi yeterliydi. Gene de dilediği özürler iki kadını hiç etkilemedi. Tüm olan bitenin sorumlusunun sarhoş bir adam olduğunu anlayınca kalpleri ona karşı taş kesildi. Musevi olmayan sarhoşların kanlı soykırımlar yapan görüntüsü, kokusu ve sesi, Musevi ruhunun derinlerine işlemişti. Kadınların gözlerindeki küçümseme o kadar belirgindi ki, adamın güvenliğinden endişe ettim. Kendisi de korkmuş olmalı ki, kadınların dikkati yeniden Gypsy ve Yael'e yönelir yönelmez kaçtı.

Birkaç dakika içerisinde, yoldan geçen iki motosikletli aynı anda durup bizi veterinere götürmeyi teklif ettiler. Yaptığımız ilk şey öneriyi kabul etmek oldu. Veteriner, Gypsy'nin röntgene ihtiyacı olduğunu söyledi, fakat önce bayıltılacaktı. Yetmiş dolar tutacaktı. Bir bir buçuk saat sonra belli olacak sonuçları beklemek için eve doğru giderken bu paranın bir köpek için çok fazla olduğunu düşündüm. Olay yatıştığı için şu an kendimizi sersemlemiş hissediyorduk. Dikkatimiz yoğun bir şekilde Gypsy'nin üzerindeydi, fakat bir hafta önce kaza geçiren ve can çekişirken adeta görmezden gelinen kadının hatırası gözlerimizin önünden gitmiyordu.

Gypsy'nin bacağı kırılmamıştı ama bu haberin yarattığı rahatlama çok uzun sürmedi. Veteriner, keşke bacağı kırılsaydı diye dilemekte haklı olduğumuzu söyledi bize, çünkü asıl yarasının daha ciddi olduğu anlaşılmıştı ve tedavisi daha pahalı olacaktı. Ameliyatsa karmaşık ve hassastı. Veteriner, ameliyat için gereken koşulları burada sağlamaktansa, onu alıp daha çok olanağa ve uzmana sahip olan Werribee'deki Melbourne Üniversitesi Veterinerlik Fakültesi'ne götürmemizi önerdi. Gypsy, onu oraya götürdüğümüzde bariz bir şekilde kaygılıydı, sanki bizim kaygımızdan kaynaklanan bir önseziyle kötü bir şey olacağını anlamıştı.

Werribee'deki cerrahlar Gypsy'nin bacağına bir çivi yerleştirdiler ve bize prognozun iyi olduğunu söylediler. Ameliyattan sonra alıp eve getirdiğimizde Gypsy'nin bizi sevinçle karşılayacağından emindik. Fakat öyle olmadı, kendine gelmesi için yatırdığımız kulübesinden çıkıp bize doğru kuyruğu bacaklarının arasında, başı eğik ve yalpalayarak yürürken, bizi güçbela tanıdı. Ayağındaki alçıyı yemesini engellemek için kafasına takılan ağızlık ile, gençliğe özgü güvenden tamamen yoksun, acınası bir hali vardı.

Bununla beraber bu umutsuz hali yalnızca iki gün devam etti. Yael'in, benim ve çocukların sürekli ilgisi keyfini yerine getirmişti. Üçüncü gün, ağızlığa rağmen yılmayan Gypsy, alçısını ısırdı. Dördüncü gün, ikinci bir ameliyat için tekrar Werribee'deydi, zira gene ayağını yaralamıştı.

Bu durumun yineleneceği olasılığından korktuğumuz için, veterinerlerin bacağını kesmek zorunda kalmaları halinde ne yapacağımızı merak ediyordum. Uyutmalı mıydık? Çocuklar bu düşünceden dehşete kapıldılar. Karar vermek zorunda kalsaydık eminim bu işi yapamazdık, gene de bunu düşünmüş olmaktan utanç duyuyorum. Babamla büyüdüğümden, 'hayvanların acılarından kurtarılmaları' gerektiğine ilişkin hüküm verme kolaylığından sakınmam gerektiğini daha iyi bilmem gerekirdi. Kendisi, köpeği Russy'yi, bir veterinerin öldürülmesi gerekir dediği tarihten itibaren bir yılı aşkın bir süre yaşatmıştı. Russy'yi gören komşular da veterinerle aynı fikirdeydi. Fakat onun acı çektiğine ya da mutsuz olduğuna dair tek bir kanıt yoktu. Güçsüz, 'doğal ömrünü' tamamlamış hayat dolu bir köpekti, fakat kendilerini ona bakmaya adayan bir ailenin içinde yaşamak da, doğal yaşamının bir parçası değildi. Komşular arasında yaygın olan ve Russy'yi öldürmenin onun için bir lütuf olacağı düşüncesi, köpeğin durumundan çok, sanırım, insanoğlunun bir hayvan için ne kadarını yapmaya hazır olduğuyla ilgiliydi. Babam onu eliyle beslemeye, yatağına taşımaya ve mutfakta sıcak tutmaya hazır olmasaydı eğer, Russy'nin hayatı bir felaket olurdu. Ama babam tüm bunları yaptı.

Ne var ki, Gypsy hakkında o şekilde düşünmemin ne denli utanç verici olduğunu gerçekten anlamam, yaklaşık bir yıl sonra, filozof Cora Diamond ile Virginia'da kalırken gerçekleşti. Cora'nın, aldığı bir yara sonucunda arka bacakları felç olmuş Mouse adında Beauceron cinsi büyük bir köpeği vardı. Mouse, fazla zorluk çekmeden, Cora'nın onun için yapmış olduğu bir arabayı ön bacaklarıyla iterek hareket edebiliyordu. Mouse dışarı çıkmak istediğinde Cora onu butlarından yumuşakça tutarak kaldırıyor ve bir el arabasını sürer gibi ön ayakları üzerinde yürütüyordu. Hiç kimse, Mouse'un öldürülmüş olmasının daha iyi olacağını söyleyemezdi.

Bütün bunlar olduğunda Londra'da çalışıyor ve üniversite her tatile girdiğinde Melbourne'e geliyordum. İki evin birden geçimini sağlamak, uçak paralarını ödemek ve çocukları özel okula göndermek, benim akademisyen maaşım ve Yael'in öğretmen maaşıyla imkânsızdı. Yael'in babasının Victoria Çarşısı'nda, kışın kazak ve gömlek, yazınsa gömlek ve şort sattığı küçük bir dükkânı vardı. Asıl işi inşaatçılıktı, fakat kötü günler gelir kaygısıyla dükkândan vazgeçmiyor, ayrıca dükkânın keyif veren canlılığından hoşlanıyordu. Paraya ihtiyacımız olduğunu anlayınca, dükkânı çalıştırmaktan usanmış ve emekli olmaya can atıyormuş gibi davrandı. Aslında, dükkânını alarak ek gelir elde etmemizi istiyordu. İstediğini yaptığımızda, kendisine çarşının kenarlarına yakın daha kötü bir yerde, ona para kazandırmaktan çok kaybettirdiğine inandığım bir başka dükkân buldu.

Yael ve ben hafta sonları dükkânı birlikte çalıştırıyorduk. Londra'da olduğum zamanlardaysa bu işi kendisi yapıyordu. En geç sekizde açabilmek için sabahları beş altı civarında dükkâna gelirdik. Her şey hazır olunca canımız kahvaltı etmek isterdi. Çok az şey, soğuk bir kış sabahında dükkânı hazırladıktan sonra edilen basit bir kahvaltı kadar zevkli olabilir – ki bizim için bu, genellikle bir yumurta, domuz pastırması ve bir fincan kahveden ibaretti. İş zor değil fakat sabah beşten öğleden sonra beşe kadar olan çalışma süresi uzundu ve betondan rüzgârla birlikte gelip iliklerinize işleyen soğukta ayakta durmak, giderleri karşılayabilecek kadar bile satış yapamıyorsanız eğer, moral bozucu olabiliyordu.

Gypsy'nin ameliyatları ve diğer veteriner masrafları şu ana kadar toplam iki bin dolardan fazla tutmuştu. Zaman zaman, bir gömlekten iki ya da üç dolar kazanırken Gypsy'nin veteriner faturalarını ödemek için tahminen ne kadar gömlek satmamız gerektiğini kederli bir şekilde hesaplamaya çalışırdık. Dükkânı, okul giderleri ve evin bakımı için para kazanmak üzere çalıştırmaya karar vermiştik, ama bunun yerine bir köpek için çalışıyorduk. "Artık yeter. Bu defa uyutulması gerek," demeden önce daha ne kadar bu şekilde devam edeceğimizi merak ediyordum. Hiçbir fikrim yoktu, fakat yanıtı ne olursa olsun, bunun Yael ve çocukların kabul edemeyecekleri bir şey olacağından ve iş bu noktaya gelirse, bunu onların gözyaşlarına rağmen yapmam gerekeceğinden kesinlikle emindim. İngiltere'deki bir adamı anımsadım, Alman çoban köpeği kaybolmuştu. Ulusal ilan kampanyasına çoktan binlerce pound harcadığı halde, daha fazla ilan verebilmek için evini satmaya ve köpeği getirene verilecek büyük ödülü daha da artırmaya hazır olduğunu televizyondan duyurduğunda, kendisi, köpeği ve ailesi ülke çapında ünlenmişlerdi. O zaman bana, normalde yalnızca insanlara verilen değeri yanlış bir şekilde bir köpeğe atfeden birisiymiş gibi görünmüştü, ki hâlâ öyle görünür. Çocukların sağlık harcamalarını ödeyebilmek için her şeyi satardım ve eğer gerekseydi mezara kadar çalışırdım. Peki ya bir köpek için?

Neye karşı bir köpek için? Bir kedi? Bir robot? Pek çok insan kedileri diğer tüm hayvanlara yeğler, fakat eğer benim soruma, "Bir köpek için değil ama bir kedi için," diye yanıt verirlerse, bu ancak bir şaka olabilir. Bazı insanlar şempanzeleri ve yunusları kedi ya da köpeklere nazaran çok daha ahlaklı bulur, gene de bu insanların pek azı, "Bir köpek ya da bir kedi için değil fakat bir şempanze ya da bir yunus için," diyeceklerdir. Ya da, deseler bile, bunu sorunun tabiatına aykırı, tartışmalı bir şekilde söyleyeceklerdir. Havuzbalığı beslemek için gömlek satıyor olsaydık ve birisi çıkıp, "Bir kedi ya da bir köpek için anlayabilirdim. Ama bir balık için?" deseydi eğer, bu uygun olurdu. Sıçanlar ve başka tür fareler de bu iş için daha uygun değildirler. Sorumun bağlamını herkes, "Bir hayvan için mi?" diye anlayacaktır. Buna karşılık ortaya çıkacak anlamsa, "Köpeğinize bir insanmış gibi davranmıyor musunuz?" olacaktır. Birisi de çıkıp şunu söylemek isteyebilir: "İnsanlar da birer hayvandır."

Bu, daha ziyade, ağaçlardan ormanı görmenin zor olduğu ihtilaflar doğuran, tartışmalı bir yanıt olacaktır. Bir hatırlatıcı biçimine sahiptir, fakat tabii ki hiç kimse insanoğlunun aynı zamanda hayvan olduğunu, etli kanlı bir yaratık olduğunu, çocuklarımızın annelerinin rahminde büyüdüklerini, memelerinden süt emdiklerini unutmamıştır. İnsan olmaya ait kesin gerçekleri –cinselliğimizi, felaketlere maruz kalabilmemizi, ahlakımızı– anlayabilmemiz, tamamen birer yaratık olma niteliğimizle belirlenir. İşlemez hale gelmek yerine, diğer canlı mahluklar gibi ölürüz. Paslanmak ya da geri kazanılmak yerine külden küle, tozdan toza savrulmak, sona erme biçimimizdir.

Çoğu kez, insanlar, insanoğlunun da bir hayvan olduğunu söylediklerinde, bir mahluğun hangi türe ait olduğundan bahsetmenin, ona şu veya bu şekilde davranmak için tek başına asla iyi bir neden olamayacağını kastederler. Çocuklarımız için yapmamız gereken fedakârlığı Gypsy için de yapmamız gerektiğini düşünmek saçmaysa eğer, onlar bunun, onun yalnızca bir köpek çocuklarımızınsa birer insan olmasından kaynaklanmadığını söylerler. Bu ayırım, ikisi arasında ahlaksal açıdan dikkatimizi çeken başka nesnel farklılıklardan dolayı olmalı. İnsanlarla köpekler arasında, insanlara köpeklerden farklı davranmayı haklı çıkaran pek çok farklılık vardır ve kuşkusuz ki bu farklılıklar onların bir türün üyesi olmalarında birer işleve sahiptirler, fakat onlar, köpeklerle insanlara farklı şekilde davranırken bu üyelikten çok bu farklılıkların dikkate alınması gerektiğinde ısrar ediyorlar. Nasıl yalnızca ırka ve renge göre davranmak bir ırkçılık suçu ya da sadece cinsiyete göre davranmak cins ayırımcılığı suçuysa, Gypsy'yi öldürmeyi haklı çıkarmak için yalnızca onun bir köpek olduğu gerçeğine başvurmak da bir 'tür ayırımcılığı' suçudur. Herhangi bir şeyi ele alalım –bir hayvan, bir makine, bir melek, bir uzaylı– bu şeyin eğer insanlara yönelik davranışlarımızla ahlaksal açıdan bağlantılı özelliklere ve yeteneklere sahip olduğunu düşünüyorsak, o zaman ona da bu özelliklere ve yeteneklere sahip insanlara davrandığımız gibi davranmalıyız. Böylece, çok etkili bir tartışma sürüp gider. Bu, tutarlılık gereksinimimize güçlü bir şekilde hitap eder.

Hayvanlara karşı nasıl davrandığımıza çok dikkatlice bakarsak eğer, onlara yönelik davranışlarımızın açık bir şekilde tutarsız olduğu sonucuna varmak anlaşılabilir olacaktır. Çiftçinin kızı beslediği kuzuyla şefkatle ilgilendiği halde başka kuzuları tereddüt etmeden yiyecektir, ama bu sadece, evcil hayvanlarımızla ilgilendiğimiz diğerlerini ise keyifle yediğimiz genel gerçeğinin dramatik bir göstergesidir. Evcil hayvanlarımızı gömeriz, fakat bir parça irkilsek de, yol üzerindeki ölü bir yaratığın üzerinden geçiveririz. Bu tür bariz tutarsızlıkları birer birer sayarak insan sayfalar doldurabilir. Benzer şeyler, muhakkak ki, diğer insanlara yönelik davranışlarımızı da belirler – kimileri buna tarafgirliğin neden olduğu ahlaki deformasyon diyecektir. Bununla beraber, genellikle, aile üyelerimize ya da ulusumuza karşı hissettiğimiz tarafgirlikle karşı karşıya kaldığımızda, en azından belli ölçüde, uzaktaki yabancılara ya da hiçbir şekilde duygusal bağımızın olmadığı diğer insanlara yönelik zorunluluklarla çelişmemesi gerektiği talebine göre tepki gösteririz. Bağımız yoğunlukla yerel olsa da, hiç değilse dünyanın tüm halklarında ortak olan insanlık fikrinin, hem ifade hem de teşkil etmeyle ilgili bazı zorunluluklar taşıdığını kabul ederiz – ki bu zorunluluklar, örneğin insan hakları ve uluslararası hukuk kavramlarında, giderek artan bir şekilde belirtilmektedir. Hayvanlarla ilişkilerimize dönük bu tür çok fazla zorunluluk yoktur. Evcil hayvanlarımıza ve diğer hayvanlara –bazen çok müsrifçe– nasıl baktığımızı açıklamaktan çok az keyif almışızdır.

Alımlı bir tekir olan Tosca, St Kilda'daki evimizle birlikte geldi. Hiçbir zaman bütünüyle evcil bir kedi olmamıştı ve hatta Gypsy'ye sahip olmadan önce evin içine girmesi için tatlı sözlere nadiren kanardı. Bununla birlikte, ara sıra bize –en çok da Yael ve Eva'ya– kendisini okşama izni verirdi. Evin içine kendini okşatmak istediğinde gelir, yeterince okşandığında da giderdi. Yaz günlerinde Yael eğer güneşin altında uzanıyorsa, Tosca bazen onun kucağına sıçrar, mırıldar ve bu sokak kedisi önce ihtiyatla ardından kaygısızca kendini onun şefkatine bırakırdı. Kaç yaşında olduğunu bilmiyorduk. Orta yaşlı olduğunu tahmin ediyorduk, ki inatçı halleri ve bir hanımefendi gibi davranmaya olan hevesi bu tahmini destekliyordu. Gypsy'yi dokuz haftalık bir yavruyken eve getirdiğimizde, onu Tosca'yla arkadaş olması konusunda yüreklendirdim, ne var ki çabalarım sonuç vermedi. Tosca'yı görür görmez onu salıvermem için yırtınır, gözünü onun üstüne dikip pür dikkat kesilmesi niyetini belli ederdi.

Gypsy'ye sahip olmamızın hemen ardından onun bir katil olduğu ortaya çıktı. Pek çok köpek kedileri kovalar, fakat bazıları öyle bir azimle kovalar ki, yakalarlarsa kesin öldüreceklerini size belli ederler. Gypsy pek çok şeyin katiliydi. Onu kabul etmek konusunda isteksizdim çünkü hayvanlara aşina olmayan okurların anlamamaları ve ona karşı tavır almaları olasılığı vardı. Aslında, yavru bir köpek olduğu ve çocukları ve onların arkadaşlarını çevresine topladığı, onları topuklarından hafifçe ısırdığı günler bir yana, insanlara karşı son derece yumuşak bir köpekti – Gypsy için, 'onu ellerimle beslediğim zamanlarda, ağzı parmaklarım arasında çalışırken dişlerinin onları asla çizmemesine özen gösterirdi' diyecek olan Yael gibi gerçek bir hanımefendi.

Çoban köpekleri gibi biraz mesafeli dursa da ve kendine has bir sevgi gösterme biçimi olsa da, başlangıçtan beri sevecendi. Orta yaşlara kadar çok fazla sevgi göremedi, fakat o zaman bile hep yanımızda olmayı severdi. Hemen hemen bütün gün evdeydi ve gece yatak odamızda uyurdu. İnsanlar büyük köpeklerin geniş yere gereksindiğini söyler. Gypsy'nin geniş alana koşmak için ihtiyacı vardı ve bu ihtiyacını parkta ve kumsalda giderirdi, fakat evde geçirdiğimiz zamanın çok büyük bölümünde bizimle birlikte oturur, dışarıda olduğumuzda ise evde uyurdu. Onu düzenli olarak koşmaya götürdüğümüz sürece, sanırım ki küçük bir apartman dairesinde yeterince mutlu olabilmişti.

Henüz bir yaşındayken, ön kapının metal mandalının tıkırdadığını duyar duymaz korkunç şekilde havlayan etkili bir bekçi köpeği olmuştu, ne var ki, yalnızca biz evdeyken havlıyor gibiydi. "Bu köpek bir bisküvi bile etmez," demişti Yael'in babası birkaç kez, çünkü biz dışarıdayken eve geldiğinde havlamamıştı. Gypsy onun ayak sesini tanıdığı için böyle olup olmadığını ya da insanların dikkat ettiği özellikleri olmadığında onları koruyup korumadığını bilmiyorduk. Gypsy'yi çok sevdiği ve bir sosyalist olduğu halde, Yael'in babası ikinci varsayıma ihtimal vermiyordu. Gece evden uzakta olduğumda –ama yalnızca o zaman– herhangi bir olayda kımıldayan her şeye, Yael ile kızları Dahlia ve Michelle'in korumasına ihtiyaçları olduğunu düşünerek havlardı. Sürekli havlamasının onları uyutmadığı gerçeğine rağmen, Gypsy onlar için bulunmaz bir teselli kaynağıydı. Eve döndüğümdeyse, kapı mandalının sesini işittiğinde sadece, veyahut ön ya da arka kapıda birinin olduğunu düşündüğünde havlardı. Bir dişi köpeğin ve hatta orta yaşlı bir prenses timsalinin çeşitli şekillerde Yael ve çocuklarının korunmasına yönelik tutumu, elinden gelenin en iyisini yaptığının göstergesiydi. Soylu davranışlar sergileyen bir köpek sorumluluklarının üstesinden geliyor ve soylu bir köpek oluyordu.

Ne zaman gözlerini Tosca'nın üzerine dikse, gene de bütünüyle vahşi görünürdü, fakat Tosca bu gerçeğe pek aldırmaz ve Gypsy ile dalga geçerdi. Gypsy evin içindeyken, pencerenin dışındaki pervaza boylu boyunca uzanarak onu kızdırır, camın arkasında güvende olduğunun bilinciyle köpeğin vahşileşmesini izlemekten aşikâr bir zevk alırdı. Kibirli bir zevkti bu. Gene de, orta yaşlı ve hatta Tosca gibi bir sokak kedisi bunu öldürme içgüdüsüne sahip genç ve zeki bir çoban köpeğine çok uzun süre yapabilirdi.

Biz hepimiz Gypsy bir gün Tosca'yı öldürecek diye çok korkardık, fakat hiçbirimiz onun bunu bir ayağı alçıda ve ağzında ağızlık varken yapabileceğini düşünemedik. Olayı Eva gördü. Gypsy Tosca'yı kaçmaya çalışırken tuzağa düştüğü bir çitin yanında kıstırdı. Eva'nın çığlıklarına koşup geldiğimde, onu dişlerinin arasına almıştı ve belkemiğini parçalamak için silkeliyordu.

Tosca'yı Gypsy'nin çeneleri arasından kurtarmak için cesurca koşup gelen Eva, ki o vakit sadece on yaşındaydı, Tosca tarafından fena halde tırmalandı ve geri çekildi. Her şeye karşın Eva'nın müdahalesi Gypsy'nin dikkatini dağıttı ve Tosca'yı kavradığı çenesini kedinin kaçmasını olası kılacak kadar gevşetmesine yol açtı. Yael Gypsy'i yakaladı ve bağladı.

Tosca önünde uzandığı arka kapıya doğru acı içinde süründü, ağzından kan damlıyordu. Göğüs kafesi tamamen parçalanmış gibiydi. Gözleri fal taşı gibi açıktı ama sanki görmüyordu. Aklımda sadece bir an önce acısını dindirmek vardı ve bahçede olduğunu bildiğim küreğe bakındım. Hızlı ve sert bir darbeyle ölmüş olacaktı. Küreği aranırken, Yael, arka kapının yanında kolu kan içinde ayakta duran, biraz yaraları biraz da geçirdiği şok yüzünden ağlayan Eva'yla ilgilenmem için bana seslendi. Birkaç dakika sonra yeniden küreği aramaya başladığımda Tosca gitmişti. Ölmek için uzağa, diye düşündüm. Kediler böyle yapar.

Bir hafta on gün sonra Yael Tosca'nın miyavlamasını duyduğunu sandı, fakat doğru olamayacağını düşünerek bana bir şey söylemedi. Birkaç gün sonra sanki tekrar duymuştu, ama bu kez bana söyledi. "Böyle ciddi bir yarayla hayatta kalması imkânsız," dedim.

Üç hafta sonra Tosca eve döndü. Ya da hemen hemen eve demeliyim. Onu duyan Yael'di, sesin Tosca'ya ait olduğu içgüdüsüne güvenerek çıktı ve onu evin yakınındaki bir çalılığın dibinde buldu. Gypsy'nin vermiş olduğu zarar yüzünden bir deri bir kemik kalmış, arka bölgesi sallanıp durduğu için orta kısmı hâlâ ve kısmen çöküktü ve miyavlaması da boğuk geliyordu. Zayıf ve yaralı olduğundan komşumuzun evinin altına gizlendiğini ve yaşamak için gereksindiği yiyeceği bulmayı umduğunu sandık.

Yaklaşık bir yıl boyunca ölümle cebelleşen Tosca uslanmışa benziyordu. Ardından, gene Gypsy odadayken pencerenin pervazında oturmaya başladı, fakat başlarda eski kendini beğenmiş halinden eser yoktu, çünkü cesaret ettiği şeyin endişesini tümüyle üzerinden atamamıştı henüz. Sonunda, kendinden hoşnut haline büründü. Gypsy onu ikinci kez yakaladı. Bir kez daha onu Gypsy'nin ağzından kurtardık ve bir gece daha yaşaması adına barınma artı muayene ücreti için yüz dolar ödediğimiz veterinere götürdük. Gypsy'nin onu hemen oracıkta öldürmesinin daha iyi olacağını düşündüğümü anımsıyorum. Veteriner Tosca'nın cesedini imha etti.

İçimizde en çok Yael üzüldü. Üç gün boyunca Gypsy ile güç bela konuşabildi. Kedileri sevmemesine rağmen onu beslediği için ve Tosca kendisini birisinin okşamasına izin verdiği nadir zamanlarda herkesten çok kendisine geldiği için Tosca'ya bağlanmıştı. Küçükken Yael'in üç muhabbet kuşunu bir kedi yemişti ve bu olay hayatı boyunca onu kedilere karşı tedbirli yapmıştı. İnsanlar böyledir. Kedi âşığı arkadaşların çocukları Gypsy'nin Tosca'yı öldürdüğünü duyduklarında, her ne kadar sevgili kedilerinin de bir sürü kuşu öldürdüğüne dikkat çeksem de, ona karşı cephe aldılar. Gerçeği söylemek gerekirse Tosca bu sonu hak etmişti. İnsan bunun bu denli haşin olmamasını dileyebilir, fakat bu, Tosca'yla Gypsy arasında geçenlere insani bir boyut katmaktır. Tosca, daha yeni dirilmişken Gypsy'yle bu şekilde dalga geçmeye cesaret etmekle takdire değer bir canlılık örneği sergiledi, ancak bu, oynamak için seçtiği bu ölümcül oyunun bedelini ödediğini kabul etmeyi yadsımak için aynı canlılığın reddedilmesi olabilirdi. Bu olaya Tosca yol açtı, fakat Gypsy onu bu olaya yol açtığı için öldürmedi. Bu düşünce onun aklına hiç gelmedi. Onun aklına hiçbir şey gelmedi. Zannedersem bu, bir yönüyle, bir hayvan olmanın ne demek olduğunu açıklar.

Yıllar sonra, 'acısına son vermek' adına Tosca'nın kafasına geçirmek için bir kürek aradığım gerçeği üzerinde düşündüğüm zaman, aynı şeyi asla Gypsy'ye yapamayacağımı fark ettim. Ne de onun ölüsünü imha etmesi için veterinerde bırakabilirdim. Babamın Orloff'u gömmesi gibi ben de onu gömerdim. Küreği kapmaktan ve acısını dindirmek için onu öldürmekten başka bir seçeneğim olmasaydı bile, bunu başka bir ruh haliyle, acıyı anlamayla kazanılan ve gerçekten yapmam için bana bırakılan tek şey olduğunun bilgisiyle yapardım. Fakat Tosca'yı öldürmek ihtimali bana acı verse de ve bu seçimimden hiç hazzetmesem de, bunu yapmaya, çiftlikte büyümüş birisinin içgüdüsüne itaat etmek demek olduğu için kalkışırdım. İnsanın çiftlikte yaptığı bir şeydir bu. Bunun yalnızca en ümitsiz durumlarda yapılması gerektiği düşüncesi çiftlik hayatı içinde bir rol oynamaz. Bu ve bunun gibi gerçekler, 'bir hayvanın acısına son vermek' ve 'bir hayvanı öldürmek' terimlerini kullanmamıza ilişkin çağrışımlar sunar.

Tosca'ya yapmaya niyetlendiğim şeyin salaklığını fark etmem, bunun bana acı verip vermeyeceğine dair tahminimle ilgili hiçbir şey içermez. Yeterince güçlü bir darbe indirmiş olsaydım ona acı vermeyeceğimi varsayıyorum. Bu konular üzerine düşünürken dikkatimiz çok kolay bir biçimde hayvanın ne hissedeceğine kayar ve yaptığımız şeyin ne anlama geldiğini pek düşünmeyiz. Neden olacağımız acı hakkında düşünürüz, fakat neden olacağımız utancı hiç hesaba katmayız. Farkı anlayabilmesi için, bir insanı kafasına kürekle vurarak öldürmeyi ve yaptığı şeyin korkunçluğu karşısında koşulların ve yaptığının haklı bulunacağını zihninde (doğru ya da yanlış) tartıp tartmamasının bir önem taşımadığını düşünmeden önce, kişi, sadece nasıl çaresiz bir halde olması gerektiğini düşünmeye ihtiyaç duyar.

Bir kez daha söylemek gerekirse, bunun nedeni, onun fiziksel ya da zihinsel olarak acı çekebilecek olması değildir – bunun nedeni, yapılanın onun asaletine karşı bir saldırı olacak olmasıdır. Eğer bilinç sahibiyse, o zaman, bu şekilde öldürülüyor olması ihtimali karşısında yaşayacağı kederin her tür izahı, bu gerçekle tamamen biçimlendirilmeye gereksinmeyecektir. İnsanlara gelince, borçlu olunan asalet ve saygı, örneğin I. Dünya Savaşı sırasında subayların 'sıradan suçlular gibi asılmak' yerine kurşuna dizilmelerinde ısrar eden insanlar tarafından başvurulan türden değildir. Bu bizim kayıtsız şartsız dediğimiz türden bir saygı şeklidir. Pozisyonları ya da statüleri ne olursa olsun ve değerleri ne olursa olsun, bu, insanoğluna olan bir borçtur aslında.

Tosca'yı öldürmeye niyetlenmemin içindeki ruh, 'bir hayvanın acısına son vermek' ve 'bir hayvanı öldürmek' terimlerinde biriken çağrışımlarda yakalanır. Bu terimlerin ikisi de, bir varlığı sadece daha fazla acı çekmekten kurtarmak için öldürmek anlamına gelmez. Yalnızca algı problemi olan düşüncesiz birisi, kolay ölümün zekice bir tanımının olup olamayacağını düşünebilir. Aksi takdirde, büyükanneyi öldürmek hakkında yapılan şakalar kara mizah konusu olarak bizi çarpamazdı. Bu terimlere sadece hayvanların öldürülmesinde, dolayısıyla, düzenli olarak hayvanlara gösterilen merhametle düzenli olarak insanlara gösterilen merhamet arasındaki farka dikkat çekmek için başvururuz. Bir yönüyle, hayvanlarla insanlar –bizlerle onlar– arasındaki farkı belirtmenin bir yoludur bu. Tosca'ya gelince, onu öldürmeye niyetlendiğimde ilk söylenen türde bir merhamet gösterdim. Gypsy için durum böyle olmazdı.

Tosca'yı bu biçimde öldürmeye niyetlendiğim için hatalı mıydım? Sanırım hatalıydım. Gypsy için genişlettiğim türde bir merhameti, onların asaletine saygı duyarken 'onları acılarından kurtarmak' ile tutarlı olmayan böyle bir yolla bütün hayvanlar için genişletmeli miyim? Bu soruyu sorarken bile hatalı mıyım? Yanıt artık belli değil mi? Sanırım belli değil. Fakat şu açık ki, insan büyükannesini öldüremeyecek olsa da, başkaları için bunu yapmanın ya da bunu başkalarına yapmanın pekâlâ mümkün olacağını düşünmek aşırıya kaçmak olacaktır.

Bir gün –çok fazla uzak bir gün olmayabilir– pek çoğumuzun hayvanlarla sürdürdükleri ilişkilerin güncel pratiklerinin acımasızlığına tiksintiyle bakabiliriz. Fakat aynı zamanda hayvan soyluluğu kavramımızı ne denli yoksullaştırdığımızdan da derinden utanıyor olabiliriz. Hayvan cesetlerini, üzerinden defalarca geçilecek şekilde yol ortasına terk edebildiğimize bile inanmayan insanlar olabiliriz. Eğer öyle olursak, daha 'insani' olan mevcut pratiklerimizden mütemadiyen ortaya çıkan tiksinmeyi görebilecek duruma gelebiliriz – doğrusu, geleceğimizden eminim. Fakat, tek tek hayvanlar ya da hayvan türleri arasında neden böyle radikal bir ayırım yapmamamız gerektiğine ilişkin düşüncemiz, sanırım, onlar arasındaki farklılıkların onlara davranış biçimlerimizdeki farkları haklı çıkarmadığına inanmış olduğumuzu göstermeyecek.

Tosca'ya karşı tepkilerimi eleştirel biçimde düşündüğümde, onunla Gypsy ya da daha genel olarak kedilerle köpekler arasındaki farkların göze çarpan noktaları olmadığını kasten –ya da, inanıyorum ki, farkında olmadan– düşünmezdim. Ki yolun kenarına bırakılan ölü bir köpeğin Gypsy gibi nesnel karakteristikleri olduğunu iyi biliyorum. Doğru, havuzbalıklarına ya da böceklere, kedilerimize ve köpeklerimize davrandığımız biçimde davranmayı düşünmeyiz, ancak bunun, bu özelliklerin bizim için olası kıldığı ilişkiler kadar, onların kendilerindeki ve bizim için önem taşıyan nesnel farklılıklar olmadıklarından kuşkulanıyorum. O zaman bile, onlardaki bu özellikler olası hale getirdikleri ilişkileri asla bütünüyle açıklamaz. Gypsy ailemizin bir üyesidir. Bazı insanlar, aşırı duygusallığın acısıyla, tırnak içine alınması gerektiğini düşündükleri bu tanım karşısında duraksarlar. Bazılarıysa duraksamaz. Alman çoban köpekleri hakkındaki hiçbir nesnellik sorunu çözmez.

Başına gelen kazadan yıllar sonra, Gypsy on yaşına geldiğinde, kendisinden çok daha genç ve gençliğin tüm enerjisiyle dolu başka bir dişi Alman çoban köpeğiyle ciddi bir kavgaya tutuşmuştu. Diğer köpeğin kız kardeşi de kuşkulu bir şekilde etrafta dolanıp duruyordu. Hiç kimse onun kardeşinin safına geçip geçmeyeceğini bilmiyordu. Vahşi bir dövüştü. Dişi köpekler erkek köpeklerden çok daha sık ölümüne dövüşür ve bu dövüş de sanki o tür bir dövüştü. Onları ayırmaya çalıştım. Saldıran köpeği tasmasından yakaladım ve daha kötü durumdaki Gypsy'nin üzerinden kaldırmaya çalıştım, fakat kıvrılıp öyle güçlü bir şekilde döndü ki beni ta öteye fırlattı, omzumda bir lifin attığını hissettim. Kavgayı gören Yael birbirine girmiş haldeki köpekleri ayırmak için etrafında dönüp duran diğer köpekle çıkageldi, heyecanlıydı fakat henüz kavgaya müdahale etmemişti. Genç köpeği kuyruğundan kaptığı gibi sertçe çekti. Sırtına bir tekme indirdi ve köpek geri çekilene kadar kuyruğuna asılmayı ve tekmelemeyi sürdürdü. Hiç kuşku yok ki cesurca bir davranıştı bu. Diğer iki çoban köpeğinin ona saldırmayacağından kimse emin olamazdı. Yael ciddi şekilde yaralanabilir, hatta ölebilirdi. Bir kez daha merak ettim: Bir köpek için mi?

Filozofun Köpeği

Gypsy, mutfaktaki hasırının üzerinde, üst üste attığı patilerine başını yaslamış, bakışları az ötedeki bir yere dalmış yatarken ve biz masada yemek yemek ya da sadece yemek sonrası sohbeti için otururken, bazen kafasının içinden ne geçiyor diye merak ederim. Hiçbir şey düşünmüyor mu? Evin içinde yaşarken köpeği ailenin bir parçası olmamış ve kendisine bu soruyu sormamış birisinin kolay kolay bulunamayacağını sanıyorum. Hiçbir şey düşünmediğinden çok emin olduğum için, bu tuhaf durumun karşı konulamaz bir çekiciliği varmış gibime gelir. O zaman neden ben ve neden bir sürü insan kendimize bu soruyu sorarız? Çünkü, sanırım, birdenbire aklımıza hayvanların gizemi, bize ve yaşantılarımıza yabancı oldukları gerçeği gelir. Felsefi ve bilimsel düşüncenin uzun tarihi hayvan bilinciyle ilgili olduğundan, bu gizemi ifade etmeyi doğal görünür kılmışa benziyor. Doğal ama hatalı olduğuna inanıyorum ben.

Gypsy'ye hasırının üzerinde oturmayı öğretmek, bir bakıma ona ailenin bir üyesi olmayı öğretmekti. Dokuz haftalık bir yavruyken onu satın aldığımızda, yetiştiricileri bu olayı bize göstermek için annesini evin içine aldılar. Ona hayran kaldığımızı belli eder etmez –biraz kuşku payıyla birlikte, çünkü sol kulağı sarkıktı ve Gypsy de öyle olabilir diye korkmuştuk– hasırının üzerine oturması söylendi ve bunu etkileyici bir sükunet içinde yaptı. Sahibi bize, eğer evin içine girmesine izin vermeyi düşünüyorsak, aynı şeyi Gypsy'ye de (ya da daha sonra çağırdığımız adıyla Elsa'ya) öğretmemizi tavsiye etti. Bunu her köpek için önerdiğini söyledi, fakat özellikle onun için, çünkü Gypsy çoktan ele avuca sığmaz bir köpek olduğunu kanıtlamıştı. Fazlasıyla yüzsüz ve yaramaz olduğu için, yetiştirici, istediğini yapmakta kararlı bir köpek olacağını tahmin etmişti.

Sorulduğunda ya da emredildiğinde –ki bunlara ayrı ayrı tepkiler veriyordu– hasırının üzerine oturmayı öğrenmesi, Gypsy için evin başka yerlerindeki halıları genellediği bir dersti. Israrlı davranmamız onu terbiye etmenin bir parçasıydı. Bir köpeği terbiye etme düşüncesini rasgele bir grup insana yöneltin, hiç kuşkum yok ki ikiye bölüneceklerdir. Çoğunluğun görüşü, belki istismar edilebilir güdülerle birlikte, bir köpeğin bir yığın uyarıcı tepki mekanizmasından ibaret olduğu düşüncesini onaylayacaktır. Ve bu insanlar, Vicki Hearne'ün olağanüstü kitabı *Adam's Task: Calling Animals by Name*'de (biraz da bıyık altından gülerek) söylediği gibi, bir köpeğin eğitilerek yurttaş olabileceği umuduyla aşılanmış olacaklardır.

Bu konuda bir parça mizahla yazıyor olsa da, Hearne, özgürlüğün zorunluluktan azat olmak yerine zorunluluğa itaat etmek olduğu düşüncesini köpeklere bile uygulamamız gerektiğini ileri sürerken ciddidir. Bu ayırım siyasi felsefedeki eski bir argümana dikkat çeker ve Hearne, kimi köpek sahipleriyle son derece iyi eğitilen iş köpekleri arasındaki ilişkiye, bazı yırtıcı hayvanların bu durumdan hoşlandığı düşüncesinden çok, farklı bir özgürlük biçimi gözüyle bakar – insanlara ilişkin olaylarda kuralın ve kurala boyun eğmenin olası kıldığı özgürlük analojisiyle daha iyi kavramlaştırılan bir çeşit özgürlük biçimi. Elbette o bu analojinin, eğer ki insanlarla köpekleri (ve diğer hayvanları) arasında var olan ilişki yalnızca bize haklı bir yetkeyle verilen emir ile şiddet kullanımı arasındaki farkı ayırt etmemize olanak sağlayan türden bir ilişkiyse, kabul edilebileceğini biliyor. O bunların var olduğunu düşünüyor ve 'Bir Köpeğe Alıp Getirmeyi Öğretmek' başlıklı bölümde bütün bunlar hakkında etkileyici bir biçimde yazıyor. Kişinin bir köpeğe doğru emir verme becerisini kazanması gerektiğini ve bu kazanımın köpeğin saygısını hak etmeye ve elde etmeye bağlı olduğunu gösteriyor.

Pek çok insanın onun en tepede olduğunu düşüneceğinden emin olsam da, sanırım Hearne'ün doğruları yanlışlarından fazladır. Derin düşünme, halis çoban köpeklerini iş başında gören bazı insanlara, terbiye etmenin köpeklerin özgürlüklerini azaltmaktan çok artırdığına, şaşırtıcı derecede bir performans kazanmalarını olası kıldığına ilişkin bir çeşit farkındalık sağlayabilir. Söylenmek istenen, tıpkı çocukların eğitiminde olduğu gibi, bir köpeği eğitmenin onun gizli yeteneklerini çok fazla ortaya çıkaracağı ve köpeğin bunları yerine getirmesine fazlaca olanak sağlayacağı değil gene de. Doğru ve önemli olsa da, bu söylcyiş, Hearne'ün, böyle bir özgürlüğün ahlaki ilişkilerin basitçe olası kılınmasından ve değerlerinin yükseltilmesinden çok, onların belli türleriyle tesis edilmesine ilişkin kavrayışının özüne inmez. Bu, bir hayvanın sağlıklı ve mutlu bir yaşam sürmesine gösterilen ilgiye ek olarak onun asaletine saygı gösterildiğinde ancak var olabilir. Ya da, daha iyi ifade etmek gerekirse, onun asaletine duyulan saygı, mutlu bir yaşam sürmesine gösterilen ilgiye dönüştüğünde ancak var olabilir. Bunu unuttuğumuz için hayvanlara karşı yalnızca acımasız davranmakla kalmaz, onların gereksinimlerini de unuturuz. Aynı zamanda değerlerini de düşürürüz.

Bir hayvanın insanlarla birlikteyken asaletine duyulan saygı, bu saygının doğal olarak ahlaki sayılan beklentileriyle örtüşür. Gypsy'den beklentimiz, aileden biri şöyle dursun, konukları ısırmamasıydı. Gençken ondan aile üyelerini korumasını beklerdik. Biz bunları sadece eğitiminin bir sonucu olarak öngörmüyorduk. Eğer birisi bundan, onu koşullandırma programına tabi tuttuğumuz anlamını çıkarıyorsa, Gypsy aslında eğitilmemişti. Aile yaşamının koşulları hakkında onun (davranışsal) düşünme ve bizimle olan ilişkileri yoluyla bilgilenmesine katkı sağlayacak hiçbir şey öğretmedik ona. Hayvanlarla davranışçılığa özgü bir biçimde ilgilenen hayvan terbiyecileri vaaz ettikleri konularda tamamen deneyimlilerse eğer, Hearne gibi ben de daha fazlasının yapılabileceğine inanmıyorum. Bunun yerine, bir sürü köpeği olan Gypsy'nin bizimle birlikte yaşama içgüdüsü, yaşamın insanca biçimine bir derece katılmasına olanak tanırken, bu disiplin içinde dönüşüme uğramıştı (hümanist bir dönüşüme demek istiyorum). Onun itaati, bana kalırsa, ne uyarıcı tepki kuramlarıyla, ne bir sürünün içindeki 'en iyi köpeğe' nasıl tepki gösterirdiden söz ederek, ne de her ikisinin bileşimiyle yeterli derecede karakterize edilebilir.

Bu yüzden, Gypsy'yi tepkileri tahmin edilebilir olsun diye eğitmedik. Onu güvenilir kılmak için eğittik. Bir köpeğin ailesinden bir üyeyi korumak için yabancı bir insana saldırması cesaret gerektirir. İsteklerini hiç frenlemek zorunda kalmamış bir köpeğin, bulunduğu yeri savunmak yerine oradan kaçmak için bir isteği frenlemesi olası değildir. Biz Gypsy'ye her şeyi değil belli şeyleri yapması konusunda güvenirdik. Ve eğer güvenimizin çürük temellere dayandığı ortaya çıkarsa hayal kırıklığına uğrardık. Öyle olduğunda da, inanıyorum ki, o bunu anlardı.

Gypsy'nin patisine bastığımda eğer inlerse, canının yandığından hiç kuşku duymam. Ne de kucağıma alıp okşadığımda ve özür dilediğimde teselli olduğundan, düşmanca bir niyetim olmadığını açıkladığımda rahatladığından kuşku duyarım. Bazen yemek olmadığında kendi yemeğinin geleceğini sanır. Yürüyüşe çıkmayı, diğer yoldan koşmaya niyetlendiği halde bu yoldan koşacağını düşünmemi sağlayarak beni kandırmaya çalışacağı oyunlar oynamayı umar. Onu azarladığımda zaman zaman surat asar. Bilge değil ama akıllı bir köpektir. Hem karakter hem kişilik sahibidir. Karakteri cinsine özgü karakterin bir parçasıdır – Kennel Clup Breeders Association of Great Britain'a göre, 'sağlam sinirler, kendinden emin, cesur ve uysal, sakin, aşırı saldırgan ya da ürkek'. Zac kadar olmasa da, duygularımıza ve ruh hallerimize karşı duyarlıdır ve bezen neşeli, bazen mutsuz, keyifsiz ve canı sıkkındır. Aynı zamanda yaramaz, yüzsüz, küçük bir prenses gibi inatçıdır ve eve gelen yabancılara istediğini yaptıracağı fırsatlar için daima tetiktedir. Temizlikçi kadın geldiğinde bir yaramazlık yapacağını biliriz, çünkü Gypsy galip geleceğini bilir. Memede bir delik açılacak, ya da burun tamamen ısırılacak, ya da elektrik süpürgesinde daha da fazla diş izleri oluşacaktır.

Bu ve benzeri şeylerin pek çoğundan emin olmasaydım eğer, Yael ile çocuklar da emin olmasalardı, Gypsy'yi aileden biri olarak göremezdik. Söylediğim şeylerin bir bölümünün kuşkuculuğu kışkırtacağını biliyorum. Birisi, haklı olarak, Gypsy'nin benim özrüme yanıt verdiğini söylemekle ne kastettiğimi merak edebilir. Onun özür dileme kavramına sahip olduğunu düşünüyor muyum? Eminim ki değil, fakat onu kazara incittikten sonra kucağıma alıp okşadığım zaman, onu incitmek niyetinde olmadığımı ve (sanırım) yaptığımdan ötürü üzgün olduğumu biliyor.

Elbette, zaman zaman ben de yanılıyorum. Gypsy kulaklarını diktiğinde, yattığı yerde doğrulduğunda ve arka kapıya doğru döndüğünde, Yael'in eve geliyor olduğunu sandığını düşünebilirim, oysa o, komşunun köpeklerinin arka tarafta olduklarını düşünüyor olabilir. Ve bazen neler olup bittiği hakkında hiçbir fikrim yoktur. Sonra, onun bunu ya da şunu düşündüğünü farz edebilirim. Fakat onun, bazen sıcak bazen soğuk bir tür mahluk olduğunu, bazen haz bazen acı duyduğunu ve bazen bir şeye inandığını ve diğer şeyden umutlandığını ya da korktuğunu *farz etmiyorum*. Ne de bunun, felsefi ya da bilimsel amaçlar için olmasa da, pratik amaçlar için olduğunu *varsayıyorum* ya da *kesin olarak kabul ediyorum*. Kesinlikle eminim, yani en küçük bir kuşkum yok. Hasırının üzerinde uzanırken ya da ön kapıda oturmuş denizi seyrederken günahlarını ya da felsefenin sorunlarını düşünmediğinden de aynı derecede eminim.

Tüm bunlardan emin olmayan ya da emin olan ama kabul edilebilir ölçüde kuşkulanan hiç kimse, benim bu kesinliğimden etkilenmeyecektir, zira destekleyici hiçbir kanıt sunmadım. Jack, Orloff, Zac ve Gypsy hakkında söylediklerimin çoğunun son derece tartışmalı şeyler olduklarını elbette bilmek zorundayım. Gene de, kesinliğim hakkında bir gerekçe sunmadım.

Doğru: Gypsy'nin patikada uzanmış inlerken acıyla inliyor olduğuna ilişkin ortaya hiçbir kanıt koymadım, ne de Jack'in yatağa çıkmasını ve gagasını babamın dudaklarının üzerine koymasını ona sevgisini göstermek için yaptığına ya da Hora'nın ateşin başına koyduğu sandalyede ıslak halde oturmuş ürperiyorken üşüdüğüne dair. Gypsy'nin zaman zaman onu incitmek istemediğimi kabullenmesine ya da Yael'in eve geliyor olduğunu sanmasına ilişkin de hiçbir kanıt sunmadım. Zac'ın gerçekten de gözyaşlarındaki tuzu yalamak için Eva'nın kucağına tırmandığını söyleyen öneriyi reddetme eğilimindeydim. Hepsinin içinde en şaşırtıcı olanı, Gypsy'den ahlaki beklentilerim olduğu ve acısına son vermek niyetiyle Tosca'ya bir kürekle vurmanın onun için bir utanç kaynağı olacağı yolundaki itirafımdı.

Bunlar elbette birtakım kötü örnekler. Bazıları diğerlerine oranla daha tartışmalı. Birkaç kişi bana, sarhoş birisi kazara bacağına çarptığında Gypsy'nin acıyla inlediğinden nasıl emin olabildiğimi sormuştu. Fakat pek çok kişinin aklına, gözyaşlarındaki tuzun tadını çıkarmaktan çok Zac'ın Eva'ya sevecen bir ilgi gösteriyor ya da Gypsy'nin eve geliyor olduğuna yönelik inancımı doğrulamak için soru sormak gelmezdi. Zac ve Eva ya da Gypsy ve Yael hakkında kuşku duyanlarsa, köpeklerin *daima* sevecen bir ilgi gösterebildiklerine ya da herhangi başka bir şeye nasıl inanabildiğimi sorardı bana. O halde neden bu insanlar bana Gypsy'nin duyarlık bahşedilmiş bir mahluk olduğundan nasıl emin olduğumu sormazlardı? Öyle olduğu apaçık ortada olduğu için mi?

Sanırım birçok insan kanıt talebinde bulunmanın çok saçma olduğuna inanır. Sorsanız, köpeklerin duyarlı yaratıklar olduğundan hiç kimsenin ciddi olarak kuşkulanmadığını duyarsınız. Sanırım bundan kimsenin ciddi olarak kuşku duymadığı doğru, fakat, gayet açık olduğu için ya da kanıtı her yeri sarmış olduğundan, bunun gerçek olmadığını düşünüyorum ben. Bir sınıftaki herhangi biri, – sanırım ne bildiğimizi ve nasıl bildiğimizi araştıran bir felsefe dersiydi ve bildiğimizi iddia ettiğimiz çeşitli türden şeylere yönelik sahip olabileceğimiz kanıtlanmış güvenin derecesini soruşturuyordu– köpeklerin duyarlı yaratıklar olduğundan ciddi şekilde kuşkulandığını açıkça ilan eden bir insanı şaşkına çevirecek kanıtlara sahip olduğumuzu göstermek için ne önerebilirdi? Kanımca, köpeklerin davranışları ve, kabul görmesi önemli olsa da, muhtemelen sinir sistemleri ile ilgili bazı gerçekler hakkında, (özellikle ikincisiyle ilgili olarak) pek çoğumuz aslında hiçbir şey bilmiyoruz, ne de köpeklerin duyarlı yaratıklar olduğundan kesinlikle emin olmak için bir şey bilmeye ihtiyacımız olduğunu düşünüyoruz. Bir köpeğin sinir sistemini bilmek kesinliğimize yüzeysel bir bilgi katmaz, bize köpek duyarlığı hakkında pek çok şey söyleyebilir, gene de bu durum köpeklerin duyguları olduğuna inanmamızda hiçbir rol oynamayabilir. Rol oynamasını sağlamak, kanıtlamak için bir taşı paramparça etmeye benzeyebilir, çünkü köpeğin sinir sistemi yoktur, böylece tekmelediğimizde taşların incinmeyeceğine ilişkin kesinliğimizi bütünüyle doğrularız.

Gene de böyle bir derste net bir soru sorulabilirdi. Köpeğin göremediğimiz duyguları olduğundan –onun yalnızca görebildiğimiz davranışını gözlemleyerek– nasıl emin olabiliriz? Emin olduğumuzu kabul edelim, köpeğin davranışının, sadece tartışmanın hatırına, bu kesinliği doğrulayıp doğrulamadığını sorabilir miydik? Bu soruya verilecek klasik yanıt, ister insanlar isterse hayvanlar hakkında olsun, sorulur sorulmaz daha bunun kuşkulu bir soru olduğu şeklinde olacaktır. Davranışla bu davranışı kanıtlamak için neye gereksindiğimiz arasında daima bir mesafe vardır. Bazı insanlar bu mesafenin küçük olduğunu söyler. Derler ki, hemen hemen emin olabiliriz, çünkü bütün niyetlerimiz ve amaçlarımız için sanki hiç kuşku yokmuş gibi davranırız. Belki yüzde 99 emin olabiliriz. Bu yüzde 1'in filozofları rahatsız ettiğini, ama yaşantılarıyla uyumlu sıradan insanlar için dert olmadığını söylerler. Ve filozoflar çalışmalarını ya da sınıflarını terk ettiklerinde ve tekrar normal yaşantılarını sürdüren sıradan insanlar olduklarında, bu durum onları da rahatsız etmez. On sekizinci yüzyılda yaşayan ve emin olabileceğimiz şeyler hakkında birçok radikal kuşkular öne süren büyük İskoç filozofu David Hume, kuşkularının, tavla üzerine arkadaşlarıyla yaptığı keyifli sohbetlerin hazzıyla dağıldığını söylerdi.

Sahip olmaktan çok aklın olup olmadığı kuşkuculuk sorusunu yanıtlayan filozoflar arasında, bu kuşkulu soruya doyurucu bir yanıt veremediklerini kabul edenler, gündelik önyargılardan ve pratik yaşamın taleplerinden arınmış ve –en azından prensipte– kuşku duyabilen saf akıl ile, biz sıradan insanların gerçekten kuşkulanabildiği şeyler arasındaki ayırımın güvenilir bir çeşidine başvurma eğilimindedirler. Kuşkunun sıradan hayatı neden çürütmediğini –sohbetin ve tavlanın felsefi aklı neden böylesi kolay bir biçimde hareketsiz kılabildiğini– açıklayan en yaygın yanıt, kesinliğin felsefi ölçütlerinin anormal ölçüde titizliği ve kuşku doğuracak zeminlerin sığlığıdır. Bu söylediğimiz, yüzde 99 seçeneğini neden kabul edebileceğimizi açıklar.

Sert görünen bir durumdur bu, fakat aslında onun sertliği suni bir şeydir. Yüzde 99 seçeneğiyle ihtilaflı görünümün uzlaşısı kastedilir – ki diğer akılların varlığına duyulan kuşku gerçektir ve hiç kimse diğer akılların var olduğundan ciddi şekilde kuşkulanmaz. Ancak bu tür olasılıklar hangi ussal zeminlerde hesaplanır? Böyle zeminlerin olmadığını düşünüyorum ben. Kuşku bir kez duyulmaya başlansın, onu hiçbir şey gideremez. Ya da, daha kesin bir deyişle, kanıta gereksinmeyegörelim, kesinliğimize yetecek hiçbir şey bulamayız.

İnsan yaşantısının artıklarından arındırılmış ve akla kuşkulu gelen bir şeyle, normal bir hayat süren insanların gerçekten kuşkulanabildikleri bir şey arasındaki ayırım, radikal kuşkuculuğun formüllendirilmesinin can alıcı noktasını oluşturur. Sanırım bunun en iyi örneği, René Descartes'ın *Meditations on First Philosophy* isimli küçük ama olağanüstü kitabında bulunur. Çalışma odasında, ateşin başında oturduğunu yazar ve zaman zaman da çalışma odasında ateşin başında oturduğunu rüyasında gördüğünü anımsar. Şu an bunun bir rüya olmadığını nasıl bilebilir? Rüyada mı yoksa uyanık mı olduğunu bilmesini uygulamasının olası kıldığı kesin ölçütleri yeniden gözden geçirir, düşünde bu ölçütleri görüyor ve onları uyguluyor olabileceği düşüncesiyle irkilinceye kadar. Şaşkınlığına gelince, 'uyanıklık halinin uyku halinden ayırt edilmesini sağlayan kesin hiçbir işaretin olmadığının' farkına vardığını anlatır.

Olağanüstü bir iddiadır bu – basit, zarif ve tartışılabilir varsayımlardan görünüşte bağımsız. Descartes'ın bu savından etkilenen, onu tahtaya yazan, bu savın terimlerinin doğruluğuna ve onlar arasındaki etkileşimin geçerliliğine inanan ve nihayet sonucun çılgınca olduğunu düşünen birini bulmak zor değildir. Herhangi bir kimse, hayatın sıradan akışı içinde rüya görüyor olabileceği sonucuna ciddi bir biçimde nasıl varabilir diye sorar. Zarif ve ikna edici olsa da, bu iddiayla ilgili bir şeyin yanlış olması *gerektiği* sonucuna varır. Bu yanlışı bulmaya çalışır ancak mahcubiyetine yenilir. İddiasını artan bir endişeyle tekrar tekrar gözden geçirir, fakat yanlışı bulamaz. Yorgun ve heyecanlı olduğunu düşünür. Yarın berrak bir kafa ve sakin bir ruhla yeniden uğraşacaktır, ne var ki, ertesi gün bir kez daha başarısızlığa uğrar.

Bu zavallı adam ne yapmaya çalışır? Bir de benden dinleyin, hiç de anlamsız değil. Kuşkuculuk kişiyi insan düşüncesinin en derin sorunlarının içine çeker. O, felsefenin gerçekten önemli olduğuna inanır. Felsefe entelektüel bir oyun değildir yalnızca. Güya, hareket gibi bir şeyin var olmadığını kanıtlayan Zenon paradoksu hiç ilgisini çekmemiştir. Bunun önemsiz bir bilmece olduğunu bilir. Fakat, rüyada olmadığımızı kesin olarak bilemeyiz diyen Descartes'ın savı önemsiz bir bilmece değildir. Ve, sonucunu kaçınılamaz ve çılgınca bulurken onu tahtaya yazan mürit, bütün varlığıyla aklın hüküm sürdüğü yaşama teslim olmuştur. Şimdi aklı –mantığı– ona herhangi bir anda rüya görüyor olabileceği sonucunu kabul etmesi gerektiğini söylemektedir. Sunduğunun dayanaksız bir teselli olduğunu bilse de, yüzde 99 seçeneğini benimsemekte fazlasıyla ciddidir. Eleştiriye maruz kalır. İnsanlığından soyutlanmış aklıyla değil sadece, bütün varlığıyla kuşku duyması gerektiğine inanır. Ve, yalnızca aklını yadsıyan insanlığıyla değil, fakat bütün varlığıyla yapamayacağını bilir.

O halde, *sadece* uyanık olduğumuzu ya da köpeklerin duyarlı yaratıklar olduklarını *biliriz* mi demeliyiz? Doğrulanan kuşku yokluğu ile sıradan psikolojik bir olgu olarak kuşku yokluğu arasında yaptığı bölümlemeyi ayrıntısıyla benimserken, bunu kuşkuya bir yanıt olarak önerdiğimizi düşünmüyorum. Başka akılların var olduğunu bildiğimizi ya da böyle şeylerden kuşkulanmadığımız gerçeğinin aşikâr gerekçesi olarak uyanık olduğumuzu önermek, sanırım değersiz bir şeydir. Kesinliğimizin haklılığına dair bizi çok şaşırtıcı biçimde ikna eden yeteneğin bağımsız bir tarifinin yokluğunda, psikolojik olgular içinde hiçbiri, doğal olarak ve çocukların bazen yaptıklarına benzer şekilde, erdemlerimizi hararetle söylemek için bizi tepindirtmez.

O zaman biz, bir filozofun tanımladığı gibi, onaylanan kesinlikten kuşku duymak için yerine yaygın bir yeteneksizliği koyarken, kalan boşlukları (belki uygun evrimsel nedenlerden ötürü) psikolojinin eleştirel akıl ile doldurmasına izin veren alelade epistemik varlıklar mıyız? Ne bayağı bir konum olurdu bu.

Bunun bir önemi var mı? Bunlar yalnızca filozofları ilgilendiren şeyler değil mi? Belki de Kallikles Sokrates'e, her ne kadar felsefe gençliğe özgü soylu bir uğraş olsa da, felsefeyle ilgilenen yaşlı birinin de kırbaçlanmaya gereksinimi vardır derken haklıdır. Bunun bir anlamı var ve Kallikles yanılmış. Başka akılların varlığına yönelik kuşkuculuk sadece filozoflar için aşağılayıcı bir merak konusu olsa bile, hayvanlarla olan ilişkilerimizi anlamaya çalışan bizler de, köpeklerin duyarlı mahluklar olduğundan neden kuşku duyabildiğimizin doğru bir biçimde açıklanmasına gereksiniriz. Eğer böyle bir izahattan yoksunsak, köpeklerin yüksek matematik hakkında düşünmediklerinden neden eminiz (ya da emin olmalıyız) diye düşünürken sıkıntıya düşeriz. Çünkü, yeteneksizlikleri yüzünden, köpeklerin duyarlı olduklarından, az bir mahcubiyetten daha fazlasıyla konuşmaya sevk edildiklerinden kuşku duyarken fazlasıyla rahat davranan birçok kişi, bu durumun, sonunda köpeklerin ne düşündüğünden emin olamayız gibi eksik ve kusurlu bir kavrayışına sahiptirler. Onların kendilerine özgü yüzde 99 seçenekleri, aynı oranda kötü bir türdür. Hasırının üzerinde oturmuş denizi seyrederken Gypsy'nin matematik ve gündelik olaylar hakkında düşünmediğinden yüzde 99 emin olduğumuzu söylerler. Ne de, çöp tenekesinden bir şey çalmayı, azarlanma korkusundan çok, özünde kötü bir davranış olması nedeniyle reddedip etmemeyi düşündüğünden de yüzde 99 eminizdir.

Daha iyi bir yol var. Belki, Ludwig Wittgenstein'ın öne sürmüş olduğu gibi, aynı zamanda bunun entelektüel bir ihmal olduğunu kabul etmeyi reddederken bir gerekçe aramayı da bırakmalıyız. Belki de, kuşkucuların ve Wittgenstein'ı çürütmeye çalışanların paylaştıkları bu büyük varsayıma daha yakından bakmalıyız, zira, kesinlik bildiren tereddütsüz tepkilerimizi inançlara dayandırırız. Gypsy'nin inildeyişine acı çektiğine *inandığım* için tepki verdiğimi söylerler ve şimdi acı çektiğine *inanıyorum* çünkü ben aynı zamanda onun duyarlı bir mahluk olduğuna *inanıyorum*. Aynı şey, diğer insanların da akılları olduğuna dair kesinliğimiz için geçerlidir. Buradaki inancın bilgi ile çelişmesi gerekmez. Sadece inanıyorum yerine biliyorum dediğimde, inancım bir tür kesin gerekçeye sahiptir diyorum. Kanıt göstermeden, sahip olduğum kanıtın zayıf bir kanıt olduğunu kabullenerek, *sadece biliyorum* dediğimde bile, bu varsayıma göre, gene de orada olanla, olayların bir durumuyla ya da bir gerçekle bilişsel bir ilişkimin olduğunu iddia ediyorum. Bu ilişki bazen bir akıl melekesi olarak görülen sezgi diye adlandırılır. Neyin sezilebileceği tartışılır, fakat acı çektiğimizde acı çektiğimizi bilmemiz klasik bir tartışma konusudur. *Siz* benim davranışımla ilgili kanıta gereksinim duyabilirsiniz, ama *ben* bunu bilirim (sezgiyle ya da iç gözlem yoluyla). Kuşkuculuğun pençesine düşen filozoflar kesin olarak bilinen şeylerin bir listesini yapmayagörsünler, bu, örnek listenin en tepesinde yer alır.

Wittgenstein bunu bile kuşkulu buldu. *Philosophical Investigations*'ta, kişi acı çektiğinde, diye yazar, belki şaka yollu söylemek dışında, acı çektiğini *biliyor* olduğunu söyleyemez. Bu tümce pek çok filozofa o denli sert görünmüştü ki, Wittgenstein'ın gerçekte bunu söylemek istemediğini, kişinin normalde bunu söyleyemediğini kastettiğini düşündüler –bir başkasını bilgilendirmek niyetiyle *beyan etmek* anlamında söyleyemediğini– zira kişinin acı çekiyorsa bunu bilmek zorunda olması çok açık bir durumdur. Fakat Wittgenstein tam da bunu kastetmişti. "Kişi, kuşkuculuk tartışmalarında bundan kesin olarak bildiği bir şeyin örneği olarak bile bahsedemez," demişti. Ondan kuşku duyamadığından değil, fakat daha çok, kişinin kuşku duyamadığı gerçeğine, kişi ondan kuşku duyamaz *çünkü* onu bilir demekle bir şey eklenemeyecek olmasından. Kişinin (iç gözlemle ya da sezgiyle) biliyor olduğunu söylemek, kuşku duyamaz olduğu gerçeği için geçerli zeminler sağladığı yanılsamasını yaratır. Wittgenstein, 'kişi acı çekiyor olduğundan kuşku duyamaz çünkü bunu bilir' (özel bir epistemik yetenek sayesinde) sözünün, sahte-epistemolojik bir önermeye örnek oluşturduğunu düşünmüştü. Diyelim kişi kuşku duyamaz ve kuşku duyamadığı şeyi terk eder, diye önermişti.

Kuşkusuz, bu, felsefede ortaya çıkan en radikal düşüncelerden bir tanesidir. Sonunda ne söylenirse söylensin, bu düşünce ilgiyi hak ediyor ve bu yüzden kendisini kuşkuculuğun temelini oluşturan varsayıma ve aynı zamanda bu varsayıma verilen yetersiz yanıtlara kuşkulu olarak gösteriyor. Bu, kuşkuculuğa bir yanıt önermez, fakat onun çözülüşü ve onunla birlikte arındırılmış akla kuşkulu gelenle sıradan bir gerçek arasındaki çelişki, bizim gibi yaratıklar tarafından kuşkulu bulunamaz. Hayvanlarla ilgili olarak yapılan felsefi ve bilimsel çalışmaların hemen hemen hepsi, Wittgenstein'ın kuşkuya yöneltti̇ği bu varsayıma dayanır – ki bu, yalnızca onlar hakkında kanıtlarımız olduğu sürece hayvanlara çeşitli 'bilinç durumları' atfetmekte haklı olduğumuz bir varsayımdır. Bu varsayım hakkında bilgi veren bu resim, daha genel olarak kuşkuculuk hakkında bilgi veren resimle tamamen aynıdır. Bu şu demektir: Bizler bu dünyada, iç gözlem yoluyla kendi durumlarımızın düzeltilemez biçimde farkında olan, ancak başkalarının aynı durumlarının düzeltilebilir olduğunu varsayan seyircileriz. Düşünme yetisine sahip seyirciler olduğumuzda, akıl sahibi varlıklar olarak potansiyelimizi artıracaksak eğer, başkalarına ilişkin varsayımların sorgulanması gerektiğini fark ederiz. Her atıf, daha sonra, kanıtın temelinde onaylanacak ya da reddedilecek bir hipoteze dönüşür.

Diğer insan akıllarının varlığına dair kuşkuculuğu ciddiye almayan insanlar, bununla birlikte, hayvan aklından ciddi şekilde kuşku duymaya hazırdırlar. Birçoklarının, birbirimizle konuşuyor olduğumuz, nedenini normal bir durum gibi açıklayamasalar bile diğer insan akıllarına ilişkin kuşkuculuğun ima yoluyla yalanlanması olarak sözle yıkanmış bir dünyada yaşıyor olduğumuz gerçeğini kabul ettiklerinden kuşkuluyum. Bununla birlikte, hayvanların kafalarının içindekileri bize anlatamadıklarını söylerler. Bu yüzden asla bilemeyeceğiz. Bizim için onlar hep sır olarak kalacak.

Hasırının Üzerinde Oturup Denizi Seyretmek

Beş yaşındayken kızım Katie bana karnındaki bir ağrıdan yakınmıştı. Durumun kötü olmadığını anlayınca ben de ona, "Benim de ağrım var," dedim.

"Nerede?" diye sordu.

"Cebimde," diye yanıtladım.

"Aptal olma. Cebin ağrıyamaz," diye tereddütsüz karşılık verdi.

Yanıtındaki bilinç ve sağlamlık merakımı uyandırmıştı. Öylesine, boş bir oyun olarak başlayan, felsefi açıdan ilginç bir konuya işaret ediyordu.

"Cebimin ağrıyamayacağını nasıl bilesin ki. Şu an senin karnın ağrıyor. Başka zamanlarda da başın ya da bacakların ağrımıştı. İşte, benim de oralarım ve şimdi olduğu gibi cebim dahil başka yerlerim ağrımıştı. Açık havalarda bedenlerine yakın yerleri ağrıyan insanlar olduğunu duymuştum. Onlara hayalet kolları deniyordu."

Hiçbiri etkili olmamıştı. "Aptalca konuşuyorsun," diye üsteledi ve dogmatik davrandığı, başkalarının deneyimlerine açık olmadığı yolundaki öğütlerimden sonra bile ısrarını sürdürdü.

"Yalnızca beş yaşındasın," dedim. "Ağrının nerede olabileceğini nasıl bileceksin? Deneyime açık ol. Başkalarından öğren. Dünya tuhaf şeylerle doludur." Ya da buna benzer şeyler.

Katie alışılmadık ölçüde kuşkucu bir çocuk değildi. Diğer çocukların hemen hemen hepsi gibi o da Noel Baba'ya ve Paskalya Tavşanı'na inanırdı. Ağrıyan yerlerini öğrenebilmesi için açık olması gerektiği konusunda onu iknaya çalışırken, aynı zamanda, birkaç yıl sürecek olan girift bir kibre benimle birlikte ortak oldu. Londra King's College yakınlarındaki bir pastanede bir Aslan ile karşılaştığımı ve birlikte, o ve arkadaşı Suaygırının dişleriyle ilgili yaşadıkları sorun da dahil, konuşmaya daldığımızı anlattım, zira Aslan pastaneyi keşfedeli beri evleri hayvanat bahçesine diğer hayvanlarla paylaşmak için pasta götürüyordu. Adının Pastanedeki Aslan olduğunu söyledim. Hikâyem, dişlerini daima fırçalaması konusunda onu ikna edebilmek için basit bir ahlak dersi gibi başladı, fakat çok geçmeden karmaşık bir hale geldi ve öykü kendi hayatını yarattı. Ona bahsettiğim Aslan, Suaygırıyla birlikte zaman zaman Afrika'ya gidiyordu ve gittikçe gelişen arkadaşlığımız sayesinde Katie'ye ilgi duymaya başladı. Afrika'dan ona arkadaşlarıyla birlikte göründüğü fotoğraflar yolluyordu. Hatta, nasıl olduğunu öğrenmek ve maceralarını anlatmak için düzenli olarak telefon bile ediyordu.

Buna inanmış mıydı yoksa sürüncemede bıraktığı kuşkuyla yalnızca bir fanteziye mi ortak olmuştu, onu söyleyemem. İkincisinin daha olası olduğunu zannediyorum. Sadece beş yaşında olmasına rağmen yeterince akıllı ve dünyada neden sadece onun gibi tek bir aslan olabildiğini soracak kadar bilgiliydi. Fakat sormadı ve sonunda Pastanedeki Aslan'ın var olmadığını ilan etti, ki bu durum Noel Baba'nın olmadığını söylediği zamanki halinden oldukça farklı görünüyordu.

Neden Katie insanın cebinin ağrıyamayacağı konusunda bu kadar kesin, dünyanın ona öğreteceklerine daha açık olması gerektiği yolundaki telkinlerime bu denli kayıtsızdı? İnsanların ne hissettiğini nasıl biliriz, neyi nerede ve nasıl hissettikleri hakkında konuştuğumuzda, zaman zaman, birbirimizin gördüğümüz, işittiğimiz, ya da iç gözlemle kazandığımız deneyimlerine başvururduk. Bazen de başvurduğumuz, nüfuzlu insanların olduğu bir toplumdaki yerimizden dolayı ne biliriz düşüncesi olurdu. Bilimin bize öğrettiğini, ya da çok çok eski zamanlardan beri var olan yaygın bir bilgi olduğunu, ya da ona bir rahibin ya da bir gurunun yetkesinde sahip olduğumuzu söyleriz. Bu, deneyimle kazanılmış dünyanın bilgisidir. Eğer Katie'nin, insanın cebinin ağrıyamayacağına ilişkin kesinliği bu tür bir bilgiye dayanıyor idiyse, o zaman ona verdiğim yanıtlar eleştiriye açık olmalıydı. Ama dayanmıyordu. Ne de, Gypsy'nin günahlarını ya da felsefenin sorunlarını düşünüyor olduğu, ya da tekmelediğimde taşların incinmediği, ya da kurbağaların prenseslere dönüşmediği yolundaki kesinliğim buna dayanıyordu.

Elbette, ağrı hakkında deneyimle öğrendiğimiz şeyler de vardır. İçgözlemsel dikkat sayesinde ağrılarımızı tanımlamayı öğreniriz, bazen yer değiştiriyor göründüğünü, bir zamanlar olan fakat artık olmayan bir kolun yerinde ortaya çıkabileceklerini ve tabii ki fizyolojik temellerini. Öyküler duyarız, bilimsel makaleleri ya da özetlerini okuruz vesaire. Ancak, cebi ağrıyan, ya da büyük bir sancısı olup da farkında olmayan, ya da ağrısını tetkik için doktoruna postalayan tek bir kişiye rastlamayız – bunlar, kişinin iç gözlemle kendi ağrısından ya da başkalarının aynı yolla saptadıkları ağrıların bilgisinden elde edilen deneysel genellemeler değildir. Olası olanı düşünmüş olmasına karşın, babasının deneyim edinmesine ilişkin talebinin ilk bakışta görünen yetkesini çok kesin biçimde reddetmekle, yadsımasının deneysel bir genellemeye dayalı olmadığını içgüdüsel olarak bildiğini gösterdi. Ne de, onun kesinliği ağrılarının iç gözlemine dayanıyordu. Duyumlarımızın başlıca niteliklerinin iç gözlemi, herhangi bir şeyin mümkün olmadığını ileri süren böylesi kesin bir iddiayı nasıl doğrulayabilirdi?

Yeryüzünün düz olduğuna, Elvis Presley'in yaşıyor ve CIA için çalışıyor olduğuna ya da kahve falından geleceklerini okuyabileceklerine inanan, tuhaf düşüncelere sahip insanlar vardır. Onları garipseriz çünkü kanıtlardan mantıksal sonuçlar çıkarabilmelerini olası kılan karar verme yetisinden mahrumdurlar. Fakat hiçbiri, insanın cebinin ağrıyabileceğine ihtimal vermez. Bu yüzden Katie yalnızca cebimin ağrıdığına ilişkin iddiamı değil, aynı zamanda inandığım bu iddia doğrultusundaki tüm itirazlarımı reddetti. Bunu, Katie'den hayli küçük bir çocuk bile, fakat o an için olgunlaşmamış bir biçimde düşünebilirdi, zira, Katie örneğinde görüldüğü gibi, kişi bunu yalnızca ağrı kavramını öğrenmenin temel yollarında tamamen başarısızlığa uğramışsa eğer düşünebilir. Lâkin, ağrı kavramının özünü öğrenemeyen birisi, ağrı hakkında doğru ya da yanlış inanç sahibi olabilme konumunda değildir.

O halde, Katie insanın cebinin ağrıyamayacağını nasıl öğrendi? Öğrenmek için öğrendi. Bunu, konuşmayı öğrenerek öğrendi. Kavram kavramı ve inançlarla kavramlar arasındaki fark çok güç değilse ve tartışmalarla kalbura çevrilmemişse eğer, bunun, kişinin cebinde olamayan ağrı kavramına ait olduğunu söylerdim. Gene de bazı kavramlar toplanan ve saptanan deneysel bilgiyi biriktirirler. Fakat, asırlar boyunca, insanlığın kişinin cebinin ağrıyamayacağını keşfetmesinin ve ardından bunu sıkı bir şekilde saptamasının makul olmadığı kesindir. Ya da ağrımızı bir başkasına yollayamayacağımızı keşfetmesinin... Oturduğunuz tek ve aynı sandalyeye otururken, sahip olduğunuz aynı ağrıya sahip olduğumu keşfederim. Fakat ben bunu, aynı anlamda, dün hissettiğiniz ve bugün bana geçen tek ve aynı ağrı olarak harfi harfine keşfetmem.

Bu yüzden, ağrının gelip gitmesini, hapların bazen ağrıyı dindirebileceğini, ağrının çoğunlukla yarayla bağlantılı olduğunu, bedenin bazı bölümlerindeki hasarın kişiyi hissiz kılabileceğini öğrenmekle, insanın cebinin ağrıyamayacağını öğrenmek arasında sanki önemli bir fark varmış gibi görünür. Sinir sisteminin çeşitli biçimlerde zarar görmesi durumunda kişinin duyularını yitirebileceğinin söylenmesiyle ifade edilen olanaksızlık, kişinin cebinin ağrıyamayacağının söylenmesiyle ifade edilen olanaksızlıktan farklıdır. Bunlar aynı tür olanaksızlığın iki biçimi değildirler, ancak ikinci söylenen daha kesin bir şekilde saptanmıştır. İlk söylenen için kanıt aramak anlamlıdır ve sadece tuhaf davranışlı biri bile bundan kuşku duysa, insan gene de onun öncelikle ikna edici olması ve rasyonel kuşkunun ötesinde kalacak kadar iyi saptanması için gereken tarihsel kanıt birikiminin izini sürebilir. Fakat taşların acı hissetmediğini rasyonel kuşkunun ötesine yerleştiren tarihsel kanıt birikimini yeniden gözden geçirmek anlamsızdır. İnsanlar animizm hakkında –dinsel inanç, mit ve hurafeyle dolu– ne söylerse söylesin, entelektüel tarihimizdeki hiçbir şey, taşların acı hissettiği inancından hareket ettiğimizi, şimdi ise acı hissetmedikleri kesinliğine vardığımızı ileri süremez.

Başka insanların ve hayvanların duyarlı olduklarına ilişkin kuşkuya yönelik yeteneksizliğimiz, dünyanın düz olduğuna ya da son zamanlara kadar Elvis'in CIA için çalıştığına dair iddiayı ciddiye almaktaki yeteneksizliğimizden çok, Katie'nin, cebimin ağrıdığı olasılığına açık olmasına dair ricamı ciddiye almasındaki yeteneksizliğine daha çok benzer.

Felsefe tarihindeki en radikal metinlerin birinde, Wittgenstein şöyle der:

> "Onun acı çekiyor olduğuna inanıyorum" – Bir otomat olmadığına da inanıyor muyum...
>
> "Bir otomat olmadığına inanıyorum" gibi bir tümce, şimdiye kadar hiçbir anlam ifade etmez.
>
> Ona karşı tavrım bir ruha karşı takındığım tavırdır. Ben, onun bir ruhu olduğu *düşüncesine* ait değilim.

Wittgenstein'ın 'ruh' (*seele*) sözcüğünü kullanmasından başka hiçbir anlam çıkarılmamalıdır. O, düşünceleri ve duyguları olan bir varlıktan başka bir şeyi kastetmez. Muhakkak ki ruhsal hayatı kasteder, fakat bizim daha derin ve daha sığ olasılıklarıyla söz ettiğimizde kastettiğimiz ruhsal hayat gibi değil. Söylemek istediği şudur: Başkalarının sezgili varlıklar olduğundan, fakat öyle olduklarını bildiğim için değil, genellikle kuşku duyabilirim. Davranış (oluşmasındaki koşullarla birlikte), düşünceleri ve duygularıyla onun bir insan olduğundan (normal koşullarda) hiç kimsenin ciddi biçimde kuşkulanamamasının sadece arka planına karşı bir kişinin psikolojik durumlarının varoluşuna kanıt olarak görülür. Bu durum, 'tavır' (*einstellung*) sözcüğünü eski anlamlarından biri gibi, pusula iğnesinin konumu olarak düşünürsek eğer, Wittgenstein'in söylemek istediğini anlamamıza yardım edebilir. Tabiri caizse, canlı bir bedenin anlamlı olma niteliğinin biçimlerine verilen karşılıklı yanıtlarda, ses tonumuzu değiştirdiğimizi düşünün. Ya da, daha iyisi, İngiliz Filozof Peter Winch'in önerdiği gibi, Marlene Dietrich'in içinde

Almanca '*Ich bin von Kopf zu Fuss aus Liebe, eingestellt*' ('Tepeden tırnağa, her şeyimle aşk için yaratıldım') sözleri geçen 'Falling in Love Again' isimli şarkıyı söylediğini düşünün. Böyle '*einstellungs*'larla, inanç ve kesinlik kavramları dahil bilincin çeşitli biçimlerini belirten kavramları geliştiririz.

Başkalarının akıl sahibi olduğu varsayımına dayanırken, onların tereddütsüz kabullenimlerini ele alıp işlememek için dikkatli olmak gerekir. Varsayımlar, doğrulanıp doğrulanmadıkları şüpheli sorulara davetiye çıkarır. Buradaki sorun, bu kuşkulu soruşturmada, bu soruların doğrulanamayacağının kanıtlanması gerektiği değildir. Soruları güvenilir ve varsayımı doğrulayacak biçimde yanıtlasak bile, bunu yaparken, tereddütsüz kesinliğimizin alınmakta olan fakat verilebileceğinden kuşku duyulan bilişsel bir başarı türü olduğunu düşünmekle, bu kuşkuyla ortak zeminde yer alırız. Bunu yapmakla, aynı zeminde durabilir ve bu kuşkuyu çürütebiliriz diye –ve herhangi bir şeyin *bir yalanlama olarak görüleceği* başka hiçbir zeminin olmadığını– düşünmekle, davranışlarımızın kendimizi ve başkalarını anlamakta oynadığı rolü çarpıtırız. Wittgenstein, "Ne bize yaşayan varlıkların, şeylerin hissedebilir olduğu düşüncesini daha çok verir?" diye sorar. Yanıtı, hiçbir şey bize bu düşünceyi çok fazla vermez, çünkü bu, bir düşünceye sahip olma sorunu değildir şeklindedir. Bu bir varsayım, bir sanı ya da bir inanç, hatta bir bilgi bile değildir.

Wittgenstein'ı izleyen Peter Winch, ruha yönelik bir tavrın birçok biçimine 'ilkel tepkiler' adını verir. Kitabı *Trying to Make Sense*'de yeniden yayımlanan '*Eine Einstellung zur Seele*' isimli makalesinde, bu tepkilerin başkalarına bilinç durumları atfetmenin bir sonucundan çok, bir koşul olduğunu savunur. İnsan türünün davranışlarına verilen karşılıklı tepkilerin bir biçimi olan böylesi tepkiler, tanımladığımız bedensel anlamlılığın çeşitleriyle birlikte –iniltiler, gülümseme, yüz buruşturma vesaire– kısmen bu kavramların yapısal öğeleridirler. Bunlar, genellikle 'davranış' diye tanımladığımız şeylerle, 'beden dili' kullanırken sesimizdeki tüm ince dalgalanmalarla ve 'tekdüze bedensel hareket'ten ayırt ettiğimiz davranışla ilgili kavramlardır. Bir kimsenin yarasını yüzüne bakarak sarmak, bir ruha karşı takınılan tutuma bir örnektir. Wittgenstein'ın radikal sözü, dikkati, neredeyse karşı konulamaz biçimde doğal düşünceye çevirir: Başkalarına, kişilere olduğu gibi –'başka akıllara' olduğu gibi– tepki gösteririz, çünkü bizim sahip olduğumuz psikolojik durumlara az çok onların da sahip olduklarını biliriz, zannederiz ya da buna inanırız.

Wittgenstein'ın sözleri insanların birbirlerine verdikleri tepkiler hakkındadır, fakat insanların hayvanlara ve (sınırlı bir ölçüde) onların bize verdikleri tepkilere tamamen aynı amaçla uygulanabilecek inandırıcı bir neden vardır. Örneğin amaç kavramını, onu önce insan davranışında uygulayarak, sonra, örneğin bir kediyi kovalayan bir köpek gördüğümüzde hayvanlara uygulayarak oluştururuz diye düşünmek için hiçbir neden yoktur. İnsanların –insanlarla ilişkilerde kurallara uygun biçimde geliştirdiğimiz bilinç durumları kavramlarını hayvanlara yasadışı bir şekilde uyguladığımız– insanbiçimciliği konuşurlarken farz ettikleri şeydir bu. Lâkin, bu tür kavramlar, ileri sürmüş olduğum gibi, hayvanlara ve insanlara birlikte verilen tepkilerde biçimlendirilir. Gypsy'nin bunu amaçladığını ya da buna inandığını ya da bunu umduğunu söylemenin neden insanbiçimcilik olmadığının en derin nedeni budur.

Köpekler bizim ruh hallerimize, sevinçlerimize ve korkularımıza tepki gösterdiklerinde, niyetlerimizi önceden tahmin edip ona göre davrandıklarında ya da onları yürüyüşe çıkarıp çıkarmayacağımızı görmek için heyecanla beklediklerinde, bizim amaçları olan duyarlı varlıklar olduğumuzu varsaymazlar. Bunun bizim ilkel durumumuz için de geçerli olduğunu sanıyorum. Bizim kendimizle ve hayvanlarla aramızda oluşan tereddütsüz etkileşimlerden dolayı, –akılla ilgili inançlar, varsayımlar ve sanılarda değil– fakat tam da düşünce, duygu, niyet, inanç, kuşku benzeri *kavramlarımızda* gelişmeler olmuştur. Bunu yanlış anladığımız, akıllarımızdan emin seyirciler olarak kendi resmimizin büyüsüne kapıldığımız, fakat başka akılların olup olmadığı konusunda hipotez ortaya atmaya zorlandığımız için, akıl kavramımızın gelişimindeki doğal tarihi yanlış yorumlamış durumdayız. Entelektüel gelişimin belli bir noktasında, başkalarının da akılları olduğu varsayımımızdan geri adım atmak ve bunun için kanıt aramak zorunda kalmak gibi bir kurgu geliştiririz. Ancak o zaman, kendimizi akıl armağanı için uygun kalabalıklar kıldık mı diye düşünürüz. Kişiyi ahlakça yükselten bir öyküdür bu, ama ben bunun kurgu olduğuna inanıyorum.

Bu kuşku kısmen doğrudur. Gypsy'nin Acland Caddesi'nde inlemesi, onun duyarlı bir yaratık olduğuna duyulan kuşkunun kesinlikle var olmadığını doğrulayan hiçbir kanıt içermez. Ne de başka herhangi bir şey. Fakat, kesinliğimizin yetersiz bir nedene dayandığı, entelektüel amaçlarımızın nasıl arıtıldığının önem taşımadığı sonucuna varılması yanlıştır, çünkü mantıken bu durum onun iyi bir nedene dayanmasını gerektirir. Onun inlemesi acı içinde kıvrandığını kanıtlar. Fakat bunu kanıtlaması, onun duyarlı bir mahluk olup olmadığından cidden kuşku duyulmasına elverişli hiçbir ortamın olmaması yüzündendir sadece. Eğer bir kişi bundan kuşku duysaydı, o zaman onun ve bir milyon köpeğin inlemesi onu ikna edemezdi. Bu durum insanlar için de farklı değildir. Yüzünde korkunç bir acıyla Acland Caddesi'nde yerde yatan bir kadın görebilir ve bu acıyı onun sesinde duyabilirdim, fakat onun ya da benim dışımda herhangi başka bir insanın heyecan duyup duymadığı gibi bir soru ortaya atılsaydı eğer, o zaman gövdenin ve sesin taşıdığı tüm anlam bana bir şey ifade etmeyecekti. Kesinliğimizin kanıtı yoktur –*kesinlikle* kanıtsızdır– ve bu yüzden asla daha kötü değildir.

Öyleyse, bazen hasırının üzerinde oturup denizi seyreden Gypsy'ye bakıp onun gizemli başkalığı beni çarpar dediğimde ima ettiğim bu gizem nedir? O zaman neden hayvan bilincinin gizemi beni çarpar düşüncesini yadsıdım?

'Bilinç', sorun yaratan bir sözcüktür. Bilincin bir gizemi varsa eğer, özdeksel bir dünyada böyle bir şey nasıl olabilir dedirten metafizik bir gizemdir bu. Ama sıklıkla söylediğim gibi, Gypsy'nin bazen yemeğinin geliyor olduğunu düşündüğünden, yürüyüşe çıkmayı umduğundan, zaman zaman mutlu ve bazen de çok mutsuz olduğundan hiç kuşkum yok. 'Bilinç' sözcüğü eğer hiçbir şey anlamına geliyorsa, o zaman Gypsy'nin bilinçli bir varlık olduğundan asla kuşku duymam. Aynı derecede eminim ki, o düşüncelerini yansıtan bir varlık değildir. Başka bazı şeylerden emin değilim. Amacına ulaşmak için gereken araçları iyice düşünüp düşünmediğini bilmiyorum örneğin, fakat bu belirsizlik sakin bir şekilde omuz silkmekten başka bir şey yapmaya yöneltmiyor beni. Belirsizliğini kabul ettiğim hiçbir şey bu gizemi açıklayacak gibi görünmüyor. Benim için bu gizem dünyanın ona nasıl göründüğüne, onun öznelliğine, sanki, genellikle var olmayan bir bilgiye sahip olmak gibi, bir köpek olmanın neye benzediğine ilişkin bir gizem değil.

Bazen, evdeki yuvasında Gypsy'nin nelerle oyalandığına dikkat ettiğimde, ya da bazen mutfak masasında yanıma oturup sabırla yiyecek bir şeyler beklediğinde, ya da çalışma odamdaki halının üzerine uzandığında ve bilgisayarı kapattığımı duyar duymaz benimle birlikte çıkmak için kalktığında, bir köpeğin ailemizin bir üyesi olduğu düşüncesi beni şaşkına çevirir. Birlikte yürüyüşe çıktığımızda ve plajda insanları köpekleriyle birlikte dolaşırken gördüğümde de, bazen, insanlarla köpekler arasındaki olağanüstü ilişkinin varlığıyla çarpılırım. Karikatüristlerin insanların köpekleriyle birlikte iyi bir konu oluşturduklarını keşfetmeleri, sanırım hiç de rastlantısal değildir.

Bu şaşkınlığın bir nedeni de, çok farklı türlerin birbirlerini çok karmaşık bir biçimde etkilemeleridir. Benim şaşkınlığım bunun bu şekilde nasıl olduğu değildir, ancak *bunun* böyle olmasıdır. Olağanüstü olmasına rağmen, çok farklı türlerin arasında ortaya çıkan bir etkileşimdir bu. Bunu kediler ve köpekler, kuşlar ve timsahlar arasında görmek bizi sevindirir, yılanlarla avları arasında görmekse şaşırtır. Birbirine dolanmış bir fareyle bir Avustralya yılanı görmüştüm, fare, yılan beslendikten sonra ortaya sürülmüştü. Fareyi yemek yerine yılanın açlıktan öleceği anlatıldı bana. Bu harika bir şeydi, gene de onun bu harikalığı, Gypsy'nin ailemizle ilişkisinde keşfettiğim gizemi açıklamaz, çünkü bu ilişki bütünüyle farklı biyolojik türlerin üyeleri arasında gerçekleşiyor gibi nitelenemez.

Bazen onu yatak odasındaki ya da mutfaktaki halının üzerinde gördüğümde ya da oyalandığı şeylerle evin içinde gezinmesini izlediğimde, şu an ne olduğu belirsiz çizimlerin birini bir tarafta diğerini diğer tarafta gördüğüm zaman oluşan türde algısal bir akış yaşarım. Bütün bu yollarla yaşamlarımıza akıllıca ve karmaşık duygularla katılırken, ailenin bir parçasıdır o. Fakat sonra bir şey yapar –bir kediyi kovalar örneğin, öldürme içgüdüsü uyanmıştır– doğası öyle derin bir içgüdüsellliktedir ki tamamen bir hayvan olur, o denli ki, büyük 'H' harfini davet edecek kadar. Elbette insanlar da öldürür ve bunu hayvanlardan daha beter şekillerde, çoğunlukla tadına vararak, Nietzsche'nin 'zulüm şenliği' dediği şeyden zevk alarak yaparlar. Fakat Gypsy'nin çok rahatsız edici ve onu çok farklı bir tür yaratık olan bize çok *başka* imiş gibi gösteren öldürme dürtüsünün psikolojik boyutunun olmadığı aşikârdır. Bu tür algısal sapmaların –onu bizden biri, ailemizin bir üyesi olarak görmekten, hayvan doğasının içinde tümüyle farklı olarak görmeye– nedenleri her zaman dramatik değildir. Onu bir başka köpeğin sidiğini koklarken görmek buna neden olabilir. Ya da bomboş bir uzaya, açıktır ki kafasında bir düşünce olmaksızın bakarkenki görüntüsü. Ya da, Yael'in bir kez söylediği gibi, 'kuyruklu bu şeyi evin içinde yürürken görmek.'

Gypsy Artık Yaşlandı

Gypsy artık yaşlandı. O güzel rengi soldu ve grileşti. Gözleri bulanık, iyi görmüyor ve hemen hemen sağır. Onu parkta koşarken gören bazı insanların genç bir köpek olduğuna inanmaları canlılığının kanıtı. Gene de, gerçek olan, bedeninde olduğu kadar yaşını ruhunda da hissediyor olması. Bu durum benim gözüme ilk olarak herkese ve her şeye havlayan, nevrotizmin sınırında, hali umutsuz genç bir İskoç çoban köpeği tarafından korunan bir evin yanından geçerken çarptı. Yalnızca bir yıl önce, Gypsy bu sinir bozucu yaratığa payını, onu ön kapının altına iterken burnundan ısırarak vermişti. Ama şimdi aynı kapıya yaklaşırken, önünden mümkün olduğunca çabuk geçebilmek için adımlarını sıklaştırıyor. Bir keresinde, her ne kadar hazırlıklı olduğumu düşünsem de, bu çoban köpeğinin ani ve saldırgan havlamasıyla dehşete kapılmıştım. Gypsy bana yan gözle bakarken, rezillik, utanç ve 'Sen de mi?' anlamına gelen bir soruyu dışa vuran bir bakış fırlatmış ve sinsi sinsi yürüyüp gitmişti.

Soru soran tavrına küfredemezdim. Ne de, zorlukların aşılamaz olmadığından kuşku duysam da, aşağılanmış göründüğünü, ki çok açıktı, söylemememezlik edebilirdim. Fakat halini ve bana nasıl göründüğünü tanımlamakta zorlanıyordum. Sorunum, bir insanın görünüşünün nasıl tanımlanacağını bilip bilmemek gibi bir sorun değildi. Eğer Yael bana belirli bir şekilde göz atarsa, utanır mıydı yoksa sinirlenir miydi? Asla bilemeyebilirim. O da bilemeyebilir. Fakat bu soruyu soruyorum çünkü biliyorum ki her iki durumda da olabilir – olabilecek türde bir varlıktır.

Sorunum Gypsy'nin tavrının soru soran bir hal alıp alamayacağından emin olmamam değil. Bazen aşikâr biçimde öyle olur, bedeni bir soruyla titrer. Yürüyüşe mi gidiyoruz? Beni şimdi mi besleyecek-sin? Ne de, bazen aramızda ortak bir kavrayışın var olduğundan ya da neşeyi ve kaygıyı paylaştığımızdan kuşku duyarım. Kimi zaman, örneğin aramızdan biriyle bir şey paylaşıyor olduğunu fark etmekten büyük zevk alır. Her ikimiz de çalışıyorken, kulübemde aletlerimle ben ve ağzında bir şeylerle gezinerek kendini oyalayan o, birbirimizin arkadaşlığından büyük zevk alırız, paylaşmanın bilgisiyle ve birlikte bir şey yapıp ediyor olmanın gerçeğiyle yoğunlaşan bir zevk. Ne yapıyor olabileceğimi görmek için bana bakar, ve bir ipucu yakalayana kadar yaptığım şeyle uyumlu bir şey yapmaya çalışır. Kapıdan sinsi sinsi yürürkenki halini bana gösterirken Gypsy'nin tavrını nasıl tanımlayacağımı bilmekteki sorunum, bunun neredeyse bizim ortak ölümlüğümüze ilişkin farkındalığının dışavurumu olduğunu söylemek isteyişimdir.

On, hatta belki beş yıl önce, bir çitin arkasında güvenilir olduğunu bildiğim bir köpeğin ani ve saldırgan havlaması beni korkutmamıştı. Bu olayın böyle ellili yaşlarımın başlarında olması, sanırım Gypsy'yi kapının önünden içgüdüsel olarak sinsi sinsi yürüten aynı biyolojik sürecin kısmi bir parçasıdır. Hâlâ caddede bizi geçen insanlarda hayranlık uyandıran bir hali olsa da ve hâlâ postacıları ve benzincileri korkutsa da, tüm bedenin kas yapısı açısından onunla güçlü genç bir köpek arasındaki fark çarpıcıdır. O bu farkı ve aldırmadığı takdirde bunun sonuçlarını bilir. Yaşlı insanlarda gittikçe artan güçsüzlüğün ve incinebilirliğin içgüdüsel farkındalığı ölümlü olma bilgisiyle dönüşüme uğrar. Hayvanlarda da böyle midir?

Artık Gypsy'ye baktığımda, sık sık, yaşayacak fazla zamanı kalmadığını biliyor olmanın kederini yaşarım. Durumunun bende uyandırdığı acıma hissi, ölmesi gerektiğini bilmiyor olması gerçeğiyle artar. Hani ya masanın yanına, ya da mutfaktaki hasırının ya da çalışma odamdaki halının üzerine oturduğunda, ölümün onu beklediğini bilmiyor. Burada kendimden ihtiyatla bahsediyorum çünkü yanlış anlaşılmaktan korkuyorum. *The Lives of Animals* isimli kitabında, J. M. Coetzee, baş karakteri Elizabeth Costello'ya –çektiği acıyı kavrayamamamızın ve hayvanlara eziyet etmemizin utancının dehşetiyle deliliğin sınırına itilmiş bir kadın– şu sözleri söyletir. Pek çok filozofun da dediği gibi, bir filozofun, hayvanlar öleceklerini bilmezler ve dolayısıyla ölümden korkmazlar, çünkü bu tür bir bilgi için gereken –benlik ve gelecek gibi– kavramlara sahip değildirler sözlerine karşılık olarak.

> Yaşamın hayvanlar için bize olduğundan daha az önem taşıdığını söyleyen, hayatı için savaşan bir hayvanı avuçları arasına almamıştır hiç. Hayvan olmak demek, tamamen ve ertelenmeksizin bu savaşın içine fırlatılmaktır. Bu savaşın entelektüel bir boyuta ya da yaratıcı bir korkuya sahip olmadığını söylerseniz size katılırım. Entelektüel bir korkuya sahip olmak, hayvan olmanın bir özelliği değildir: Onların tüm varoluşu canlı kalmak üzerinedir.
>
> Sizi ikna edemiyorsam, bunun nedeni, buradaki sözlerimin hayvan varlığının bütünlüğünü, soyutlanamazlığını, entelektüel olmayan doğasını iletme gücünden yoksun olmasıdır. İşte bu yüzden, o canlı ve heyecan verici varoluşu dile getiren şairleri okumanızda ısrar ediyorum ve eğer bu şairler bile sizi etkilemezse, o zaman sizden celladına doğru götürülen hayvanla yan yana yürümenizi istiyorum.
>
> Ölümün bir hayvan için önemli olmadığını çünkü hayvanın ölümü kavramadığını söylersiniz. Dünkü dersin hazırlığı için okuduğum akademisyen filozoflardan birisini anımsatırım size. Çok üzücü bir deneyimdi. İçimde oldukça Swift'vari bir tepki uyandırdı. Eğer bu, insan felsefesinin önerebileceği en iyi şeyse dedim, kendi kendime, gitmeyi ve atlar arasında yaşamayı yeğlerim.

Derinden katıldığım güzel bir pasaj bu. Elbette Coetzee'nin sözleri bu pasajda alay edilen türde bir filozofu ikna edemez. Ne de etmeli. Filozofların budalalıklarıyla kolayca alay edilir, fakat az önce işaret ettiğim gibi, zaman zaman onlar çok derinlere inerler. Yalnızca felsefenin temel sorunlarıyla uzun ve zorlu bir mücadele içine girmiş bir kimse, sanırım, filozofların en büyüğünün bile nasıl kolaylıkla, üstelik saçmaladığının farkına bile varmaksızın, saçma konuşabildiğini anlayacaktır. Fakat, filozofların, öyle radikal olabilir ki onları cidden eğlendirdiğine inanmak bile zordur diye ifade ettikleri kuşkuların olduğu doğrudur. Köpeklerin özel bir kavrama sahip olup olmadıklarına yönelik kuşkular, hemen, herhangi bir kavrama sahip olup olmadıkları yolundaki kuşkulara yol açar. Eğer hiçbir kavrama sahip değillerse, o zaman, bazı filozoflar der ki, yiyecek kavramları olmadığı için yemeklerinin geliyor olduğunu düşünemezler hatta bunu umamazlar bile. Bu tür radikal kuşkuculuktan kaçınmak gerektiğinin endişesiyle, başka filozoflar da, köpeklerin elbette kavramlara sahip olduğunu ama bunların köpekçe kavramlar olduğunu söylerler. Ne radikal kuşkuculuk ne de köpekçe kavramlara duyulan inanç mutlu bir konumdur ve bu gerçek, kişiyi, sorunun her iki konumu da paylaşan bir ya da daha çok varsayımın içinde yattığı düşüncesinden kuşku duymaya yöneltir. Belki de, bir köpek yemeğinin geliyor olduğunu düşünecek ya da umacak ya da dileyecekse, o zaman, onun kavramlara sahip olması gerekir demek bir varsayımdır.

Coetzee'nin bu varsayıma meydan okuduğu görülür. Aynı zamanda, o, bir hayvanın bedenine ilişkin düşüncemizle onun davranışı arasındaki bağlantıya ve hayvanların buna inandığını ya da bunu bildiğini söyleyebilmek için yaptığımız tereddütsüz hazırlığa dair varsayımlara da meydan okur. O, bizim dikkatimizi, *canlı bedenin*, etten kemikten oluşan bedenin, inanç ve bilgi kavramlarımız dahil tüm kavramlarımızda yapısal bir rol oynadığına çekmek ister. Wittgenstein gibi o da, eğer ki onları sadece hayvanlara bilinç durumları atfetmenin varsayımsal temeli gibi alıyorsak, sesin sonsuzca ince dalgalanmasının ve bedenin hareketlerinin, onun anlamlılığının pek çok biçiminin önemini yanlış anladığımıza inanıyor görünür. Onlar, daha ziyade (söylediğini önermek için alıyorum), hayatımızda yer alan 'bilgi' ve 'inanç', 'umut' ve 'korku' ve benzeri sözcüklerin anlamlarını kısmen dil ile belirler – dil, diye vurgular Coetzee, edebiyatta disiplin altına alınmış biçimlerde kullanıldığı ve hayvanlarla yaratıcı biçimde yaşamayı sağladığı gibi.

Bilgi ve inanç hakkındaki konuşma biçimlerimiz, öncelikle ve bütünüyle, sadece insanlarla olan yaşamlarımızda biçimlenmemiş ve ardından varsayımsal şekilde hayvanlara uygulanmamıştır. Bunlar aynı zamanda hayvanlarla birlikte yaşadığımız hayatlarda biçimlenmişlerdir. Hayvanlar hakkındaki bilimsel çalışma onlarla birlikte geçirilen hayatın tek bir parçasıdır – ve doğrusu çok yapay bir parçası. Hayvanlar hakkındaki konuşma biçimlerimize ilişkin yapılan felsefi yorumlar –felsefi anlamda vurgulanarak söylenen, 'öyleyse hayvanların *düşünceleri* olduğunu düşünüyorsun' sözünü düşünün– onlarla birlikte yaşadığımız yaratıcı hayatımızdan soyutlanır ve bu kavramların gerçek *oluşumlarında* bu yaşam tarzının oynadığı rolün yetersiz derecede farkındadır. Umarım Coetzee'yi çok fazla Wittgenstein okur gibi okumuyorum. Eğer böyle görünüyorsa, o zaman, alıntıladığım pasajda çarpıcı bulduğumun yorumsal sözü olmaksızın, sadece felsefi bir özenle söylemiş olduğumu ele alın. Özenle işleme bir savunma değildir elbette, fakat fark edilmemiş varsayımları teşhir eden bu inceden inceye işleme, Coetzee'nin en tepede olduğunu düşünme eğilimini azaltabilir.

Ölümlü bir yaratık olarak öleceğini bilmeyen Gypsy'nin bende uyandırdığı merhamet hissi, sanırım, Coetzee'den alıntıladığım ya da onun felsefi temeli olacağına inandığım şeyin sergilenmesinde incelikle anlatmış olduğum hiçbir şeyle çelişmez. Dümdüz bir şekilde hayvanların öleceklerini bildiklerini söylemek istemiyorum ya da dümdüz bir şekilde bilmediklerini. Alıntıladığım pasajda Coetzee'nin tanımladığı türden ve romanı *Disgrace*'de etkileyici ve hatta daha güçlü bir biçimde betimlediği durumlarda, hayvanların öleceklerini bildikleri düşüncesiyle hemfikir olduğum zamanların sınırlı olduğunu düşünüyorum:

> Onun bütün varoluşu tiyatroda olanlarla kuşatılır. Köpeklerin zamanlarının geldiğini bildiklerine ikna olur. Sürecin sessizliğine ve acısızlığına rağmen, Bev Shaw'ın düşündüğü ve düşünmeye çalıştığı sağlam düşüncelere rağmen, taze cesetlerin konduğu hava geçirmez torbalara rağmen, bahçedeki köpekler içinde ola-

nın kokusunu alırlar. Kulaklarını yassılaştırır, kuyruklarını düşürürler, sanki ölümün rezaletini fazlasıyla hissediyorlarmış gibi ve ayakları birbirine dolanıp kilitlenirken eşikten çekilmiş ya da itelenmiş ya da taşınmış olmalıdırlar. Masanın üzerinde sağa sola vahşice dağılmış bazı ısırıklar, hüzün dolu bazı iniltiler, onlara her nasılsa korkunç şekilde zarar vereceklerini bilseler de, hiçbiri Bev'in elindeki iğneye doğru dürüst bakmayacak.

Ölümün gölgesindeki bilgidir bu ve üstelik tehlike karşısındaki hayvan davranışının tarzından dolayı ölüme atfedilen pratik bilgidir. Coetzee'nin betimlediği türden durumlarda köpeklerin ölüme yaklaştıklarını biliyor olabileceklerini ya da, daha önce söylediğimiz gibi kedilerin ölmek için uzaklara gittiklerinde yaptıklarını kabul etmek için yaptığım hazırlık, bu durumlarda hayvan aklının bütünüyle aktif, kavrayışının tamamen pratik olduğu gerçeğinin bir işlevidir. Gypsy, arabasının sesini işittiğinde Yael'in geliyor olduğuna inanır ve arka kapıya koşar, ama hasırının üzerinde uzanırken Yael'in eve ne zaman geleceğini ya da gene mi geç kalacağını merak etmez. Gypsy için ölümün farkında olduğunu söylemek bazen doğruysa, ne zaman öleceğini, ölümün kaçınılmaz olup olmadığını ya da sonsuza dek yaşamanın daha mı iyi yoksa daha mı kötü olacağını merak ettiğini söylemek asla doğru değildir.

O nedenle, bu savın hatırına, Gypsy'nin yüzündeki 'Sen de mi?' diye sorar görünen ifadenin onun incinebilirliğinin farkında olduğunu değil sadece, fakat aynı zamanda ondaki pratik anlamda var olan ölüm bilincini de dışa vurduğunu kabul edelim. Sanırım her şey, ölümün pratik olarak farkındalığı ve yansıtıcı kavrayışıyla arasında çizdiğim bu fark ile tutarlı durumda. Fakat, aynı zamanda, Gypsy'nin yüz ifadesinin, paylaştığımız ölümlülüğün onda uyandırdığı acıma hissiyle doygunlaşmış olduğunu da söyleme gereği duyuyorum. Onun yüz ifadesini gördüğümde ve buna tepki gösterdiğimde düşündüğüm şey tam da buydu. Gene de, onun için muhakkak ki öyle değildi.

Ölümlülük, tüm canlı şeylerle birlikte öleceğimiz gerçeğini değil yalnızca, fakat, belki de yaşayan şeyler arasında benzersiz bir biçimde, ölmek zorunda olduğumuza dair sürekli bir farkındalığa sahip olduğumuz gerçeğini de ifade eden, derin tınılarla yüklü bir sözcüktür. Bu tınılar, kaçınılmaz biçimde, ölümümüz ve bizdeki ölüm bilgisi gerçeği hakkında ve, dolayısıyla, bu bilgiden kaçışımız üzerine kafa yorduğumuzu söyler. Eğer ölümün bizim için tartışmalı bir yanı yoksa, yaşamlarımız için onun anlamına ilişkin kaçınılmaz sorulara yol açmıyorsa, vurgusunu kederde ve acıma duygusunda bulan ölümlülüğümüz hakkında söz söylemiş olmayacağız asla ve kendimizi güçbela tanıyacağız.

Hayvanlar ölümün düşündürücü bilgisine sahip olmadıkları için, ölümün korku ve endişesini duyamazlar, ve eğer duyabilselerdi kendi faniliklerinde yalnız olmadıkları gerçeğiyle teselli bulabilirlerdi. Başkalarının da bizim gibi acı çektiğinin ve bizim gibi onların da ölmek zorunda olduklarının bilgisiyle avunmamız, insan yaşamı için mutlak bir gerçekliktir. İlk bakışta, bu, başkalarının perişanlığından zevk almakla elde edilen tatsız bir teselli gibi görünebilir. Gerçekten öyle değil ya da, en azından, genellikle öyle değil. Bizler yaşamlarımızı anlamlı kılmaya çabalayan yaratıklarız, ki yarattığımız bu anlam asla tamamen özel değildir. Özel yaşantılarımızdan çıkardığımız anlam, büyük ölçüde ve daima insan olma durumundan çıkardığımız anlamdır. Belli ki, bizi ölümden anlam çıkarmaya zorlayan, kendi acımıza bir tepki verme gereksinimi değildir sadece, fakat aynı zamanda, bir insan hayatı sürmenin anlamını ve ölümün bu anlam hakkında bize gösterdiğini kavramak gibi daha genel bir gereksinimdir.

Ölümün kim olduğumuzla ilgili düşüncelerimizde öyle esaslı bir payı vardır ki, ancak onu gerçekten düşünmeye başladığımızda, kendimize ilişkin herhangi gerçek bir anlama sahip oluruz. İnsanlar ölümü gerçekten ölüyor olduklarında ciddi ciddi düşünseler bile, onu yalnızca hepimizi etkilediği gibi değil, fakat kısmen insan olma durumumuzu *tanımladığı* şekliyle, her birimize gelen bir şey gibi düşünmelidirler. Hannah Arendt, "Antik Yunanlılar insanlık tanımı için ölümün o kadar önemli olduğunu düşündüler ki, insanoğluna Ölümlü adını verdiler," demiştir.

Sanırım ki, hiçbir fark, kendimizi ve yaşamlarımızı değerlendirmemizde gerçek ve görünüş arasındaki farktan daha önemli değildir. Gerçekten âşık mıyız, yoksa bu delicesine sevdaya mı tutulma, aşkın taklidi mi? Gerçekten büyük üzüntü mü duyuyoruz, yoksa duygularımıza mı teslim oluyoruz? Ölümü cesurca ve metanetle mi karşılıyoruz, yoksa doğaüstü bir umutta ya da kötü bir şiirde yanlış bir teselli mi bulduk? Paranın ve statünün gerçekten bir önemi var mı? Ve daha buna benzer bir sürü şey. Bunlar hayatın anlamına ilişkin sorulardır – illa ki *belirli* bir hayatın anlamına dair değil, gene de anlam hakkında. Anlama gereksinen yaratıklarız. Bir Nazi ölüm kampından salıverildikten sonra logo-terapiyi* icat eden Victor Frankl, bir psikiyatr olarak yaşadığı deneyimin, kendisine, insanların anlama ihtiyaç duyduklarını ve mutluluğu aramaktan çok daha ümitsiz bir şekilde anlam aradıklarını öğrettiğini defalarca yazmıştır. Bazı insanlar bu gereksinimle alay ederler. Sakınacakları yerde bu ihtiyaca teslim olanların hayalci** olduklarını söylerler. Bu insanların çoğu, yalnızca anlam arama dertleri olmadığı sürece alay eder.

Gene de, bazen, anlam ihtiyacının hayatın harici bir amacı olduğuna inanmak için bir ihtiyaç olduğuna yanlış bir şekilde inandıkları için alay ederler. Bu kadar çok insanın çıkıp da, hayatın anlamına dair sorulacak soruların hayatın harici bir amacının olup olmadığını soran bir sorunun içinde çözülmesi gerektiğini düşünmesi şaşırtıcıdır. Kendi başına amaç, anlam hakkındaki hiçbir şeyi çözmez, çünkü bazı amaçlar gerçekten korkunçtur. Wittgenstein, insanların neden ölüm sonrası bir yaşamın hayatın sorunlarını çözeceğini ya da hayatı anlamlı kılacağını düşündüklerini sorarken, daha genel olarak bunu anlatmak ister. Neden sonraki yaşamın anlamı bu hayatın anlamı kadar tartışmalı olmak zorunda değildir? Sokrates'in, aynen bu yaşamda umduğu gibi, kendisini sonraki yaşamda olacağını umduğu ölüme mahkûm eden yargıçları anlatırken benzer bir düşünceye sahip olduğu görülür: Kendisini ve başkalarını insanın nasıl yaşaması gerektiği sorusuna yerleştirmek.

* Psikoterapinin, insanın zihinsel sağlığının hayatındaki anlamın farkında olmasına bağlı olduğunu iddia eden varoluşsal bir türü. (ç.n.)

** Bir Dinginci mezhebin üyelerinin hipnotize olmak için göbeğe gözünü dikip bakma egzersizlerini çağrıştıran ve orijinal metinde "navel-gazing" olarak geçen sözcüğün yerine: Meditasyonla uğraşmak ya da derin düşünceye dalmak, kendinden hoşnut ya da dar görüşlü olmak, ya da gündelik hayatın dertlerinden ve gerçeklerden kaçmak için oyalayıcı şeyler aramak. (ç.n.)

Fakat yaşamın anlamıyla, yaşama *yönelik* bir amaçtan çok yaşamın *içindeki* bir amacı bile kastetmiyorum. Doğruyu söylemek gerekirse, bir parça abartmak için, anlamın, amaca dönük ilginin kişinin geçmişine doğru adım attığında başladığını ya da hatta sona erdiğini söyleyeceğim. Herhangi bir kimse geçmişi hakkındaki gerçekle ilgilendiğinde, fakat bu gerçeğe geleceği için olan yararı konusunda özel bir ilgi duymadığında, o zaman, yaşamındaki anlamıyla birlikte geçmişin anlamıyla ilgilenir. Sonuçlarına bakmaksızın bir yalan olan yaşamı reddettiğinde, anlamla şu an benim hakkında konuşuyor olduğum gibi ilgilenir.

Gerçekliğin doğasında yer alan hiçbir şey bu tür şeyler hakkında düşünmemizi gerektirmez, ama bu tür ilgiler için yanıtlanabilir olmayan bir hayat, tamamen insan olarak bizim için güçbela tanınabilir. Âşığı tarafından nasıl ihanete uğradığının onların geçmişlerinin anlamını gösterebileceği düşüncesiyle gerçekten ilgilenmeyen birisini hayal etmek zordur, onların aşklarının gerçek mi yoksa yalnızca bir hayranlık mı olduğunu gerçekten umursamayan, ölümün karşısında asla dehşet, korku ve şaşkınlık duymayan. Bunların hayatın anlamına yönelik sorular ve ilgiler olması gerektiğini düşünmekte metafizik bir karışıklık yoktur, ne de ve her durumda, onlara dönük ilgi doğaüstüne duyulan bir özlemi ifade eder.

Platon, biz insanların tipik bir biçimde kaçınılmaz olanı iyi olanla karıştırdığımızı söylemiştir. Bu sözle, onlar olmadan hayatlarımız anlamsız görüneceği için, bizim için zorunlu hale gelmiş olan şeyleri değerin kökeni olarak ele alma eğiliminde olduğumuzu söylemek istemiştir. Bunlar, ölüm uzaktaymış gibi göründüğünde, hemen hemen tüm enerjimizi verdiğimiz şeylerdir – para, statü, kariyer vesaire. Kaçınılmaz olanı iyi olanla karıştırmak, mutlak değerin nasıl olacağına inanmanın pratik açıklamasının bir biçimidir –diğer her şey hakkında hüküm verilmesinde olduğu gibi– ve genellikle neyin gerçekten önemli olduğunu söylemekten farklıdır. Fakat hastalık kapıyı çaldığında, çoğunlukla insanlar önem taşıyan şeyler konusunda yeni değerler biçer. O vakit, dolaylı olarak ve bazen de doğrudan, neyin önemli olduğu düşüncemize onu ancak ölümlülük duygumuzun berrak ışığı altında gördüğümüzde güvenmemiz gerektiğini söylerler. Bu tür bir berraklık, kişinin kalbinde olan ve kesinliğini sezgiyle kavradığı bir bilgidir. Hiçbir genç insan ölümlü olduğunu inkâr etmez, gene de, onlar bunu sadece kafalarında bilirler dediğimizde, herkes ne söylemek istediğimizi anlar. Bu yüzden onların bilge olamayacaklarını düşünürüz, zira bilgeliğe sadece ölümlü olduğumuzu ve bir talihsizlik ânında yaşamlarımıza anlam katan her şeyden yoksun olabileceğimizi kalpleriyle bilen insanlar ulaşır.

Hannah Arendt, Yunanlıların insanların biricik ölümlüler olmalarını düşünmelerinin nedeninin, bir tür olarak yalnızca insanların kendi karakteristik özelliklerini aşmalarını olası kılan bireyselliğe sahip olduklarına inanmaları olduğunu söylemiştir. Onlar, tür özelliklerini aşamayan hayvanların bir çeşit ölümsüzlüğe sahip olduğunu düşünürlerdi. Sanırım onun Yunanlılar hakkında söyledikleri sadece kısmen doğru, ama şimdi bunları geçelim. Onlara atfettiği düşünce çarpıcı ve derindir. İnsanlar, doğada bildiğimiz başka hiçbir şeyin olmadığı kadar bireydirler.

Bu yolla vurguladığımız insan bireyselliğinde en azından dört fark resmedilebilir. Birincisi, ki en az ilginç olanıdır, bizler diğer yaratıklardan ve şeylerden yalnızca sayısal olarak farklı olduğumuz için bireyizdir. İkincisi, bizler bireyizdir çünkü farklı özelliklerimiz ve farklı tarihlerimiz vardır. Üçüncüsü, bizler bireyizdir çünkü bizi diğerlerinden ayıran ve içimizden bazılarını renkli kişilikler haline getiren özelliklerin bazıları çarpıcıdır. Bireyselliğin bu üçüncü biçimi zaman zaman politik liberalizmde kutlanır. Gene de, tüm bunlardan daha esaslı olanı, kişisel niteliklere başvurmakla asla aktarılamaz oldukları düşüncesiyle ve sadece onları seven kişiler için değil, fakat bütün insanların, kesinlikle, tartışılmaz bir şekilde biricik ve yeri doldurulamaz olduğunu söylerken ifade ediyor olduğumuz bireyselliktir. Bu, özel insanlara karşı hissettiğimiz ölçülemez gereksinimimiz hariç, farkın kutlanmasında kendini göstermez. Farkın kutlanması akla ve ahlaka çekici ya da itici gelebilir. Bu durum kutlanan farklara bağlıdır. Fakat, akıl ya da erdem olmaksızın, insanların sevgi ve bağlılığımızdaki yeri doldurulamazlığı, usçulara ve ahlakçılara düşüncenin şafağından beri itici gelmiştir.

Bir dereceye kadar hayvanlar bu tür bireyselliği bizimle paylaşırlar. Onlar da birbirlerine ve bize sevgiyle bağlanmışlardır ve bazı hayvanlar diğer hayvanlar ve bizim için yas tutarlar. Yaşamlarımıza katıldıkları ve bağlılığımızı ve sevgimizi talep ettikleri için, insanlar için tümüyle biricik olan bu tür bir bireyselliği hafifletilmiş haliyle onlara veririz. Genellikle, hayvan adları olsa da, onlara isim veririz örneğin. (Gypsy bir köpek için iyi bir isimdir, fakat veteriner onu ne zaman Gypsy Gaita diye çağırsa daima irkilirim.) Ve köpeklerin adları olmadığında ya da isimlerini yitirdiklerinde ve bir kayıp köpek evinde her birine bir numara verildiğinde, onlara, insanların isimlerinden esirgendikleri ve bunun yerine numaralandıkları durumda verdiğimiz tepkiyi vermeyiz. Bir insan için isminden yoksun bırakılmak bir ölçüye kadar daima bir değer kaybıdır.

Bu tür bireyselliğin hayvanlardaki hafifletilmiş doğası, belki de, en açık biçimde, hayvan biyografileri yazmamamız gerçeğinde görülür. Isak Dinesen'in yazdığı bir öyküdeki bir karakter şöyle der: "Onun kim olduğunu soruyorsun. Seni asırlardır saygı duyulan bir tarzda yanıtlayacağım. Bir öykü anlatacağım sana." Bu, bir insanın hayatını mahvettiğini, ya da hayatı için yanlış bir karar aldığını, ya da hayatını değersiz hissettiğini ya da sevinç ve minnettarlık için hayatında bir neden keşfettiğini söylerken kastettiğimiz ayırt edici bir kimliği –onların başarılarının toplamından çok bir kimseyi– ifşa eden bir öykü fikrinde önemli bir rol oynayan yaşam kavramı nedeniyle sadece olası olabilir. Rush Rhees, hayvan yaşamları hakkında bunların hiçbirini söyleyemeyeceğimizi gösterdi. Benim bu kitapta yapıyor olduğum gibi, hayvanlar hakkında hikâyeler anlatırız, fakat bu öykülerin toplamı bir biyografi etmez, çünkü hiçbir şey Orloff'un, Gypsy'nin ya da Papağan Jack'in hayatları için bir şey yapıyor ya da yapamıyor olduklarını düşündürtmez, ne de hayatın onlar için bir şey yapıyor olduğunu. Hayat ne onlara fırsatlar sunar ne de onları fırsatlardan yoksun bırakır. Hayatlarında çılgınca sevinmezler, ne de hayattan ümit kesebilirler.

Isak Dinesen, 'eğer bir öyküye yüklerseniz ya da onlar hakkında öyküler anlatırsanız bütün acıların taşınabileceğini' söyler. Bunun derin bir gözlem olduğunu düşünüyorum, ama çok temel bir şeyi ihmal ediyor. Acılarımızın paylaşıldığı bilgisiyle avunabiliriz, fakat o, aynı zamanda, öykü ve şiirin teselli edici gücüne ulaşmanın ötesindeki ilkel haliyle, ölüm korkumuzun temel gerçeğidir. İçimizdeki ilkel ölüm korkusunun bazen hayvanlarda gördüğümüz aynı korku olduğu düşünülür. Bunun tezahürleri şuna benzer: onu yadsımak yaratık olma niteliğimizi yadsımak olacaktır. Fakat içindeki bir öğe, insan kimliğinin yok olmasında gizemli bir şeylerin bulunduğu gerçeğiyle içinden çıkılamaz şekilde kuşatıldığı için, ayırt edici bir biçimde insanidir. Bedene ne olduğunu anlatan hiçbir doğal öykü ve ruhun yaşamını sürdürdüğünü anlatan hiçbir doğaüstü öykü, bu gizemi ve onun içindeki süreğen acıyı azaltamaz.

Kim olduğumuzu, bizi diğerlerinden ayıran kimliği, diğerleriyle ortak neye sahip olduğumuz düşüncesi olmaksızın kavrayamayız. Fakat aynı oranda ve insanlara uygulanması durumunda, sahip olduğumuz ortaklıkları saptayan bu kavramlar, bizden, her birimizin biricik –doğadaki başka hiçbir şeyin olmadığı kadar biricik– ve yeri doldurulamaz olduğumuz gerçeğini tamamen kabul etmemizi talep eder.

Bireyselliğin bu türü, tipik özelliklerin bölünemezliği açısından, insanların ya da hayvanların nesnel bir özelliği değildir. Bazı insanlar zeki bazıları aptaldır, kimileri iyi kimileriyse kötüdür, bazıları iyi huylu bazıları aşağılık, bazıları karamsar bazılarıysa iyimser. Bu gibi özellikler farklılıkların etki ve önemi açısından nesnel olmamakla birlikte, gene de, insanlara birbirlerinden farklı davranırız *çünkü onlar* birbirlerinden farklıdır iddiasına anlam katarlar. Bu iddiayı doğrulamak için neden söz edileceğini biliriz. Fakat birisi çıkıp da, insanlara biricik ve yeri doldurulamaz yaratıklar gibi davranırız *çünkü onlar* biricik ve yeri doldurulamazdırlar derse, neden bahsetmiş olur? Hiçbir şeyden bahsetmediği görülür.

İnsan yaşamını ve belli ölçüde hayvan yaşamını kavrayabilmemiz için çok önemli bir şeyin nesnel açıdan temelsizmiş gibi görünmek zorunda olması tuhaf ve rahatsız edicidir. İnsanların yalnızca kendilerini öyle görenler için yeri doldurulamaz olduklarını söylemek, bu yüzden çok çekicidir. Bireyselliğin bu türü ile sevgi bağlarımız arasındaki ilişkiyi vurgulayamadım mı? Bununla birlikte, sorun, bunu demek istemeyişimizdir. Bütün insanların, kesinlikle, tartışılmaz bir şekilde biricik ve yeri doldurulamaz olduğunu söylemek isteriz. Bizim için şeylerin bütün türleri göreli olarak yeri doldurulamazdır, bunlar, söylediğimiz gibi, 'duygusal değer' taşıyan şeylerdir – bize belki özel bir insan tarafından verilen bir yüzük ya da bir kitap, ya da hayatımızda önemli bir yeri olan bir ev ya da bir kır. Fakat birisi çıkıp, insanların da birbirlerine karşı duygusal değerlere sahip olduklarını söylemek ister mi?

Bireysellikten böyle söz edilmesine duyduğu kızgınlık, Rush Rhees'i şunları söylemeye itmiştir: "Eğer 'bireysellik' hakkında konuşulmak isteniyorsa, tamam. Bunun, 'sevilen bir şey' hakkında konuşmaktan çok farklı bir anlama geldiğini sanmıyorum. Her durumda, en az insanlardaki bireysellik kadar hayvanlardaki bireysellik hakkında konuşulması gerekir."

Buna evet ve hayır demek istiyorum. Aşk hakkında düşünmek, hayır demek için bana daha çok neden sunuyor. Aşkın kendisi, onu pek çok sahte benzerinden ayırt eden ölçütlere karşı sorumludur. Aşk saf ve temel olabilir. Rhees'in kendisi aşkın dili olmadan aşkın olamayacağını söylemiştir. Bu dil törenseldir, fakat aynı zamanda eleştireldir de. Doğrusu, aynı zamanda diğeri de olduğu için eşsizdir. Onun eleştiri odağında olan, sevilenin bağımsız gerçekliğine yanıt verebilir olması gerektiği düşüncesidir – gerçekten gerçek aşk sayılabilmesi için böyle olması gerekir. Bu, sevilenin özgür irade yetisine saygı göstermek, şeyleri nasıl gördüğünü anlamaya çalışmak ve yanı sıra daha fazlasının gerekli olduğu anlamına gelir. Fakat bu tür çabaların karakteri, biricik ve yeri doldurulamaz herhangi birine verilen tepki gibi, bütünüyle sevilene verilen tepkiyle koşullanmıştır. Daha sonra, ırkçı karalamanın kesin bir biçimini tartışırken, insanların birbirlerine verdikleri tepkilerin bu yolla koşullanmadığı durumlarda, başkalarının bağımsız gerçeklerini anlayabilmek, özgür irade yetilerine saygı duyabilmek ya da onları bütünüyle dünyadaki başka bir bakış açısı gibi görebilmek için, insanların hiçbir şeyi bir çaba olarak düşünmediklerini göreceğiz. Bu an için, gene de, yalnızca şunu öne sürmek istiyorum ki, birbirimize verdiğimiz tepkiler biricik ve yeri doldurulamaz olduğumuz düşüncesiyle koşullanmamışsa eğer, o zaman, aşkın diğer insanları bireyleştiren gücü, gerçekten, onun –duygusal nedenlerle bağlandığımız– cansız şeyleri bireyleştiren gücüne benzeyecektir.

'Öznel düşünür' adını verdiği bir ideali kutlarken, Søren Kierkegaard, 'birey'den, başka hiç kimsenin hayatını değil, sadece kendi hayatını yaşayan biri olarak söz ediyordu. Kierkegaard, böyle biri olmanın ne denli zor olduğunu bilirken, ondan takdirle bahsetti, fakat aynı zamanda hiçbir şeyin ilk ve son kez olarak onun başarısı sayılmadığına vurgu yaptı. 'Birey olmanın' zorunluluğu her birimizde çöker ve bu, var olduğu ölçüde, yeteneklerimizi geliştirmek için zorunluluktan çok daha önemli bir gereksinimdir diye düşünüyordu. Kierkegaard, gerçek insanlığımızı bu gereksinimin tanımladığını düşünüyordu ve böylece insanlığımız bu çöküşün onda ortaya çıkan bedeliydi. Bu çok sert ve hatta çok pahalı görünebilir, ama şöyle bir düşünün: Önemli sorunları düşünürken tipik bir biçimde klişelere ve sıradanlığa düşen hangi insan için bu durum önem taşımaz? Düşünceleri orijinal bir kaynaktan gelmeyen hangi insan için önem taşımaz? Aşkı gerçekten delicesine sevdaya tutulma ya da bencilliğin birçok tatsız biçiminden biri gibi gören hangi insan için önem taşımaz? Kim, büyük bir acı çekiyorken, içinde kendi isteklerine teslim olduğu yöntemlerden çok, otoriter yöntemlerle büyük bir üzüntü yaşatmak istemez? Birileriyle, aranılan bir sırdaş olması anlamında değil, fakat 'Nihayet! Konuşulacak biri!' diye çığlık attığımızda dışa vurduğumuz duygu anlamında gerçekten konuşabildiğimizde, kim iltifat duymaktan hoşnut olmayacaktır? Devam edilebilirdi, eğer ki yoğun açıklık gereksinimimizin türlü biçimleri saptanmış olabilseydi.

'Konuşulacak birini bulmanın' sevinci, Kierkegaard'ın dediği gibi, 'başkalarınınkini değil kendi hayatlarını yaşayan' konuşmacıların bireyler olarak kendi deneyimlerinden söz ettikleri sohbetin sevincidir. Her birinin, dolaylı olarak söyleyeceği sözün sesini bulmuş olduğunu da gösterir anlamda, söyleyecek bir şeyi vardır. Bu tür bir sohbetin hazzı, çoğunlukla, bir yenilikte bulduğumuz ya da daha önce duymadığımız bir şeyi işittiğimizde aldığımız haz değildir. Sivrilmek için kendi üzerlerine eğilmiş parıltılı kişilikleri düşünmek özellikle yanlıştır. Bazı sözler daha önce birçok kere işitilmiş olsalar da, insanın öyle ya da böyle onlardan söz edildiğinde oturup bu sözleri dinlemesinin ve ne kastetmek istediklerini ilk kez o zaman anlamasının yeni bir şey olduğunu söylediği zamanların fazlalığı düşünüldüğünde, bunun anlamı daha iyi kavranabilir. Bu tür deneyimler dönüşüme uğrayabilir, fakat nedenini açıklayabilmek için gereksindiğimiz kavramlar, yeni kuramlar duymanın hazzını ya da karizmatik kişiliklerin cazibesini ve gücünü açık bir dille ifade eden kavramlardan oldukça farklıdır.

Özel bir insanın ağzından çıktığı için sözlerin içinde bilgelik bulduğumuz, birinin konuşmasındaki ya da verdiği pratik bir örnekteki yetkinliğin, muhtemelen daha önce ciddiye almadığımız bir şeyi ciddiye almamız ya da daha önce keşfedemediğimiz bir derinliği keşfetmemiz konusunda bizi etkilediği durumlarda, genellikle, her zaman ya da çok bilinçli bile olmadığımız bazı zamanlarda, eleştirel bir biçimde bu sözlerin bilgece sözler olduğuna inanmakta ve bu denli etkilenmekte haklı olup olmadığımızı değerlendiririz. O zaman, kendimizi, yalnızca naif, toy, duygusal ya da saf olduğumuz ya da acıma duygusu uyandırdığımız için kendi rızamızla teslim olmadığımız konusunda temin etmemiz gerekir. Bu sorunlar hakkında açık olmaya çalışmak, düşüncemizi, gerçeklere dayanan düşünceden sorumlu olan ve aynı zamanda gerçekler hakkındaki düşüncenin kişilikdışılığından farklı bir tarzda kişisel olmayan kavramlardan daha kapsamlı bir eleştirel kavramlar dizisine karşı sorumlu kılmaktır. Bu, düşüncemizi sıradanlıktan, kökeni orijinal olmayan düşüncelerden, klişelerden ve duygusallıktan kurtardığımız disiplinlere teslim olduğumuz için benmerkezci fantezileri susturduğumuz zamanlarda kazanılan türde bir kişilikdışılıktır. Kişisel çıkarları düşünmemenin bu türü, bir paradoks olmak için ortaya çıkanın içinde, sohbet konusunda en ünlü filozoflardan biri olan ve herhangi birisinin Sen'ine bir Ben olmuştum diyen Martin Buber gibi, sadece kendisini konuşmanın sohbetinden bütünüyle sorumlu hisseden bir birey olmayı gerektirir.

Sahip olduğumuz ortaklıkları belirten bu kavramlar arasında ölümsüzlük kavramı rakipsizdir. Hepimizin öleceği gibi sıradan bir gerçekten daha fazlasını iletir. İçinde acının ve merhametin vurgulandığı yazgıdan söz eder. Her insanın ölümüne anlam katan benzersizliği ve değerliliğidir, Yunanlıların insanları Ölümlüler olarak çağırmakla yakaladığı kederli bir tınıdır. Acının ve merhametin aynı vurgusu, *The Book of Common Prayer* adlı kitapta ölen kişiye edilen duada bulunur: "Kadından doğan insanın yaşamak için çok az zamanı vardır ve keder doludur. Çıkagelir ve bir çiçek gibi biçilir. Adeta bir gölge gibi kaçar ve bir daha asla bir durakta durmaz." Hem ortaklığımızı ve hem de radikal bireyselliğimizi kabul etme zorunluluğu ve biri olmadan diğerini kabul edemeyeceğimiz gerçeği, avutulamaz yalnızlığımızla toplum içinde bulunacak teselli arasında çözümsüz bir gerilim yaratır. Bu gerilim ölümlü kimliğimizin kalbinde uzanır. Tek başına beyin bunu asla kavrayamaz. Bunu kavramak yalnızca beynin ve kalbin ayrılmaz biçimde bir araya gelmesiyle olasıdır. Sanırım bu, duygularından korkan hiç kimse tarafından anlaşılamaz. Ne de, hayatında derin bir keder yaşamamış ve bunu sineye çekmemiş birisi tarafından.

Açıktır ki, köpeklerin bu tür kavrayışları yoktur. Eğer ölümün pratik anlamda farkındalarsa, ölümlülüğün derin düşünmeyle kavranılan farkındalığına sahip değildirler. Ölümlülük hakkındaki konuşma biçimlerimizde biriken tınılar, derin düşünmeyle doygun hale gelecek bu biçimleri ve bunların, derinlemesine hiç düşünemeyen insanlarca kullanıldığında bile, ölümlülük kavramıyla birlikte geldiğini gösterir. Fakat, Gypsy'nin diğer bazı hayvanlarla paylaştığı hafifletilmiş bireysellik nedeniyle, onunla aramda ikimizin de ölümlü yaratıklar olduğumuza ilişkin kederli kabullenişimin derinleştirdiği bir bağ vardır.

Ölülerin Onuru

Neden babam Orloff'u kaldırıp, evle kırı birbirinden ayıran çitin bu tarafına taşıdı ve onu 'yuva'sında gömdü? Neden o ve ben birkaç dakika mezarın başında ağladık? Babam neden Orloff'u kıra, çürüyen bedeninin kokusunu duyamayacağımız kadar uzakta bir yere atmadı? Avustralya kırları ölü koyunların kemikleriyle kaplıdır.

Orloff için yaptığımızı insanlar daha bir özenle birbirlerine yapar. Onu sadece bir oyuğa koyup üzerini toprakla kapatmadık, oysa böyle yapmanın birçok pratik nedeni vardır. Biz ona bir 'mezar' hazırladık ve mezarın başında durup basit bir yas tutma ritüelini yerine getirdik. Fakat mezarın başında tek bir söz söylenmedi, üzerine hiçbir işaret konmadı ve ölümünün yıldönümünde mum yakılmadı. Bu, yaptığımız kadarıyla, Orloff'un 'bizden biri', ailemizin bir üyesi olmasının dışavurumuydu. Onunla bizim aramızdaki mesafeyi belirten şeye koyduğumuz sınır, 'insanlar ve hayvanlar'dan söz ederken ve "Fakat bir köpek için mi?" diye sorarken ifade ettiğimiz mesafeydi.

Ölen insanlar için yapılan ritüeller hayvanlar için yapılanlardan sadece daha ayrıntılı ve girift değildir, daha da uzun sürer, bazen, mezarı ziyaret eden çocuklar ve hatta torunlar tarafından nesiller boyunca yerine getirilir, mezara bakım yapılır, ölü dualarla yad edilir, ve hatta bazen, otuz yıl ya da çok daha fazla bir zaman sonra bile, ölüyü anmak için mumlar yakılır. Belki de bu yüzden, bu kısmen doğru talebe kolayca rıza gösteririz: Bu tür ritüeller bizim içindir, yaşayanlara özgüdür ve bu ilk defin gününden beri böyleydi.

Bu tür şeylerin tamamen kavranılması, kişilik fikrini onu bütünleyen ya da parçalayan tarzda ciddiye alan, bilinçsiz güdülenmenin yaşamlarımızda oynadığı büyük rolü kabul eden ve bunu yorumlayan kurama sahip bir psikolojiyle başarılacaktır ancak. Böyle bir psikoloji, içinde bizim için yas tutma ve yas tutma ritüellerinin olduğu eski âdetleri gözler önüne serecektir. Freud ve ondan etkilenenlerin bu konu hakkında söyleyecek çok sözü var ve aynı zamanda, şimdi söylediğimiz gibi, tartışmalara 'son noktayı' nasıl koyabileceğimiz üzerine çeşitli kaynaklardan derlenmiş büyük çapta bir edebiyat da bulunmakta. Konunun lehindeki görüşlerimi, yeterli bir psikoloji kuramının sağlayacağı şeylere olan inancımı dile getiren bir taslak halinde ortaya koyabilsem de, bu konu hakkında söyleyecek ayrıntılı bilgilere sahip değilim. Lâkin keder ritüellerinin tarzına dair yapacağımız herhangi bir açıklama, aynı zamanda ölüler –insan ve hayvan ölüleri– için de yapılmış bir açıklama olduğunu sergilemezse, bizim için indirgemeci bir açıklama olacaktır. Ölüler için yapılan ritüeller sadece onlar için –sevgimize, yükümlülüklerimize, acılarımıza ve merhametimize indirgenemez nesneler olarak ölüler için– yapıldığı ölçüde, bizim için nasıl bir işleve sahip olduklarını gösterirlerse eğer, indirgemeciliği önleyecektir. Nihayet, Freud ve onun takipçilerinden pek çoğu bu konu hakkında birbirine zıt görüşteydiler.

Ölene dair beslediğimiz ve haklı olmayı dilediğimiz bu inanç insan kalbinin derinlerine yerleşir. Bu, aynı zamanda, hayatın buyurgan bir şekilde ve hiç utanç duymadan kendini kabul ettirmesi için de doğrudur; ki bazen, ölen sevgili insan için hissedilen büyük üzüntüden, hayatın bizde yeniden dirilmesi için fazlasıyla çabuk ödün vermekten dolayı suçlu bir kaygı hissederiz. Simone Weil *Notebooks* adlı eserinde bu konu hakkında dikkate değer bir keskinlikte yazar:

> *İlyada*'da, insan aşkının son derece sefil bir biçimde kısıtlanmasının eşsiz gücünü ifade eden iki dize vardır. Bir tanesi şu: "Onların toprağa yatırdıkları, akbabalar için karıları için olduğundan

çok daha değerlidir." Ve bu da diğeri: "Gözyaşlarıyla bütünüyle tükendikten sonra kadın yemek yemeyi düşünmeye başladı."

İnsanlardaki bu zaafı kabul ederken, bazı kültürler yas tutmanın uzun ve katı kurallarını dayatmışlardır. Gelişmiş Batı'da bu tür pratiklerden büyük ölçüde vazgeçilmiştir, fakat bunun bilgeliğine, bu tür pratiklerin ölünün mü yoksa yaşayanın mı hatırına bağlı olacağına ilişkin bir tartışma sürmekte. Modern mizaç birçok nedenden dolayı ikincisini tercih eder. Ya da, daha doğru bir biçimde söylersek, modern mizacın önemli bir bölümü bunun tercih edildiği gerçeğiyle tanımlanır.

Babam öldüğü zaman şimdi de yaygın olan bir ayinle gömüldü: Tabut, son dualar eşliğinde, konulacağı açık mezarın üzerinde kalın dokuma kayışların üzerine yerleştirilir. Ardından mekanik olarak yavaşça mezarın içine indirilir. Bunun yaygın bir uygulama olduğunu bilsem de o an için kederimden unutmuştum. Babamın kayışların üzerindeki tabutunu gördüğümde, mezarına indirilmesine yardım etmem için son fırsatın 'hileyle elimden alındığını' hissettim – esirgenmek yerine 'hileyle elimden alındığını', çünkü, belki haksız bir biçimde bana öyle gelmişti ki, tabutu mezara mekanik yolla indirmek, ölüm gerçeğinden kaçabilmemiz için kültürümüzün bizi yüreklendirme yollarından bir diğeriydi sanki. Daima bizim suç ortaklığımızla elbette... Bu uygulamayı unutmuş olmama küfrettim, çünkü eğer unutmasaydım, Yahudilerin hâlâ yaptığı gibi onu mezarına yasını tutan bizim indirmemiz ve mezarını toprakla bizim doldurmamız gerektiği konusunda ısrar edebilecektim. Kulağa tuhaf geliyor ama ona karşı içten olabilmem için bunu babama borçlu olduğumu ve onun öldüğü gerçeğiyle dürüstçe yüzleşirsem ancak ona karşı içten olabileceğimi hissettim.

Bu konu hakkında kişisel olarak konuşuyorum. İnsanlar ölüye uygun olduğunu düşündükleri bu ritüellere farklı tepkiler gösterir ve ölüm gerçeğiyle yüzleşmenin ne olduğu konusunda farklı düşünürler. Ölümü ve içimizde uyandırdığı karmaşık duyguları en iyi nasıl kabullenebileceğimiz hakkında çok fazla psikoloji kuramının bulunması bu nedenledir. Fakat ölüm bizim için daima gizemli, tuhaf ve dehşet verici olmuştur. Ölümü kabullenmek *bunu* kabullenmek demektir. Ölümdeki gizemin bir kısmı, ölüden bahsederken kullandığımız dilin en yalın gramerinden yansır: *Onlara* saygılarımızı sunarız, *onlar* için mezar taşları dikeriz, *onlara* çiçekler getiririz, *onlara* olan borçlarımızı öderiz, onurları lekelenmişse *onlara* acır, yaşarlarken bitmemiş şeyler ölümlerinde iyi bittiyse *onlar* için seviniriz, çocukları sağlıklı ve mutlularken örneğin. Bazı insanlar için bu basit gramer, hem ölümden sonraki dinsel inancın hem de ölülerin öldüğü ve sonsuza kadar geri gelmeyeceği inancını kabullenmeyi reddetmenin bir göstergesidir. Sanırım, bu, ölmüş insanlara ve ölmüş hayvanlara yönelik tavrımızdaki bir yanlış anlamayı gösterir. Neden babam Orloff'u çitin sağ tarafına gömdü? Neden mezarın başında durup ağladık? Bunu Orloff için yaptık.

Disgrace adlı eserinde, J. M. Coetzee, bir kayıp köpek evinde çalışan ve öldürülen köpekleri, bedenleri imha edilirken çektikleri acının utancından korumaya çalışan bir adam hakkında etkileyici biçimde yazar:

> Her öldürme seansından sonraki sabah, atlı yük arabasını sürerdi... fırına doğru, ve siyah torbaların içinde alevlere yollanan cesetler olurdu.
>
> Torbaları fırına at arabasıyla seanstan hemen sonra taşımak ve fırın ekibinin imha etmesi için orada bırakmak daha kolay olurdu. Ama bu, onları hafta sonu temizliğinden artakalanlarla birlikte çöplükte bırakmak anlamına gelirdi: hastane artıklarıyla, yol kenarından kepçeyle kaldırılmış leşlerle, tabakhanenin pis kokulu süprüntüleriyle – tesadüfen bir araya gelmiş korkunç bir karışım. Onlara bu tür bir alçaklık yapmaya hazır değildir.
>
> Böylece pazar akşamları, torbaları Lucy'nin at arabasının arkasında çiftliğe getirir, gece boyunca istifler ve pazartesi sabahları arabayla hastanenin bahçesine götürür. Onları orada kendi başına yükler, fırını besleyen çek-çeke her seferde bir tane, çekçeki çelik kapıdan alevlere doğru taşıyan mekanizmanın kolunu indirir, yükünü boşaltmak için manivelayı çeker ve oradaki işçilerin gözleri önünde kolu tekrar geriye kaldırır.
>
> İlk pazartesisinde, yakıp kül etmeleri için yükü onlara bıraktı. Cesetler gece boyunca katılaşmış, cansız bacaklar çek-çekin

demirlerine sıkışmıştı. Çek-çek fırındaki gezintisini tamamlayıp geri döndüğünde, çok sık olduğu üzere, köpek arabayla geri geldi, kararmıştı, sırıtıyordu ve kavrulmuş kürk gibi kokuyordu, üzerindeki naylon yanıp yok olmuştu. Bir süre sonra işçiler, torbaları yüklemeden önce, katılaşmış eklemleri kırabilmek için onlara küreklerinin saplarıyla vurmaya başladılar. O zaman araya girdi ve kendi işini devraldı...

Bu işi neden kabul etmişti? Bev Shaw'ın yükünü hafifletmek için mi? Bunun için çöplükteki torbaların azaltılması ve arabayla uzaklaştırılması yeterliydi. Köpeklerin hatırına mı? Ama köpekler ölmüştü ve zaten köpekler onurdan ve onursuzluktan ne anlardı?

O zaman kendisi için. Kafasında tasarladığı bir dünya için, daha uygun bir şekle sokmak üzere cesetlere kürekle vurmayan adamların olduğu bir dünya.

Köpekler kliniğe getirilir, çünkü istenmezler: Çünkü biz çok fazlayız. Onun, köpeklerin yaşantılarına girdiği yer burasıdır. Belki kurtarıcıları olamaz, çok fazla olmayan onlar için tek bir kişi, fakat kifayetsiz, kesinlikle kifayetsiz olduklarında onlarla ilgilenmek için hazırdır, onlarla ilgilenmek için, hatta Bev Shaw onlardan ellerini arındırdığında bile...

Ölülerin onurunu korur, çünkü bunu yapacak kadar budala başka kimse yoktur.

Neden böyle davrandığına şaştığı için, Coetzee'nin karakteri, ölüsüne vahşice muamele edilmişse eğer, ne yapmak köpeklere zarar verir diye sorar. Önce, köpekler için yapmadığını söyler, fakat bu, içinde böyle bir şey olan bir dünyanın hatırına yapılmaz. Ne var ki, yapılanın dehşetinin köpeklere yapılanın dehşeti olması ve umut ettiği dünyanın, içinde köpeklerin 'daha uygun bir şekle sokulmaları' için cesetlerine vurulmasının onursuzluğundan kurtarıldıkları bir dünya olması, onun için uzakta olmayan bir kanıttır. Böylece, köpekler için yaptığı sonucuna varır, Bev Shaw onlardan ellerini arındırdığında bile onlarla ilgilenmek için, 'ölülerin onurunu' kurtarmak için.

Coetzee'nin karakterinin köpekler hakkında sorduğu aynı soruyu insanlar zaman zaman insanlar hakkında sorarlar. Öldüler artık, başlarına daha ne gelebilir? Ölüler için onursuzluk ne anlam ifade edebilir? Ölüler tüm kötülüklerin ve böylece ussal acıma duygusunun ötesinde ölüdürler, elbette bedensel ölümleri bir şekilde hayatta kalmadıkça. Bir kimsenin en azından yapılan kötülüğün farkında olabilme kabiliyetine sahip olması gerektiği varsayımında, kötülüğe maruz kalabilmek için, ölülerin zarar görmeyecekleri düşüncesinin temel olduğunu düşünüyorum. Fakat ölüler için hiçbir şeyin önemi olamaz, bu yüzden onlar zarar göremezler.

Ölüler için hiçbir şeyin önemli olmadığı doğrudur. Sıkıntı, üzüntü çekemezler, haksızlıktan ötürü sinirli ya da öfkeli olamazlar, duyguları incitilemez. Fakat bu zarar göremeyecekleri anlamına gelir mi? Ölülerin gerçekten ölüp ölmedikleriyle, cesetlerine, mezarlarına ve önemsedikleri insanlara ne olduğuyla ilgilenmek için özdeksel olmayan bir şekilde yaşayıp yaşamadıkları, zarar göremeyecekleri, açık mavi gökyüzüne yazılmış bir gerçek midir? Eğer bu çok netse, neden insanlar çağlardan beri bunu anlayamadılar?

Priamos, ölüsü Akhilleus'un arabasının arkasında Troya'nın duvarları etrafında sürüklenen Hektor için kahrolur. Antigone, erkek kardeşi Polyneikes'in cesedinin gömülmeden, kent duvarlarının dışında köpeklere terk edilmesine için için yanar. Yaşadıkları büyük üzüntü ve birisinin Hektor'a diğerininse Polyneikes'e yapılan büyük haksızlık ve hakaret karşısında duydukları öfke acılarının rengini belli eder. Haberler, Charlie Chaplin'in cesedinin mezarından çalındığı haberiyle kesildiğinde, dünyanın her tarafından insanlar ona acıdılar. "Onu huzur içinde bırakamazlar mıydı?" diye sordular. Chaplin'in kendisine yapılan şeye üzüldüğüne herkesin inanmak zorunda olması gerektiğini, ancak kalın kafalı, gerçekçi ve hayal gücünden uzak biri düşünebilirdi. 'Ona' ne olduğunu söylemenin nasıl doğal bir şey olduğuna dikkat edin, mezarına saygısızlık yapılmasından, ya da çocuklarının vahim durumundan, ya da ölümünden sonra saygınlığına zarar verilmesinden ötürü *kendisine* üzüldüğümüz ölmüş biri için bunu söylemenin doğallığı gibi yalnızca. Biyografiler, bazen, öykünün gelişimine bağlı olarak, ölümünden sonraki memnuniyetimizi ya da ölen kişi için duyduğumuz üzüntüyü ifade edecek biçimde, özneleri öldükten sonra da devam eder. Postmodern öykünün yaşayan öznenin öyküsü ile yarıda kalması ve belki de ayrı bir sonsöz olarak belirtilmesi gerektiğine gerçekten inanan kimse var mıdır?

Charlie Chaplin'in cesedi çalındığında o artık Charlie Chaplin olmadığı için kimin zarar gördüğü, kimin lekelendiği sorulursa eğer, yanıt Charlie Chaplin olmalıdır. Onun artık Charlie Chaplin olmadığı iddiası, öldüğü ve muhtemelen çürüdüğü, tekrar toprağa ve küle dönüştüğü iddiasıdır sadece. Fakat bu, onun, insanların sevgi ve acıma duygularının indirgenemez nesnesi olan Charlie Chaplin olmadığı, bir araştırmanın onun hatırına yürütülmediği, yeni bir mezar taşı dikildiği ve mezarına taze çiçekler getirildiği anlamına gelir mi? Elbette ölmüş bir insanın hatırasının lekelenmesine ve böyle olduğu için onun yakınlarına üzüntüyle bakarız, ama hissettiğimiz üzüntü, her şeyden önce ve kesinlikle, dul karısı üzüldüğü için değil, bu durumun anısı kirletilen ölmüş bir insan için kötü olmasındandır. Eğer kadın için üzülürsek, bu, *kocasının* durumuna kederlenmediği için değil midir?

Bunun çok daha fazlası, bireyselliklerinin onlar hakkında biyografi yazımının olanaksızlığını gösterir biçimde hafifletildiği gerçeğinden taşan bütün niteliklerine rağmen, hayvanlara yönelik tutumumuz için söylenebilir. Onların da onurları, ölü bedenlerinin işlemden geçirilmesiyle lekelenebilir. Fakat bazı insanların, ölü insanların zarar görebileceklerini tereddütsüz kabul etmelerine rağmen buna inanmakta zorlanacaklarını kolaylıkla kabul ederim. Bu tür insanların, sonunda ikna olmuş olmasalar bile, kendilerini ikna edici bulabilecekleri umuduyla ve böyle zarif ve güçlü bir yazar tarafından doğru biçimde ikna edilmenin ne anlama geldiği üzerine düşünmek için Coetzee'den uzun uzadıya alıntı yaptım.

Coetzee'den etkilenen ama köpeklerin onurlarının ölü bedenlerine yapılanla lekelenebileceğine inanmayan birisi, bilim adamlarının araştırma yaptıkları köpek türleri hakkında ortaya çıkan daha başka gerçeklere de inanmayacaktır. Coetzee'nin romanında, köpeklerin öldüklerinde onurlarının lekelenebileceğine inanan karakterin aynı zamanda köpeklerin öleceklerini, ya da en azından başlarına büyük bir kötülük geleceğini bildiğine de inanan karakter olduğu doğru, fakat ben bunun önemli olduğuna inanmıyorum. Sanırım ne de herhangi birisi, onların, köpeklere edilmesi gereken muamele hakkındaki prensiplerini (eğer varsa) yeniden gözden geçirerek ikna olabilir. Şimdi, bu meseledeki sorun, köpeklere nasıl davranılması gerektiği ya da onların onurlarını lekelemekten sakınılıp sakınılmaması değildir, özellikle ölülerken onların onurlarını lekelemenin *ne anlama geldiğidir*. Birisi çıkıp da, Tosca'nın kafasına kürekle vurmak üzereyken bana, "Ne yaptığını görmüyor musun!" diyecek olsaydı, hemen hemen kesinlikle, yapmak üzere olduğum şeyin *anlamını* beğenip beğenmediğimi soruyor olacaktı. Ve elbette yapmamam için bana yalvarıyor olacaktı, fakat yapmak üzere olduğum şeyin taşıdığı anlam nedeniyle yalvarıyor olacaktı. Ve eğer sonradan, bundan kendisinin ne anladığını açıklamaya çalışacak olsaydı, aramızda böyle bir tartışma olmadığını bildiği için, bana kedilerin deneysel özelliklerini anlatmayacaktı. Ne de niyetlendiğimin etkisiz bir eylem olduğunun ortaya çıkmasının altında yatan bir prensibe başvuracaktı. Fakat o zaman, hani ya beni ikna etseydi eğer, eylemimin bu tür eylemleri yasaklayan bir prensibe bağlı olarak etkisiz hale gelmesinden çok, eylemimin ne anlam taşıdığını anlatmasıyla ikna olmuş olacaktım.

Kafasına kürekle vurmakla Tosca'nın onurunu neden lekelemiş olacaktım? Bu soru, Orloff'u gömerken babamla benim yaptığımızın ne anlama geldiği sorusuyla aynı kavramsal alanda yer alır. Orloff hakkındaki bu soru, Orloff'u gömerken *hissettiklerimizi* sormaz: 'Ona bir mezar hazırlarken' yapmakta olduğumuzdan *anladığımız* duygularımızı nasıl etkiler, bunu sorar. Belli bir kavramın –ölülerken onları onurlandırma kavramının– köpeklere uygulanması temelindeki kavrayışımız içinde bizim bir yere sahip olup olmadığımızı sorar. Bunun dilbilimsel ya da kavramsal analizde yansız bir uygulama olmadığını düşünerek. Bunun, öyküde ya da şiirde, tiyatroda ya da filmde kullandığımız dilin, bu konu hakkında konuşurken dilin yaratıcı kullanımının bize nasıl canlı gelebildiğine bağlı olduğunu kastetmemin yanında, dilin bu bölümüyle hayatımızı nasıl yaşadığımız üzerine derin düşünmektir bu. Burada sıkça öğrendiğimiz ya da daha önce hissetmediğimizi algıladığımız duygu, ne zaman etkilendiğimizdir. Tosca'ya yapmaya niyetlendiğim şeyin anlamını takdir etmemi sağlamaya çalışacak kişi, bana bir öykü anlatabilir, bir şiir okuyabilir ya da Coetzee'den bu pasajı gösterebilirdi.

Anlam Alanı

Bu, bir şey yapmanın ne *anlama* geldiği düşüncesi, ne demektir? Ona sık sık başvururuz. Bir şans dileyen bu evsiz barksız kişinin yanından nasıl yürüyüp geçebilirsiniz? Aç ve aşağılanmış olmanın ne *anlama* geldiğini bilmez misiniz? Ya da vicdan azabını yenmiş ve 'yaptığımın önemini tam olarak şimdi anlıyorum' diyen birisini düşünün. Bazen, yaptığının önemine karşı birisi için tetikte olduğumuz zamanlarda tabii ki, ilk örnekte yalnızca belli bazı sonuçlardan bahsetmeyi planlarız. Belki bir işveren bir aileye verdiği yoksulluğa, yoksulluğun babası onu tükettiğinde yeterli ölçüde dikkat etmez. Ona, "Yaptığın şeyin önemini tam olarak anlamıyorsun," diyebiliriz. Bununla beraber, genellikle, birisine yapıyor oldukları ya da yapmış oldukları şeyin anlamını ya da önemini kavraması için çağrıda bulunduğumuzda, gerçekler tartışma götürmeyecek derecede aşikârdır.

Yapmış olduğunun anlamını kavraması için birisini sıkıştırdığımızda, asıl niyetimiz, gerçekleri doğru olarak *hissetmesi* için çağrıda bulunmayı, ya da belki gerçeklerin altında yatan ahlaki prensipleri anlamasını, ya da her ikisini birden önermek değil midir? Buradaki varsayım, anlama işinin, tam anlamıyla gerçeklerin keşfinde ve prensiplerimizin altında yatan gerçeklerin sınıflandırılmasında tükenmesidir, ya da prensiplerimizin düzenlenmesinde, ya da belki prensiplerimizin keşfinde. Bir yargıcın bir kişiye gerçeklerden ayrılma lütfen diye yol gösterebildiği ve sıradan bir anlamı olan 'gerçekler'den söz ediyorum. Bu, serinkanlı birinin duygusal bir dışavurumdan ya da hayal gücüne dayalı yazınsal bir formdan çıkarıp alabildiği bilişsel bir içerik düşüncesidir.

Herkesin bildiği gibi, gerçekleri anlama –hatta kabullenme– duyguyla tahrif edilebilir. İnsanın bilişsel başarısının hemen hemen hiçbir türü duygularla, arzularla, korkularla ve fantezilerle çarpıtılmaya karşı dayanıklı değildir. Soyut felsefi düşünce bile kendini beğenmişlikle, ünlü olma arzusuyla ve içinde (Iris Murdoch'ın dediği gibi) bize hükmeden doymak bilmez amansız benliğin olduğu pek çok başka yolla tahrif edilebilir.

Hiç değilse Sokrates'in zamanından beri, Batı, meşru ve meşru olmayan ikna etme arasındaki farkı ortaya koymak ile uğraşmıştır. Bu farkın –aklımın yanlış bir şekilde Sokrates'e atfettiği– bir türü, meşru ikna etmenin kalpten çok kafaya, duygudan çok akla ve mantığa başvurduğunu söyler. İkna etmenin güçlü fakat meşru olmayan biçimleri olarak şiirin ve hikâye anlatımının içinde yer alan kuşku, sıklıkla, bu kuşkunun bu şekilde resmedilmesine uygundur. Sanat bizi sevindirebilir, ancak bize öğretecekse, dünyanın ne olduğunu gösterecekse, işte o zaman, sanatın çoğunlukla gözlerimizi kamaştıran, bizi cezbeden ve baştan çıkaran biçiminden yalın bilişsel içeriği çekip almak zorundayızdır.

Gene de, geleneğin bir başka bölümü kalbin kavrama gücünden söz eder. Kendisini aşkın bir kavrayış biçimi olarak anlaşılageldiği uzun geleneğin içine yerleştirirken, Iris Murdoch, başka bir kişinin gerçekliğini anlamak aşk, adalet ve merhamet işidir der. Doymak bilmez amansız benliğin nasıl önemsiz bir gerçeklik taşıdığının derin farkındalığıyla, onun pohpohlamalarının pek çok türüne karşı diri olunabileceğine ve, örneğin, gerçekliği ifşa eden *bilişsel* çalışmalarını hazırlamaları için aşka, adalete ve merhamete izin vermemizle sanattaki aşırı duygusallığın üstesinden gelinebileceğine inanır.

Ömrünün kalan son birkaç ayını ölümcül bir hastalığın pençesinde cesaret ve berraklıkla yaşamaya çalışan birini düşünün. Kendi içinde önemli olduğunu düşündüğü, ayrıca geçmişinin taşıdığı anlamın buna bağlı olduğunu hissettiği içindir ki iyi bir ölüm ister. Geçmişte yaptığımız ve katlandığımız şeylerin sahip olduğu anlamın çoğu, şimdiki yaşantımız için bir tuzaktır. Geçmişin gerçekleri değişmez, fakat anlam nadiren saptanır. Geçmişinin büyük kısmı, insanlığımızı şereflendirip şereflendirmeyeceğimiz konusunda samimi olmayı gerektiren bu gereksinimi kabullenmekle geçmiştir. Şimdi eğer inkâr eğilimine, hatta yanlış bir teselli arayışına bile girecek olsa, geçmişinin anlamı bir soruya dönüşecektir. Bu yüzden gerçek bilgiyi arar ve doktorundan kendisine kaçamaklı ya da edebi sözler etmeden gerçeği söylemesini ister. Tedavisi yok, süreci bir ya da iki aydan fazla durdurmak için bile hiçbir şey yapılamaz der doktoru ve o da inanır. Alternatif ilaçlar araştırır ama ona umutlanmamasını ya da, korkusunun ölümle yüzleşme ve onu kabullenme azmine zarar verebilecek olması nedeniyle, yapılabilecek az sayıda şeye sıkıca sarılmamasını, fakat çok az bir umut beslemesini önerirler.

İkna etme biçimlerini anlamaya çalışmaktaki amaçlarımızdan ötürü, bu, tümüyle göreli bir açık sözlülüktür. Fakat şimdi bir arkadaşı ona, ölüme kolayca teslim olmaması gerektiğini söyler. Dylan Thomas'tan alıntı yapar. Ona, ısrarla, öfkesini kucaklaması ve dışa vurması için 'ışığın ölümüne karşı öfke' duymasını telkin eder. Buna yanıt verir, anlayabildiği kadarıyla Thomas'ın bu ünlü sözü ölümün dehşetini bilen herhangi birisi tarafından yazılmış olamaz. Bu sözün, asaleti ifade etmek şöyle dursun, sadece budalaca bir romantizmi ifade ettiğini söyler. Ölümün dehşetinin üstesinden gelebilmeyi ve ölümü kabullenebilmeyi umar ve bu kabul edişte teselli bulmayı ümit eder, ancak ölümün dehşetine uymayan hiçbir teselliyi kabul etmeyecektir.

Sahte bir teselliye direnmenin tek görev olduğunu söyler. Teselliden korkmak için değil, çünkü onun aşırısı hemen hemen çok güç olduğu ve yalnızca cesaret değil fakat aynı zamanda bilgelik de gerektirdiği için sahtedir, başka bir şeydir. *The Last Days of Socrates*'i okur, onu güçlü ve etkileyici bulduğunu söyler, ama ölümün kötülük olup olmadığını hiçbir koşula bağlamadan dümdüz sorabilecek bir adamla birlikte yürüme gücünü kendinde bulamayabilir. Bu nasıl sorulabilir, cinayetin kötülüğü duygusu nasıl sürdürülebilir ya da yas tutanlarla birlikte nasıl kederlenilebilir? Fakat ölümün her zaman için kötülük olup olmadığı, ondan dehşete düşmemizin gerekip gerekmediği, tüm tesellilerin sahte teselliler olup olmadığı üzerine düşünürken, gerçekler bilindiğinde ve onlarla yüzleşildiğinde duygularını sadece denetlemek yerine onları anlamak için çaba harcarken, şeyleri olmalarını istedikleri halinden çok oldukları gibi anlamaya çalışıyor olduğuna inanır.

Yakında olmasından korktuğu ölümü ve ölümünün anlamı hakkında çok katı düşünmek için, elbette ki gerçekler karşısında içten olmalıdır. Onlardan kaçmamalı ya da üzücü olanların aklının uzak bir köşesine ötelenmesine izin vermemelidir. Mantıksal olarak neyi neyin takip ettiğini görebilmesi için rasyonel biçimde, mantıklı düşünmelidir, zira bir düşünceden diğerine nasıl ilerlendiği hakkında dikkatsiz olunursa bütün anlama çabaları değersizleşir. Fakat tüm bunlara ek olarak aşırı duygusallıktan kaçınmalı ve yaradılışındaki acınma duygusu uyandıran niteliklere asla yüz vermemelidir. Daima klişelere ve kriz anlarında bile kendisini ona karşı duyarsız hale getiren, sözcüklerin ondaki açıklık gereksinimini boşa çıkarabildiği türlü hileli yola onu ortak eden ruh tembelliğine direnmelidir.

En fazla önem taşıyan fark şimdi gözlenmelidir. Bu, aşırı duygusallığın şeyleri oldukları gibi görebilmekteki zaafımızın bir *nedeni* olmasıyla, onun bu zaafın bir *biçimi* olması arasındadır. Bu bir neden olduğunda, yorgunluk, sarhoşluk, acelecilik olarak işlev görür, ve bunlar düşünceyi ve kavrayışı tahrif ettiklerindeyse korku olarak. Düşünce ve kavrayıştaki zaafın bir biçimi olduğu durumlarda, bu, gerçeklere dayanan bir hatanın ya da geçersiz bir çıkarımın bir zaaf olması bakımından bir zaaftır. Aynı fark, anlam söz konusu olduğunda açıklığa dair yalnızca bazı tehlikeleri listelemek için, yaradılışımızdaki acınma duygusu uyandıran niteliklere, sıradanlığa ve klişelere de uygulanır. Kalpten çok kafa ikna olduğunda, ya da önce kafa ikna olup ardından kalbi ikna ettiğinde, her ne ise işte, bize doğru biçimde ikna edildiğimizi söyleyen bu gelenek, tüm bu tehlikeleri daima nedenler olarak ele alır. Cidden kavrama gücünün bir biçimi olması anlamında kalbin kavrama gücüne işaret eden bu gelenek, bunları bazen nedenler gibi görür, fakat bu zaaf anlam alanında oluştuğu zaman, bunları daima anlamaktaki zaafımızın biçimleri olarak ele alır.

Yakında gerçekleşmesi olası ölümüyle berrak bir zihinle yüzleşmeye çalıştığını düşündüğümüz kişi, bir zaman için, alternatif ilaçların çeşitli biçimlerinin yararları hakkında kendisini ikna eden karizmatik bir gurunun etkisi altında olduğunu duyumsar. Bu, onu ikna etmek için sağladığı anekdot tarzındaki yetersiz kanıttan çok, gurunun karizmasıydı. Tıbbi ortodoksluktaki otoriterliğe direnmek için cesarete ve bağımsız düşünceye sahip olanların duygusal tanımlamaları karşısında, ölümünü bekleyenin içinde bulunduğu çaresizliği büyük bir beceriyle sömürmüştür. Aşırı duygusallığın gerçekleri kavrayışı çarpıtmasına bir örnektir bu. Bu çare, gurunun etkisinden kurtulmasını ve gerçekler üzerinde nesnel olarak düşünmeyi, bilimsel kanıtları dikkate almayı, gurunun destekçileri tarafından ne tür kanıtlar talep edileceğini saptamaya çalışmayı ve buna benzer şeyleri değerlendirmeyi kendisinin istemesini sağlayacaktır. Bu durumda, "Kalbinden çok kafanın seni yönetmesine izin vermelisin", verilecek iyi bir tavsiye olacaktır.

Ama şimdi onun Dylan Thomas'la giriştiği mücadeleyi düşünün. Işığın ölümüne karşı öfkelenmek ilk başta ona çekici gelir, fakat sonra bunu, aşırı duygusallığının onu savunmasız kıldığı bir romantizm olarak değerlendirir. Öfke ondan kurtulmak için gerçek bir kaçışa dönüştüğünde, ölüme öfkelenmenin ölümle yüzleşmeye benzediğine inanır. Ne var ki, bu, kanser olduğunu gösteren tetkik sonuçlarının ya yanlış olduğunun ya da ona ait olmadığının söylenmesiyle ortaya çıkan ve birkaç hafta boyunca safça inandığı türden bir kaçış değildir. Thomas'ın kaçışının ölüm gerçeğinin baştan savılması olmadığına, fakat onun anlamı olduğuna inanır. Bazen bütün bir doğayla yeniden bütünleşmesinin duygusal önsezilerine nasıl kanıyorsa, buna da kanar. Bu önsezilerin hepsi duygusal değildir. Doğadayken varoluş hakkındaki düşünceler birçok biçime girebilir. Bazıları, açıkça, tinin, benliğin ya da ruhun hayatta kalmasına ilişkin metafizik düşüncelerdir. Böyle olmadığı durumlarda ise, bazen büyük bir güzelliğin, bazen tiksindirici sıradanlığın şiirinde ifade edilirler.

Babam ve ben Orloff için mum yakmadık, ne de ona bir anıt inşa ettik, ya da bir şekilde mezarına bir işaret koyduk. Birçok insan bu tür şeyleri yapar elbette. Böyle yaptıkları bazı zamanlarda, haklı olarak, aşırı duygusallığın sanığı durumundadırlar – ölü bir köpeği anmak için her yıl mum yakmak benim için bir örnek teşkil edecektir. Her yıl evinde mum yakan ve mezarlıkta ucuz köpek heykelleriyle süslenmiş büyük bir mezar yapan bir kişi, ki yalan söylediği aşırı duygusallığından söz edilmeksizin saptanabilir, köpekler hakkında yanlış inançlara sahip olabilir. Köpeğinden bahsederken, örneğin, İngilizce'yi mükemmel düzeyde anladığına inanabilir. Köpeğinin olağanüstü bir telepati gücüne sahip olduğuna inanabilir. Hiçbir köpeğin felsefe konusunda ya da işlediği günahlar hakkında düşünemeyeceği sözüme karşılık olarak, kendi köpeğinin her ikisini de yaptığını söyleyebilir. Tüm bunlar ve daha kötüsü olasıdır, ancak hiçbiri gerekli değildir. Aşırı duygusallık, doğası aşırı duygusallığa gönderme yapılmaksızın saptanabilecek (gerçekçi ya da mantıksal) hatanın bir nedeni olmaktan çok, sahte olanın bir biçimi olduğunda, bu durum yanlış inançların nedeni olmamayı gerektirir, ne de onlarda bir nedene dayanmış olmayı.

Anlamı anlamamız ve yanlış anlamamız, hemen hemen daima, biçimin ve içeriğin birbirinden ayrılamayacağı dilde dışa vurulur. Aşırı duygusallık, örneğin, gerçeklere dayanan bu alanın içindeki bir hatanın bir *nedeni* olduğunda, o zaman duygusal dışavurum ile gerçekçi içerik birbirinden ayrılabilir. Herhangi bir kişi ölümle yüzleşmek üzere olan bu kadına şöyle demiş olabilir: "Alternatif ilaçların şifa veren gücüne inanmanıza aşırı duygusallığınızın neden olduğunu biliyorum. Bunu gurunuzdan söz etme biçiminizden anlayabiliyorum. Fakat bunun, bu ilaçlar hakkındaki iddialarınızın doğru ya da yanlış olup olmamasıyla bir ilgisi yok. Bu iddialar, gerçeklere dayanan iddiaları değerlendirirken kullanmak zorunda olduğumuz iyi saptanmış metotlarla araştırılabilir." Fakat aşırı duygusallık anlam alanı içinde bulunduğunda ve hatanın bir *biçimi* olduğunda, aşırı duygusallıkla gerçeklik arasında bu tür bir ayırım ya da duygusal bir kimsenin sözlerindeki yalan gerçekleşemeyebilir. Aşırı duygusallığın hatanın bir biçimi olduğu durumlarda, "Biliyorum, bu duygusal bir şey ama bir önemi yok, ben yalnızca onun doğru mu yoksa yanlış mı olduğunu bilmek istiyorum," demenin bir anlamı yoktur. "Dağdaki Vaaz'ın duygusal olduğunu düşünüyorum. Fakat benim için bunun önemi yok. İncilleri edebi metinler gibi okumam ben. Ben onları ahlaki gerçeklikleri için okurum," diyen birisini hayal edin. Saçma olmaz mı bu?

Bu nedenle, aşırı duygusallığın üstesinden gelmenin ne olduğu, onun bir yandan anlam alanı içinde, öte yandansa gerçeklerden oluşan, mantıksal ya da tutarsız metafizik alanın içinde ortaya çıkıp çıkmamasına göre farklılık gösterecektir. Biçimin içerikten ayrılamayacağı anlam alanı, aşırı duygusallık karşısında, rastlantısal olmaktan çok, esas itibariyle savunmasızdır. Aşırı duygusallığın, acınma duygusu uyandıran niteliklerin ve sıradanlığın üstesinden geldiğimizi hayal edebiliriz, fakat –kavramaya çalışmanın hiçbir anlamı olmayacağı için– içinde bu zaaflara karşı savunmasız olmadığımız bir anlam alanı hayal edemeyiz.

Gerçekçi, bütünüyle mantıksal, tutarsızca metafizik ve bilimsel olanın konusu, özel herhangi bir yaşama biçiminden arınmış düşünürler için kolaylıkla ulaşılabilir görünür. Bu, dünyayı Tanrı'nın gördüğü gibi görme isteğinden ya da, Thomas Nagel'in *The View from Nowhere* isimli eserinde belirttiği gibi, dünyayı içinde var olmayan bir yerden görme arzusundan beslenen saf bir düşünce hayalidir. Etten, kandan ve duygudan var edilmiş insanlar olarak bizler böyle bir ideali asla elde edemeyeceğiz, fakat onu aklın yaşantısının bazı bölümlerinde başarılarımızı ölçmeye ve amaçlarımızı tanımlamaya yarayan bir şey olarak varsaymak, bu ideali anlamlı kılıyor görünüyor. Ve dünyayı içinde var olmayan bir yerden görmeyi *anlamlı kılmada* güçlüklerle karşılaşsak bile, örneğin yorgunlukta, tembellikte ve boş vermede özgür olma düşüncesini anlamlı kılabiliriz. Aşırı duygusallığı, klişeleri ve düşünceyi benzer yollarla sakatlayan başka şeyleri kavradığımız ölçüde, işte o zaman, bunlarda da özgür olma hayalinin bir anlamı olur. Belki de evrenin başka yerlerinde buna benzer düşünürler vardır.

Dünyayı içinde var olmayan bir yerden görme ya da Tanrı'nın gördüğü gibi görme idealinden esinlenmiş insanların, aynı zamanda, özellikle ideal bir dil inşa etmek ile beraber tüm sert entelektüel amaçların yerine geçecek olmaları umuduyla, doğal dillerden kronolojik olarak kuşkulanır olmaları rastlantı değildir. Şairlerin, İngilizce'nin, Fransızca'nın, Almanca'nın, İbranice'nin ya da Arapça'nın kusurlarından kaçmak gibi bir ideali olabilir mi? İnsan bunu sorunun retorik olması gerektiğini bilerek sormalıdır yalnızca. Şairler sözcükleri yaşatmak, dilin çıkışsızlığına karşı savaşmak için çabalarlar, yoksa bizi çıkmazda bırakmayacak yeni bir dil yaratmak için değil. Şiirin dilde yaşamasını sağladığı hayat, yaradılışımızdaki aşırı duygusallık, klişeler, sıradanlık, acınma duygusu uyandıran nitelikler ve benzerleri tarafından daima tehdit altında olan hayattır. Gene de, bu, bütün bunların üstesinden gelindiğinde kazanacağımız berraklık için esastır, ki hayatın orta yerinde, ne ilk ne de son kez olarak, fakat daima bunların üstesinden gelinir. Bu, aynı zamanda, başarısının yolunu ders kitaplarında ve ansiklopedilerde bulmayan türde bir açıklık için de esastır.

Öyküler, Felsefe ve Bilim

Hayatta önemli olan hemen her şey anlam alanında meydana gelir, tam da bu nedenle edebiyat hayatı anlamada daima çok önemli olmuştur. İçinde üslup ve içeriğin birbirinden ayrılamadığı ve, Cora Diamond'un ifadesiyle, 'tam bir esneklikle kullanılan' doğal bir dilin olduğu yazının bir anlam ifade edebilmesi için artık nezaketsizce kavranılan edebiyat olmasaydı, yaşamın problemleri hakkında kafa yorarken ne düşünmemiz gerektiğine ve bunların ifade ettiklerine ilişkin düşüncemiz, onun şu anda ve kültürel tarihimiz boyunca olduğuna benzer bir şey olmayacaktı. Daha önce bir yerde sahip olmadığımız anlamı, ya da olası olduğunu düşündüğümüzden daha derin anlamı, hatta bazen anlamamış olduğumuz düşünceyi bile kavramaya başladığımızı söylemek için edebiyatın ve daha genel anlamda sanatın hangi sıklıkla bize bir neden sunduğunu düşünün. Bunlar, anlam alanının karakteristikleri olan görme ve anlama biçimleridirler.

Tarihsel olarak felsefe ve ardından bilim, üslup ve içeriğin ayrılamaz olduğu ve sonra bu içeriğin bilişsel içerik olamayacağı bir boyutta düşünmek eğiliminde olmuştur. Bunun bilginin muazzam yapısında payı olamaz. Anlam alanındaki açıklığın sonuçlarının kendi yollarını ders kitaplarında ve ansiklopedilerde bulamayacaklarını söylerken kabul etmiş olduğum gibi yarı yarıya doğrudur bu. 'Bilgi' sözcüğünün anlamının, büyük ölçüde, içinde ifade edildikleri ve ders kitaplarına ve ansiklopedilere dahil edilebilecek uygunluktaki biçimlerden ayrılabilecek bilişsel başarı türlerinin prototipleri tarafından saptandıklarını düşünmek için neden vardır. Fakat bu prototiplerin anlama, nesnellik, şeyleri oldukları gibi görmeye çalışma kavramlarının tüm tatmin edici uygulamalarının anlamını saptaması gerektiğini düşünmek için iyi bir neden yoktur. Kolaylıkla ve bütünüyle kabul edebilirim ki, kalbin kavrama gücü, çağlar boyunca birikebilen ve kültürümüzün büyük ansiklopedilerinde yerini bulan türde bilgiyi asla yönlendiremeyecektir. Ancak bu, kalbin kavrama gücünün, anlamanın gerçek bir biçimi olmadığı anlamına gelmez.

Anlamın kavranmasından bahsederken, bilgeliğin ya da açıklığın kavranılmasından söz etmek, kişiyi bilgili ve muhtemelen bir uzman yapabilen türde bir bilgiden söz etmekten daha doğaldır. Neyin gerçekten kavrayış olduğunu ya da neyin gerçekten bilişsel olduğunu nasıl belirleyebiliriz? Sanırım yalnızca farklı düşünme biçimleri için iyi mi yoksa kötü mü düşünüyor olduğumuzu değerlendiren kavramlara dikkat ederek. Eğer böyle yaparsak, daha önce öne sürmüş olduğum gibi, gerçekten de yalan söyleme biçimleri üreten bilişsel işlevlerin sakatlığının sadece duygusal nedenleri olduğunu varsayabileceğimiz şeyleri keşfedeceğiz. Eğer bu böyle ise, hiçbir şey, anlam alanında gerçeklere dayalı alandaki kavrayıştan farklı türde bir kavrayışın olduğunu, fakat bu yüzden bu kavrayışın sözümona bir kavrayış olmadığını görmemize engel değildir.

Hayvanları ve onlarla olan ilişkilerimizi kavrayışımız çoğunlukla öyküler tarafından biçimlenir. Bilim ve felsefe, genellikle, eğer ki öyküler insanları ve hayvanları ve onlarla olan ilişkilerimizi anlamaya katkı yapacak bir şeye sahip değilseler, öykülerin bilişsel içeriğinin öykü anlatımı formundan çıkarılmaları ve taşıdıkları gerçekçi ve kavramsal değer bakımından değerlendirilmeleri gerektiğini varsayar. Dünyada yaşayan ve kendi akıllarımızın içeriğinden emin fakat başkalarının sahip olduğu aklın içeriğinin sadece çıkarımsal olarak farkında olan seyirciler olduğumuz varsayımıyla birlikte, gerçek bilişsel içeriği yazınsal formdan ayırma gereksinimine dönük bu dogma, sonra da anacağım gibi, hayvanlar hakkındaki çalışmalarda kimi zaman çılgınca bir boyut kazanan indirgemeciliğe yol açmıştır.

Yer yer sert tartışmalara neden olsa da, Eugene Linden'ın vahşi ve evcil hayvanlarla ilgili olağanüstü anekdotlar aktardığı kitabı *The Parrot's Lament* genel bir çekiciliğe sahiptir. Geçmişte, Linden, bilim adamlarıyla onların kendi koşullarında tartışırken, hesaba katma eğiliminde oldukları 'hayvan bilinci'ne dair daha kapsamlı bir kavram için onlara kanıt sağladığına inanıyordu. Şimdi ise düşmanın kurallarıyla dövüşmeyi kabul ettiğini reddeder görünüyor. 'Cehennemden çıkma sohbet' diye adlandırdığı ve ortak duygudan yoksun olduğuna inandığı savlara katılmayacağını söylüyor. Bunun yerine, bize, hayvanları tanıyan, onlar hakkındaki bilgileri insanbiçimciliğin nevrotik korkusuyla çarpıtılmamış hayvan terbiyecileri, hayvanat bahçesindeki bakıcılar ve benzeri insanlardan dinlediği öyküleri anlatacaktır. Hemen hemen aynı meydan okuma niyetiyle *When Elephants Weep*'i yazan Jeffrey Masson, *The Parrot's Lament*'in 'harika, insani, dokunaklı haliyle çok samimi bir hayvan öyküleri seçkisi olduğunu, okuyanın etkilenmeden kalamayacağını ve kitabın hayvanlar hakkında yazmanın yeni bir biçimini temsil ettiğini' söylüyordu.

Ne yazık ki, Masson'ın, –öykü anlatımı bakımından– hayvanlar hakkında farklı bir biçimde yazdığına ilişkin olarak yaptığı bu övgüye değer saptamaya rağmen, Linden'ın anekdotları çok özen göstermeden ve acımasız bir polemik yaratmak niyetiyle üst üste yığarken pek de öykü anlattığı söylenemez. Anlattıkları derin düşünme gerektiren öyküler değildir. Masson da öyledir. Her iki adamı da bu yola, 'hayvan bilinci' hakkında aptalca bir kuşkuculuk olarak kabul ettiklerine karşı mücadele etme gereksinimi sevk etmiştir ve, gene de, ben her ikisinde de var olan ve kuşkuculuğun kalplerinde uzanıp dinlenmesinden başka hiçbir şey yapamayacaklarını derinden duyumsayan insanlara özgü bir beklentinin neden olduğu umutsuzluğu seziyorum. Nesnelliğe ve hayvan yaşamı hakkındaki kavrayışımızı gerçekten tahrif eden kanıta ilişkin davranışbiliminin varsayımlarına ait bir inançtan hareket etmiş olsalar da, gene de, bu türden varsayımların o denli pençesindeydiler ki, bu nedenle çalışmaları, talep etmenin ısrarla yanlış olduğuna inandıkları kanıt standardını karşılamaya devam ediyordu.

Hayvanların sayı sayabildiği, konuşabildiği, kederlenebildiği, pişmanlık duyabildiği ve benzeri olağanüstü şeyleri yapabildiği, doğruluğu kanıtlanmamış yüzlerce anlatı ile ne yapacağımızı zannederiz? Ya omuz silkilir ya da, daima daha dikkatli ve kontrollü bir denetimin görünür kılabileceği anlatımları ve tanımlamaları içeren kavramsal sorular üzerinde yoğunlaşmış bir gözle, daha dikkatli bir betimleme, daha sistematik ve kontrollü bir denetim istenir. Diğer bir deyişle, sistematik biçimde sofistike bir felsefe ile arkadaşlık eden bir bilim istenir, ki bu tamamen Linden ve Masson'ın kaçmak için araştırdıkları şeydir. Ya da, daha doğrusu, onlar, bilinç hakkında kuşkuculuğa yönelik felsefi baskıyı anlamazlar. Sadece bu temel varsayım değil, fakat, diyelim inancın koşulları hakkında daha genel bir düzey. Her ikisi de, bedeli ödenemez derecede bir hasara karşı felsefi açıdan deneyimsizdirler. Ama savlarınızın ancak titizlikle elenmiş ve değerlendirilmiş bir kanıtla desteklenmişse ciddiye alınabildiği kavramsal uzamda bulunuyorsanız eğer, o zaman bu, sağlamak zorunda olduğunuz türde bir kanıttır. Bilim adamları onların anekdot değil kanıt istediklerini söylediklerinde, genellikle, kanıtın ve anekdotun farklı şeyler olmadıklarını kastederler. Bunların aynı türde şeyler –inanç için deneysel nedenler– ve bu anekdotların da onun bir alt örneği olduğunu söylemeye çalışırlar. Bunların binlercesi bile, bilimin bilgi demeye hazır olduğu şeye bir şey katamaz.

Görüşlerim Linden ve Masson'dan yana, fakat fena halde kötü olan bir şey var. Bana kalırsa, Linden ve Masson, yanlışlığını sergilemeye çalıştığım varsayımları eleştirenlerle aynı düşüncedeler. İlk olarak, hayvanların kafalarından geçenleri bilemeyeceğimiz ve hayvanlar da bunları bize anlatamayacağı için, düşüncelerini yansıtan mahluklar oldukları anlamında hayvan bilincine dair onlara atfettiklerimizin haklılığı, daima, bizim için elde edilebilir olan davranışsal ve diğer kanıtlara bağlıdır. İkinci olarak, öykü anlatımını anekdot tarzı kanıtların toplamının bir biçimi olarak ele aldıkları için, gerçeklere dayalı olanı bilişsel olan için en iyi prototipimiz olarak varsayıyorlar. Her iki varsayımın neden olduğu kötülük, Linden ve Masson'ın kavramsal ve deneysel bir sorun arasındaki farkı ancak çok eksik bir biçimde anladıkları gerçeğiyle birleşir. Bunun bir tür saçmalık olduğunu kavrayamayan Masson, bir örümceğin 'zengin bir iç yaşantıya ve bir duygu karmaşasına' sahip olabileceğini düşünmeye başlıyor.

Hayvanlara bilinç durumları atfetmeyi haklı çıkaracak kanıt türü hakkındaki ilk varsayıma göre, Linden ve Masson, bilim adamının atfettiği ölçüde bilimsel olmayan kanıta zorla yüklenen ölçütleri reddetmekte haklıdırlar – bu tür bir kanıt boş inançlardan kaynaklanmışa benzer bir inancı ifade eder ve bilimsel bilgi bütün bilgilerin prototipidir ve onu elde eden metot da bütün titiz araştırmalar için prototip olmalıdır.

Zaman zaman kaba olsa da, bilimsellik her şeye karşın karmaşık bir olgudur. Neyin nesnel bilgi sayılabileceği ve kuşkunun ne zaman meşru bir dayanak olabileceği hakkında farklı varsayımlara yaslanır. Bu varsayımlardan bazıları göreli olarak yüzeyseldir ve önyargıların biraz fazlasıdır, ne ki her şey ölçülebilir olmalıdır ya da, örneğin, ölçme ediminin yokluğunda hiçbir gerçek kesinlik olamaz. Fakat bazı varsayımlar derinlere işler ve anlaşılmaz olur. Linden ve Masson bunlardan birini hayvan davranışı üzerine çalışan hemen hemen herkesle paylaşır – şöyle ki, 'hayvan bilinci' hakkında ileri sürdüğümüz bütün iddiaların gerekçesi, deneyimlerimizden tek tek bireyler olarak ve kuşaklar boyunca kolektif biçimde ortaya çıkmasına vesile olduğumuz kanıt türünün bir fonksiyonudur. Linden ve Masson bu varsayımı kabul ettikleri için, bu varsayımı izleyen kuşkuculuktan kendilerini kurtaramazlar. Anekdotları, bu yüzden, düşünceye ya da derinlemesine düşünmeye neredeyse fırsat vermeyecek biçimde, amansızca, umutsuzca birbiri üzerine yığarlar. Bu nedenledir ki, Linden ve Masson ile onların cehennemden çıkma bu sohbet için suçladığı kişiler arasındaki tek farkın, Linden ve Masson'daki kanıtın daha gevşek ölçütlere sahip olması olduğunu düşünmek büsbütün haksız bir yaklaşım değildir.

İkinci varsayım –ki gerçeklere dayanan bilgi tüm bilgilerin prototipidir– Linden ve Masson'ın öykü anlatımının kendi girişimlerinde oynadığı rolü anlamalarını engeller. Onlar, bunun, örneğin örümcekler bilince sahip olsun ya da olmasın, ya da papağanlar konuşsun konuşmasın, ya da köpekler vicdan azabı çeksin ya da çekmesin, gerçekçi bir soru olduğunu düşünürler. Cehennemden çıkma sohbetin veremediği gerçeklere dayalı bilgiyi öykü anlatımının verdiğini düşündükleri görülür, çünkü o, bilimsel kanıt kavramı ve onu nevrotik biçimde insanbiçimciliğin korkusu haline getiren nesnellik kavramının kölesidir. Öykülerindeki bilimsel içeriğin esas itibariyle gerçeklere dayandığını düşündükleri için, ben onların böyle bir içeriğin ideal olarak bu öykülerden çekip çıkarılabilir olduğuna ve, günümüzdeki bilim yöntemleri gibi, metotları tahrif edilmemiş bir bilim tarafından değerlendirilebileceğine inandıklarını varsayıyorum. Doğru ya da yanlış, bu böyledir: Çünkü Linden ve Masson kavramsal soruların doğasını olması gerektiği gibi anlamazlar, hikâye anlatımının, evvelce sahip olduğumuz ve hayvanlara yönelik hiçbir uygulaması olmayan kavramları nasıl olup da onlara uygulayabildiğimizi bize gösterebilecek olmasında oynayabileceği kendine özgü rolü kavrayamazlar. Hayvanlar hakkındaki kafa karışıklığımızın büyük bölümü, kanıta dair tereddütümüzün bir işlevi değil, kanıtı nasıl tanımladığımız ve bunun anahtar kavramları uygulama konusundaki isteğimizle nasıl bağlantılı olduğuna dair tereddütümüzün bir işlevidir. Bazen bu kavramlar üzerine derin düşünmek tutarsız felsefi aklın yansız bir alıştırmasıdır, içerikten ayrılabilen biçemin var olduğu bir deyimde parlayıveren bir şeydir. Bazense değildir. Bazen de kavramlar üzerine derin düşünme anlam alanında meydana gelir. Böylece öykü anlatımı olgunlaşmaya başlar.

Buradaki, deneysel araştırmayla el ele vermiş kavramsal araştırma biçiminin yansız bir örneğidir. Bir gün bir komşu Gypsy'yi bulduğunda bir bel küreğinin alt kısmı ağzındaydı – palası ve sekiz on santimetrelik sapı (gerisini çiğnemişti). Komşumuzun diğer taraftaki köpeklerini ziyaret edebilmek için patileriyle çitin altında kazmaya başladığı bir oyuğa, şaşırtıcı bir hüsranı yansıtan gözlerle bakıyordu.

Kürekle ne yapılacağını mı merak ediyordu? Bu, en azından, araçlar ve amaçlar hakkında düşünüp taşınmanın ilkel bir biçimi miydi? Elbette, köpeklerin ve diğer hayvanların amaçlarına ulaşmak için zaman zaman alet kullandığına kuşku yok, fakat bu, onların bu aletlerin kullanımı ya da onların nispi değerleri –işe yarayıp yaramayacağı ya da başka bir şeyin daha iyi iş görebileceği– hakkında düşünüp taşındıkları anlamına gelmez. Bazı insanlar Gypsy'nin küreği nasıl kullanacağını düşündüğünü söylemekte tereddüt etmezken, başkaları bunu reddedecektir. Bu konunun adamakıllı tartışmalı olduğunu sanıyorum ve bu konudaki uyuşmazlık denetimli koşullar altında yapılacak dikkatli bir gözlemle, bu ya da şu olasılığı ortadan kaldırmayı amaçlayan gözlemlerle çözülecektir, ki her ikisi de amaca ulaşmada araçlar hakkında düşünüp taşınma kavramının cidden ne olduğu konusundaki felsefi düşünceye hem hizmet eder, hem de bu düşünce tarafından yardım görür.

Hayvanlar üzerine yapılan pek çok çalışma bu türdendir – bilim felsefeyle ortaklık kurar, her biri diğerini derinleştirir. Hayvanları kavrayışımızın neden titiz ve denetimli, sonuçlara varmada tedbirli bir gözlemle bilgilenmesi gerektiği açıktır. Fakat bilim, saflığa düşmeyecekse eğer, felsefeye gereksinir. Örneğin, imza atan şempanzelerin gerçekten bir dil kullanıp kullanmadığına dair bir iddia onların gözlemlenmesiyle çözülemeyecektir, çünkü neyin dil sayıldığına bu yolla karar verilemez. Ne de buna tanımlamayla karar verilebilir. Örneğin ineklerin böğürürken birbirleriyle iletişim kurduklarını biliriz, ama hiç kimse onların konuştuklarını ya da 'mö'nün inek dilinde bir sözcük olduğunu düşünmez. Böyle bir durumda, birdenbire görürüz ki, iletişim sistemindeki bir amaç için çalışan bir sesle –ki bu çok karmaşık bir sistem olabilir– sözcüğe atfettiğimiz türden anlamı olan bir ses arasında bir fark vardır. Bir şeyin sözcük olmasının onun için nasıl bir şey olduğu, yanıtlanması çok zor bir soru olarak görülür ve bu konuda sadece felsefede değil, fakat işaretleşmeyi öğrenen şempanzelerin aynı zamanda bir dili de öğrenip öğrenmediklerine dair uzun bir tartışmayı barındıran doğal bilimlerde de büyük bir fikir ayrılığı vardır.

Böylelikle, kesinlik hakkındaki sözlerimin, hayvanlara ilişkin bu düşüncenin bilimin olmadığı bir alanda mümkün olan en iyi durumda olacağına inandığımı gösterdiğinden kuşku duyan okurların, bu kuşkudan kurtulacaklarını umarım. Elbette spekülasyon, bilimsel düşünce ve deney yapmak için uzam vardır. Fakat onun içinde meydana geldiği bu kavramsal uzamın üç kabullenimle biçimlenmek zorunda olduğunu düşünüyorum. Birincisi, köpeklerin duyguları olduğu ya da felsefenin sorunları üzerine derinlemesine düşünmedikleri bir *tahmin* değildir. İkincisi, gözlenenin tanımlarına değer biçmeyi içeren kavramsal sorunlarla ilgili olarak deneysel gözlemin bu yorumları sofistike olmalıdır. Üçüncüsü, bazı kavramsal sorunlar tarafsız bir araştırmada en iyi şekilde incelenirken, bazıları, ancak bilim ve felsefe edebiyata dostça davrandığı ve sözde bir alçakgönüllülük göstermediği zaman yeterince incelenebilir.

Coetzee, onursuzluk kavramımızı ölü köpekler için yapabileceğimiz şeylere kadar genişletmeye davet eder bizi. Bu daveti kabul ya da reddedebiliriz, ki eğer kabul edersek, onu, daha genel anlamda genişletebilir ya da ölü hayvanların uğruna nasıl davranabileceğimiz temelindeki anlayış ile birleştirebiliriz. Bu daveti kabul edersek, yazının niteliği ve bizi etkilemiş olduğu tarz nedeniyle, eminim ki, bu olacaktır. Ama eğer yazının bizi özyapısı yanlış bir şekilde etkilendiğimiz pek çok yola sadece olası biçimde maruz kalmış bilişsel, gerçekçi ya da kavramsal bir içeriğiyle etkilemiş olduğu gerçeğinden çekip çıkarmaya çalışırsak, o zaman, özne sorunumuzu, diyelim bilim ya da felsefeye uygun kılmak için arıtamamış olacağız. Özne sorunumuzu yitirmiş olacağız.

Bu konu hakkındaki son sözü Rush Rhees'e bırakıyorum. Rhees, kendisine köpeği Danny'yi nasıl eğiteceğini öğretmeye çalışmış birisine bir mektup yazdı. Danny'yi eğitmeyi başaramadı, fakat çabalarının sonunda o ve Danny'nin birbirlerine karşı nasıl tavır almaları gerektiğini öğrendiklerini söylüyor. Bunun Rhees'in mektubunun saflığından ayrılamaz olmasıyla, 'nasıl tavır alınacağını bilme' kavramının hayvanlara nasıl uygulanacağını öğrendiğimize inanıyorum. Aynı zamanda saygı kavramının köpeğin asaletine nasıl uygulanacağını da öğreniriz:

> Danny'nin çılgın ve heyecanlı tabiatından hiçbir zaman hoşnut olmadım. *Ona* karşı aptalca sabırsızlığımın bana yaşattığı memnu-

niyetten daha fazla değil. Ama (...) birbirimizi tanımaya başlamıştık. Ki onu tanıyor olmakla kastettiğim şey –ya da, eğer isterseniz, *onun* ile kastettiğim şey– onun çılgın ve kolay heyecanlanır doğasıyla, sınırsız inatçılığı ve reddetme eğilimiyle, bir düzine farklı biçimdeki melunluğuyla tekrar tekrar yüz yüze gelmekten ayırabileceğim bir şey değildir: Bunları karşılamaya çabalamak, bir yolunu bulup onlardan kurtulmak, sonunda ve genellikle ondan daha sinirli bir hale gelmek ve eve girmesi için tasmasının kayışını ona doğru fırlatmak... İçeriye girdiğimde, sandalyenin arkasında korkmuş bir halde duruyor ve bana bakıyordu. Korkmuş... Ama sadece gelmesi ve kafasını dizlerimin arasına, kafatasını parçalayacak ve bedeninin kalanını sallayacak kadar sıkı bir biçimde sıkıştırması için ona verdiğim ilk fırsatı beklerken. Tüm bunlarla yavaş yavaş, *çok* yavaş (uzun bir didinip durma süresi boyunca) birbirimizi tanımaya başladık. Benimle nerede olduğunu fark etmeye başlamıştı ve ben onunla nerede olduğumu fark etmeye başlamıştım. Ve her ikimiz de bunu biliyorduk.

Bu metin Rhees'in 'Bir Köpeğin Ölümü'ne hak veren *Moral Questions* adlı eserindeki uzun bir bölümden alınma. Danny'nin ölümünden sonra bir defterde tutulmuş kayıtları içeriyor. Sanırım pek az insan, kısmen acının tazeliğini sayfada hâlâ koruyor olması, kısmen de Rhees'in kederinin sürekliliği ve derinliği yüzünden bu bölümü tedirgin olmadan okuyabilir. Rhees, hemen hemen iki yıl sonra Danny ölmüştü diye yazıyor: "Bu kayıptan sonra kendime gelemedim. İşler sürekli olarak kötüye gittiğinde, sanırım bunun daha kalıcı bir biçimde farkına varıyordum. Fakat bu, sadece, bu sürede orada olanın belki de daha açık bir şekilde ifade edilmesini sağlayan aydınlanmada ortaya çıkan bir kaymadır. Sözcükte ne imlediğimi bilmediğim için 'kendine gelme' sözcüğünün kulak tırmalayıcı bir tınısı bile olabilir."

Rhees köpeği için sanki bir insan için duyduğu acıyı duyar. Bu düşünce defter kayıtlarını okuyan birisine doğal gelecektir. Düşünce doğal olsa da, Rhees insanı neyin doğal olduğu konusunda meraklandırır. O, köpeğinin bir insan olduğunu düşünmüyordu. Herhangi bir kimsenin köpeğine insan muamelesi yaptığını düşünüyorsak, ki bu bir eleştiri anlamına gelecektir, normal olarak, ya yalnızca insanlara atfedilmesi gereken yetenekleri yanlış bir şekilde hayvanlara yüklediğini ya da onun tiksindirici ve duygusal olduğunu ya da her ikisini de kastederiz. Bunların hiçbiri Rhees için söylenemez. Ölü köpeğinin duyumsattığı şaşkınlığa benzer bir şey hisseder, ki biz bu hissi ölü insanlar yüzünden duyarız. Ayrıca, eğer acısı hafiflerse, köpeğine karşı vefasız olduğu duygusunun yaşattığına benzer bir suçluluk ve kaygı duyar:

> Olan biteni hâlâ anlamıyorum. Bunun ne olduğunu anlamıyorum...
>
> Onunla nasıl kalınacak (kalmaya çalışılacak) ve bir şeylere hâlâ nasıl devam edilecek, bilmiyorum.
>
> Ne yapmaya çalıştığımı ya da ne yapıyor olduğumu bilmiyorum. Bu, şu *değil:* 'anıları canlı tutmaya çalışmak'.

Fakat, gerçekten, bir köpek için mi? Bu soruyu sona erdirecek şeyi bilmiyorum. İşte, Rhees'in hayatında bir tür varlık olan köpeği hakkında yazdıkları:

> Ne zaman matematik felsefesi çalışmakta (anlamaya çalışmakta) ilerlemeye uğraşsam, onsuz, okuyor ve yazıyor olduğum şeyde nasıl hiç ilerleme sağlayamadığımı fark ediyorum: Her ilerlemede nasıl da onu yanımda getirirdim. (Orada, köşede ya da önde uyuyor olurdu.)
>
> Ve eğer o şimdi bir maziyse –ilerleyeceğimi nasıl farz ederim– burada şimdi ne yaparım?

'Yaşayan Zavallı Şey'

Chamonix kasabasının tepesinde yükselen Mont Blanc dağ sırasının Fransa'ya bakan tarafında çok güzel granit bir dikilitaş vardır. İsmi Dru'dur. Dru'nun bin metre boyunca uzanan sarp granit duvarları, buzla kaplanana kadar, dağcıların gözleri önüne Avrupa Alpler'indeki en güzel manzaralardan birini serer. Bu duvarların birindeki bir rota, insanın kanını donduran bir cüretle doğrudan zirveye ilerler. Kuzeybatı Sütunu'dur bu, aynı zamanda ona, Walter Bonatti'nin gerçekleştirdiği ilk yalnız tırmanış nedeniyle, Bonatti Sütunu da denir.

Tek başına tırmanmak, sadece bir düşüş ânında sizi tutabilecek birinden yoksun olmak demek değildir; bu, aynı zamanda, teselli ve cesaret verebilecek bir yoldaşlıktan da mahrum olmak anlamına gelir. En büyük, en tutkulu dağcılardan biri ve aynı zamanda çağrısının tinsel boyutlarının derinden farkında olan Bonatti, bir tinsel kriz ânı boyunca Kuzeybatı Sütunu'na yalnız tırmanmayı tasarlamıştı. Bir yıl önce Himalayalar'daki K2 zirvesinde, 26.000 ayak yüksekliğinde, rakım, umutsuzluk ve bitkinlik yüzünden karmakarışık hale gelmiş bir rehber ile birlikte korkunç bir gece geçirmişti.

Bonatti'nin durumu da rehberden farklı değildi. Dru tırmanışının arifesinde, Dru'nun karşısındaki Mt Envers'de, ki bu iki dağı birbirinden Mère de Glace ayırıyordu, bir kulübede uyudu, fakat öğleden sonra geç bir vakitte çantasını ve aletlerini sütuna doğru yola koyulmak üzere topladı. Bir saat boyunca, hemen hemen kesinlikle ölümüne neden olacak bu projeyi planladığı için aptal olup olmadığını düşünerek oturdu. Bu deneyimini anlattığı *On the Heights* adlı kitabında Bonatti şöyle yazar:

> Böylesi sert ve soğuk bir ortamdaki alacakaranlık içimi muğlak bir korkuyla dolduruyordu ve kendimi ilk kez almış olduğum kararın tutsağı gibi hissediyordum. Gıpta ediyordum... Kendilerini kanıtlamak için, benim yaptığım gibi, bu tür denemelere girişme gereksinimi duymayan herkese. Kafam bu düşüncelerle dolu (...) günün ılıklığına aldanmış zavallı bir kelebek gördüm, birkaç adım ötemde karın üzerine düşmüş, çaresizlik içinde, son bir kez kanatlarını çırpmaya çalışıyor. Yaşayan zavallı şey, varlığı hiçbir zaman seni kuşkulandırmamış bile olan şu zalim dünyada ölmek için keşfetmek zorunda kaldığın ne şanssız bir yol!.. Perişan böcek, talihsiz kardeşim (...) seninle ve senin için ne çok şey hissediyorum. Trajedin benim trajedim, Dru'nun fethinde aradığım şey seni buraya getiren sarhoşluğun aynısı...
>
> Bu tür düşüncelerle doluyken ona büyük bir sevecenlikle yaklaşmaktan daha azını yapamazdım, onu yerden dikkatle kaldırıp sıcak avucuma almak ve beraberimde güvende olacağı kulübeme götürmek.

Onunla ortak bir yazgıyı paylaştığı hissini ifade ettiği için, Bonatti'nin kelebeğe duyduğu sevecenlik ve merhamet beni özellikle etkiler. Doğru, bunu bir parça aşırı duygusallıkla dışa vurur –'trajedin benim trajedim'– fakat ben onun sevecenliğini ve merhametini oldukça güzel ve etkili bir biçimde ifade eden bu tümcesinde aşırı duygusal hiçbir şey ya da melodram türünden bir unsur görmüyorum. Metnin tümündeki basit mantığa karşı, belki de, bu tümceyi metnin önceki bölümlerini destekleyici biçimde okumak ve tümcenin dışa vurduğu melodramı affetme eğilimindeyim.

Bonatti'nin merhameti kelebeğe bilinç durumları atfediyor olmasına mı bağlı, yoksa Bonatti'nin buzda tuzağa düşen kelebeğin korkuyor olduğuna inanmasına mı? Bonatti kelebeğin üşüdüğüne ve kurtulmak için çabalarken acı çektiğine inanabilir mi – *inanmalı mı?* Onun beni etkileyen merhametinin gücü, eminim ki, onun bu tür şeylere inandığını varsaymama ya da benim onlara inanıyor olmama bağlı değil. Eğer ki biri bana bu pasajı çok etkileyici bulduğunu, fakat etkileyici gücü yalnızca daha üstün hayvanlarda ortaya çıkan bu tepkileri kelebeklerin de vereceğine ilişkin sahte tahminlere yaslanıyor olabileceği için bundan kuşku duyduğunu söyleyecek olsaydı, bu insanın hayal gücünden yoksun olduğunu düşünürdüm. Bir kelebeğin ruhsal durumunu hayal etmeyi başaramadığı için değil sadece, fakat aynı zamanda Bonatti'nin merhamet duyma meziyetiyle etkilenmek ve etkilenmeye rıza göstermek zorunda olmadığını anlayamadığı için. Bonatti'nin kelebekle ortak bir yazgıyı paylaşıyor olması gibi yaratıcı bir düşüncedeki hiçbir şey, onun kelebeğin ruhsal yaşantısına hayal gücüne bağlı bir empatiyle girmesini gerektirmez.

Onu kendisine çeken fakat gölgesi kaçmasını engelleyen bir elektrik ampulünün ısısından kurtulmaya çalışan bir güve kelebeğinin görüntüsü, mücadelesindeki çılgınca umutsuzluk, bazı insanlar için üzücü, hatta dayanılmaz olabilir. Bir sineğin kanatlarını ağır ağır koparan bir çocuğun görüntüsü de öyle. İkincisi bizim için bir tür acımasızlık ölçütü haline gelmiş olabilir. Sadist birine, "Muhtemelen sen de küçük bir çocukken sineklerin kanatlarını koparan o oğlanlardandın," deriz. Sineklerin derin bir acı duyduklarını ya da hiçbir şey hissetmediklerini varsaydığımız için, sadece oğlanın canlı bir şeyin bir uzvunu nedensizce koparmaktan aldığı iğrenç ve süreğen zevkten dolayı bundan emin değilim. Bunu kınamak, kişinin bir sineğin acı çekebileceği varsayımından ne anladığını bilmesini bile gerektirmez ve, *a fortiori*, oğlanın buna neden olmaktan ince bir zevk aldığı varsayımına ne anlam vereceğini bilmesini gerektirmez.

Ama şimdi bir şey itiraf edeceğim. Bonatti'nin kitabındaki bu pasajın yalnızca bir kısmını alıntılamıştım. Şimdi tamamını okuyacaksınız.

Böylesi sert ve soğuk bir ortamdaki alacakaranlık içimi muğlak bir korkuyla dolduruyordu ve kendimi ilk kez almış olduğum kararın tutsağı gibi hissediyordum. Bu cehennemden kaçan Profesör Ceresa'ya gıpta ediyordum ve aynı zamanda benim yaptığım gibi, kendilerini kanıtlamak için bu tür denemelere girişme gereksinimi duymayan herkese. Birkaç adım ötemde karın üzerine düşmüş, ki günün ılıklığına aldanmış olmalıydı, ve çaresizlik içinde kanatlarını son kez çırpmaya çalışan zavallı bir kelebek gördüğümde, kafam bu düşüncelerle dolu, kulübeme dönmek için hazırlanıyordum. Yaşayan zavallı şey, varlığı hiçbir zaman seni kuşkulandırmamış bile olan şu zalim dünyada ölmek için keşfetmek zorunda kaldığın ne şanssız bir yol! Kanatlarının bu son çırpınışlarında, önümde neredeyse bir insan dramı görüyordum. Küçük gözlerin batan güneşin son ışınlarına korkuyla bakarken, ışınların renklerindeki umulmadık başkalaşımları kim bilebilir diye düşündüm kendi kendime. Duyuların kim bilir nasıl bir dehşetle, ayazın vahim ısırığına, ölümün berbat kesinliğine ve benim de hissettiğim aynı sonsuz pişmanlığa karşı seni uyardı? Perişan böcek, talihsiz kardeşim, bu ölüm yerinde seninle ve senin için ne çok şey hissediyorum. Trajedin benim trajedim, Dru'nun fethinde aradığım şey seni buraya getiren sarhoşluğun aynısı. Meydan okuyacak olduğum Dru, benim için, sadece birkaç dakika önce sonsuza dek sabit olarak gördüğün son güneş ışığından başka bir şey değildi. Yarın eğer kendime hükmetmeyi başarırsam, ben de senin yaşadığın sonu paylaşacağım.

Bu tür düşüncelerle doluyken ona büyük bir sevecenlikle yaklaşmaktan daha azını yapamazdım, onu yerden dikkatle kaldırıp sıcak avucuma almak ve beraberimde güvende olacağı kulübeme götürmek.

Görünüşe bakılırsa, düzeltisi yapılmamış bu pasaj, az önce söylediğimi su götürmez şekilde yalanlayacağa benziyor. Bonatti'nin kelebeğin ruhsal durumuna yaratıcı bir şekilde girdiğini varsaymamız için bir neden yok demiştim. Oysa, yaptığının tamamen bu olduğu görülüyor ve bu pasajın mantığı, acıdığı için kelebeğe merhamet gösterdiği izlenimini veriyor.

Böyle göründüğünü kabul ederim ama böyle olduğuna inanamam. Bonatti'nin, kelebeğin yazgısının öznel bir biçimde nasıl ortaya çıktığı hakkındaki inançlarını kaydeder görünen bu pasajlar, bu tür süslemelere gereksinmeyen ve onlarsız daha iyi ifade edilen bir sempatiye dönük retorik süslemelerden başka bir şey gibi okunmamalı. Pasajı, önce, kelebeğe duyulan ve güzel bir şekilde ifade edilmiş merhameti anlaşılır kılabilmek için hiçbir spekülatif desteğe gereksinmeyecek biçimde gösterebilmek umuduyla, düzeltisi yapılmış haliyle alıntıladım. Bu, Bonatti'nin söz konusu tümcesinin yaratıcı niteliğine yönelik bir övgüdür, ki tümcenin otoriter gücü ondan önce gelen abartmayı canlı tutabilecektir.

Bazı insanlar pisuarlarda kapana kısılmış böceklerin ya da örümceklerin üstüne işemekten zevk alırlar. İmgelem fakirliğini gösteren adice bir zevktir bu. Ucu lağıma açılan deliğe dek pisuardaki örümceğin üzerine işemek, onun bu deliğin dibine suyla kazara sürüklenip gitmesinden daha kötüdür, fakat örümcek için daha kötü olduğundan değil. Yapılan kötü bir şeydir ve bunların içine *örümceğe yapılacak* daha kötü bir şey daha ekleyebileceğimi sanıyorum, fakat örümceğin farkı anlayacak olması nedeniyle değil. Eğer insan çocuğuna bu tür bir şey yapmamasını, hatta örümcekleri suyla lavabo deliğinden akıtmamasını öğretmeye çalıştıysa, onu şöyle söylemeye kışkırtan şeye direndiği için bilge olacaktır: "Yalnızca örümceğin ne hissedeceğini hayal et." Bunun nedeni, örümceğin o ya da bu şekilde kendini berbat hissedecek olması değildir, bizim onun kendini ne şekilde kötü hissettiğini asla hayal edemeyecek olmamızdır.

Örümcek için omuz silkmekten başka ne hissedilebileceği hakkında herhangi birisi bir tahminde bulunduğunda ne yapılabilir? Peki ya yukarıda belirtilen daha radikal düşünce için: Bunun örümceğe bir şeyler hissettirmesi gerekir ama ne olduğunu bilemeyiz. Lavabo deliğinden suyla akıtılıp gitmenin bir biçimde örümceği etkilemesi gerektiği ve muhtemelen bunun kötü bir his olduğu varsayımı üzerine, herhangi birisi, sanki örümceklerin ve böceklerin duyuları varmış gibi davranmamız gerektiğini ileri sürebilir. Bu konuda ne söylenirse söylensin (ki çok fazla şey söylenebileceğini sanmıyorum), böyle yapmanın belki de uygun olduğunun varsayıldığı bir durumda bir yaratık için sevecen bir merhamet duyulamaz. Zaman zaman onlar için duyduğumuz merhamette böceklerin ruhsal yaşamları hakkındaki spekülasyonların hiçbir etkisinin olmadığı ve olmaması gerektiği, diğerlerinden kat be kat daha iyi bir sonuçtur.

'Yaşayan zavallı şey.' Bonatti'nin kalbinden geçen tepkidir bu. Lâkin yaşam, daha önce de ileri sürmüş olduğum gibi, çok anlamlı bir sözcüktür. Bitkiler de yaşayan şeylerdir, ama bitkiler canlı yaratıklar değildir. Bonatti sütunun dibinde otururken bir bitki düşen bir kayayla ezilip un ufak olsaydı, kendisinin de aynı şekilde ölebileceği korkması için iyi bir neden oluştursa da, ölümün, 'yaşayan zavallı şey' sözünün tınılarından hiçbir şekilde haberdar olmayan bir bitkiyle paylaştığı ortak bir yazgı olduğunu hissedemeyecekti. Kelebeğe verdiği tepki, kelebeğin kanat çırpışlarının gittikçe zayıflıyor olmasının uyandırdığı acıma duygusu, tuzağa düşmüş olduğunu düşünmesi, ölümcül olduğu belli bir yerin çekiciliğine kapıldığını ve, daha da önemlisi, bu yerin kendisi için de ölümcül bir yer olacağını fark etmiş olması yüzündendi. Tüm bunlar, kelebeğin kötü talihin kurbanı olduğunu düşünmesini sağlıyordu. Aynı nedenler yüzünden, örümceğin de düşüncesizliğimizin ve kendimizi beğenmişliğimizin kurbanı olarak lavabo deliğinden akıp gittiğini düşünebiliriz.

Bazı bitkilerden –ağaçlardan örneğin– böceklerden hoşlandığımızdan daha fazla hoşlansak da, bitkiler hakkında böyle konuşmanın bir anlamı olmayacaktır. İngiltere'de, 1987 Ekimindeki büyük fırtınada binlerce ağaç kökünden sökülüp devrildiğinde bütün bir ulus yas tutmaya başlamıştı. İnsanlar uzun yıllar öncesinden bildikleri özel ağaçların kaybı sonrası yas tutarlar ve sanırım zaman zaman onlara âşık olduklarını söylemek de yanlış olmaz. Bir şimşek çakımının ya da bir hastalığın çirkinleştirdiği bir ağacı görmek acı verici olsa da, sanırım, kişi onu kötü talihin kurbanıymış gibi görmez. Bir ağaca olunabilse de bir böceğe asla âşık olunamayacağını düşünüyorum ve, bir ağacın devrilmesi bir böceğin öldürülmesinin asla etkileyemeyeceği bir biçimde insanı derinden etkileyebilse de, Bonatti'nin kelebek için hissettiği türden bir duyguyu onlara karşı duyabilmek için, bir ağacın yaşadığı ve öldüğü düşüncesini böcekler de dahil tüm mahlukların yaşadığı ve öldüğü düşüncesinden çıkarmak bize çok uzaktır. Bonatti'nin 'talihsiz kardeşi', bizim için anlaşılır herhangi bir şeyin abartılı ifadesidir, yani o, kelebekle ortak yazgısı olduğunu duyumsamalıdır. Kelebeği onu tüketmiş bir dramın aktörü olarak tanımlayabildiğimiz için, onun değişimiyle anlaşılır olan bir durumdur bu. Bu nedenledir ki, ölümüne dramatik bir şekilde bir şimşek neden olsa da, bir ağacın öldürülmesinden çok bir kelebeğin ya da bir örümceğin öldürülmesinden söz ederken, 'öldürülmüş' sözcüğü daha inanılır bir etkiye sahiptir.

Orta Victoria'da, Maldon çevresindeki kayalıklarda büyük kaktüsler yetişir. Tamamen büyüdüklerinde, iri granit kayaçların arasındaki tepelerde gözüme muhteşem görünürler, ama bazı bölgelerde bir felakete dönüşmüşlerdir. Çok uzağa ve çok hızlı yayılırlar ve onları kökünden söküp atmak çok zordur. Beni neredeyse çılgına çevirdiklerinden, yöredeki bir çiftçinin düzinelercesine karşı zincir testeresini eline aldığını, onları yere sererken büyük etli yapraklarında derin yaralar açtığını hayal ederim. Bu durumun içinde çiftçinin saldırısındaki vahşeti görebileceğimiz için sonuç çok tuhaf görünürdü. İnsan onu tepede zincir testeresini acımasızca kullanırken, bitkileri yalnızca yaratıkların öldürülebileceği bir şekilde öldürmek gibi imkânsız bir şeyi çılgın bir enerjiyle yapmaya çalışırken hayal edebilirdi. Hemen hemen eminim ki, bu yanılsama içinde çiftçiyi yüreklendiren, patlayan meyvelerinden dolayı yaprakları sarı, turuncu ve mor tonlara dönüşen ve kıraç yamacı bir katliam yerine çeviren ölü kaktüsler gerçeğiydi.

Bonatti'nin kelebeğe gösterdiği türden bir merhametin anlaşılır nesneleri olarak böcek ve örümcek düşüncemizin, onlara yönelik atfetme etkinliğimize ve yaptıkları ile sadece onlara ne olduğu arasındaki farkı inandırıcı bir biçimde onlara uygulamamıza bağlı olarak ortaya çıktığı görülür. Örneğin, avını takip etmek için ya da yırtıcı bir hayvanı kaçırmak için hareket eden, ki ani ve sert bir rüzgârla savrulduğu için hareket ediyordur, bir örümceği birbirinden ayırırız. Bu ayırımı robotlara da uygularız, bu doğru, fakat bir robotun hareketlerinin 'tamamen mekanik' olduğunu, robotların hiçbir şeyi başlatmadıklarını söylediğimizde, sanırım, robotların 'yaptıkları' şeyi sözümona 'yaptıklarını' ima ederiz.

Bazı insanlar, bir böceğin ortaya çıkma biçimi hakkındaki hiçbir şeye, hareketlerinin bir makinenin hareketlerine benzeyip benzemediğini bize söyleyebilecek olan ve gerçekten görebildiğimiz hiçbir şeye inanmazlar. Bunu bize yalnızca bir böceğin irade, istek ve duygu sahibi olup olmadığının bilgisinin gösterebileceğini söylerler. Eğer ruhsal yaşantısı, duyguları, istenci yoksa (diye devam ediyor bu düşünce), o zaman, mekanik bir varlıktan önemli bir farkı kalmaz. Bu nedenle, insan davranışı da dahil içsel psikolojik durumlara, özellikle de istenci ve iradeyi ima eden durumlara gönderme yapmaksızın davranışı açıklayan kuramlar 'mekanik' diye adlandırılır.

Tüm bunlar kısmen doğru. Güve kelebeğinin mücadele ettiğini, sineğin kıpırdandığını, örümceğin lavabodan kurtulmaya çalıştığını tereddüt etmeden söylemeye hazır olmasaydık eğer, onlar hakkında böyle düşünmeyebilir ve onlara gösterdiğimiz tepkiyi göstermeyebilirdik. Bonatti'yi 'yaşayan zavallı şey' diye haykırmaya zorlamak için bundan daha azı yeterli olmayacaktı. Fakat birisi çıkıp da böceklerin hareketlerine içsel bilinç durumları neden olmaz, makineler gibi onlar da şeyleri yalnızca sözde bir duyumla yaparlar derse, o zaman, bu kişiye bu düşünceye nereden kapıldığı ve nasıl böylesine emin olduğu sorulmalıdır. Göklerde mi yazıyor bu? Tabii ki hayır. Onun kendine olan güveninin bastırılmış ve gözden geçirilmemiş şöyle bir varsayıma dayandığından kuşkulanmayabilir miyiz? Böceklerin yaptıkları hakkında tereddütsüz konuşuruz ve böceklerin yaptıklarını, onlara ve onlarda olandan ayırt ederiz, çünkü böceklerin, insanların psikolojik olarak onlara uyguladıkları bu ayırımı haklı çıkaran şeye sahip olduklarını varsayarız. Fakat bu, konuşma biçimlerimize anlam katan başlı başına büyük bir varsayımdır, söz konusu hayvanlar olduğunda ise, zaten kusurlu bulduğumuz bir varsayımdır.

Bonatti'nin kelebeğe duyduğu merhamet, bir anlamda, kelebeğin buzda düştüğü tuzaktan kurtulmak için *çabaladığına* Bonatti'nin inanıp inanmamasıyla elde edilebilecek türden bir merhamet değildir. Onun hareketlerini bir çeşit mücadele olarak algılamak, sanırım, yaratıcı bir potansiyelle, onu dramatik bir duruma düşmüş bir yaratık gibi görebilmekle başarılabilir. Ve zannederim ki, bu ilişki, kelebekleri ve örümcekleri yalnızca canlı varlıklar olarak değil, fakat, sınırlı da olsa ilgi duyabileceğimiz bir *yaşantıya* da sahip varlıklar olarak görmemizin birbirine bağlı olması denli birbirine bağlı değildir. Bu, belki de, kelebeklerden çok örümcekler için doğrudur. Haftalarca, bir örümceğin ağını örmesini, birisi tarafından bozulunca yeniden örmesini, sadece kendisi av olana kadar avını izlemesini ve kalanlarla idare ederek birkaç eksik bacağıyla ağının güvenliğine sığınmasını izleyebiliriz. Her gün olan bir olaydır bu, fakat bunu bir dram olarak görmek, hatta buna ilgi duymak, belli bir hayal gücü gerektirir. Bunu, Bonatti'nin anladığı gibi, kelebeği yok eden bir dram olarak görmek, böyle bir hayal gücüne en üst boyutta sahip olmaktır.

Böceğin kafasının içinde saklı olan bir şeyi arayıp bulacak spekülatif bir hayal gücü değildir bu. Her şey yüzeydedir, yeter ki kişi hayal gücüne bağlı olarak bu yüzeyin zengin duyumuna sahip olsun. *The Lives of Animals*'da Coetzee'nin karakterinin söylediklerini anımsayın: "Entelektüel bir korkuya sahip olmak, hayvan olmanın bir özelliği değildir: Onların tüm varoluşu canlı kalmak üzerinedir. Sizi ikna edemiyorsam, bunun nedeni, buradaki sözlerimin hayvan varlığının bütünlüğünü, soyutlanamazlığını, entelektüel olmayan doğasını iletme gücünden yoksun olmasıdır." Sözlerinde olmasını dilediği güç, spekülatif olarak, kişiyi hayvanın derisinin altında gizli olanın içine katan bir güç değildir. Bu, gizli olanı değil, orada önem taşıyan her şeyi, yaşayan bir şey olmanın ne olduğunu, böylece yaptığı ve katlandığı şeyi nasıl tanımladığını içeren zengin bir yüzey kavramına sahip olmaya bağlı olmayı görebilme yeteneğini gösteren bir güçtür. "Bu yüzden," diye devam eder, "o canlı ve heyecan verici varoluşu dile getiren şairleri okumanızda ısrar ediyorum." Hayvanların 'canlı ve heyecan verici varoluşunu' kasteder. Biz, 'böceklerin canlı ve heyecan verici varoluşu' diyebiliriz.

Örümcekleri düşünürkenki zorluğumuz öznel olarak şeylerin onlara nasıl göründüğünü bilmenin zorluğuysa eğer, o zaman, bu durum, karşı konulmaz bir şekilde bizden gizli bir şeyi bilmenin zorluğuna benzeyecektir. Her şeye karşın direnmeliyiz. Zorluklarımız, belli kavramları uygulamanın anlamlı olduğu zamanlarda ortaya çıkan zorluklardan daha fazla olmasa da, onlar kadar çoktur. Fakat ben bu düşünceyi ifade ederken çok dikkatli olmak istiyorum.

Örümceklerin de bizim sinir sistemimiz gibi çalışan bir şeye sahip olduğunu keşfedebileceğimizi inkâr edemem – elbette tamamen inkâr edemem. Eğer bunu gerçekten keşfedersek, onların da duyuları olduğuna inanmak için uygun zeminlere sahip olduğumuzu söylemek makul olacaktır. Bunun bizimki gibi bir sinir sistemi olduğuna neden inandığımızı saptarken sorunlar yaşanacaktır, ki sanırım pek çok insan da bunu kabul edecektir. Gene de, böceklerin sıcağa, soğuğa ve bize acı veren şeylere karşı duyarlı olduklarını, ama gösterdikleri bu tepkilere duyuların aracılık etmediğini biliyoruz. Eğer ki sinir sistemi gibi saptanan bir şey, yalnızca elektrik ampulünün sıcağına üşüşen ve ampulün sıcağından kaçan böcekler arasındaki nedensel ilişkileri gösteriyorsa, kuşkuculuğumuz hafiflemeyecektir. Bu yolda devam edilebilir ama ben etmeyeceğim.

O halde, bilimsel çalışmanın bizi böceklerin duyuları olduğu konusunda ikna ettiğini farz edin. Bundan çıkarmamamız gereken iki sonuç var. Birincisi, bir yaratığın yaptığı ile ona alan şey arasındaki farkın tamamen, hiçbir kuşku duyulmaksızın örümcekler için de geçerli olduğunu daha önce yalnızca varsayarken, bilim bize artık bu konuda biliyoruz dememizi sağlayan kanıtlar sunar. İkincisi, düşünme yetileriyle birlikte örümceklerin zengin ruhsal yaşamları olduğuna inanmanın saçmalığı, tam da katıksız yalan olan bir şeye inanmanın saçmalığıdır. Bu (kabul edilebilir ölçüde çekici) çıkarımlara direnmek, içine böcekler hakkındaki bilimsel keşiflerin yerleştirileceği doğru bir kavramsal uzay tanımı yapmak için önemlidir.

Zaman zaman bir şeyin absürd, basbayağı saçma olduğunu söyleriz, çünkü onu varsaymak, bilimin saptadığı ya da herkesin bir şekilde bildiği ve böylece saptamaya gerek duyulmayan şeye karşı gelmektir (örneğin, çimenler genellikle yeşildir). Bazen, doğa kanunları gereği mümkün olamayacağını kastederek, bir şeyin 'olamayacağını' söyleriz. Herhangi biri dünyanın düz olduğunu, ya da tek boynuzlu mitolojik atlarla denizkızlarının var olduklarını, ya da Elvis Presley'in hayatta ve sağlıklı olduğunu söyleyecek olsa, bunların saçmalık olduğunu söylerdik. Fakat biri çıkıp da Mickey Mouse gibi konuşan ve âşık olan, komşularıyla didişen ve küçük arabalar içinde gezinen farelerin gerçekten olabileceğini söylese, mitolojik atların olduğu iddiasını küçümserken söylediğimiz saçmalık lafını bu kez söyleyebilecek miyiz? Ve kımıldatılınca taşların sinirlendiğini ya da kemerimi gevşettiğimde pantolonumun rahatladığını düşünmek, Elvis'in hâlâ CIA için çalışıyor olduğunu düşünmek gibi saçma mıdır? Sanırım değil. Birinci gruptaki iddialar saptanmış gerçeklere ya da herkesin bildiği doğa kanunlarına karşı geldikleri için saçmayken, ikinci grup, kişinin anlaşılır biçimde söylediğine, sözcüklere dilimizdeki canlılıkları verildiğinde, sözlerinin anlaşılabilir biçimde kastettiği şeye karşı çıkar.

Tek boynuzlu mitolojik at olmanın ya da Elvis için yaşıyor ve CIA hesabına çalışıyor olmanın neye benzeyeceğinin kavranması bizim için zor değildir, ama eğer psikolojik yaşantıları olan taş ve pantolon olmanın ya da Mickey Mouse gibi bir fare olmanın neye benzeyebileceğini cidden kavrayabildiğimize inanıyorsak, sanırım yanılıyoruz. Ruhsal bir yaşantıya sahip pantolonların olduğunu elbette hayal edebiliriz. Bir karikatür çizebilirdik – buruna benzeyen bir fermuar, ağız gibi bir çatal vesaire. Bir konuşma balonu çizer ve içine dilediğimiz bir şeyi yazabilirdik. Fakat bu anlamda hayal edebileceğimiz şey, cidden kavrayabileceğimiz şeyle aynı değildir. Bu önermelerin gerçek olmalarının neye benzeyeceğini ciddi anlamda varsayabileceğimiz hiçbir şey yoktur. 'Zengin bir ruhsal hayatı olan örümcek' ya da 'zengin bir ruhsal hayatı olan taş', doğru ya da yanlış olabilecek cümlelerde, ya da söylemeyi yeğleyeceğim türden ciddi iddialarda, ya da iddia gibi görünen yadsımalarda veya gerçeklere ilişkin inkârlarda hiçbir yeri olmayan deyimlerdir. İmkânsızmış gibi görünse de, tam da doğru olabilecek düşünce, matematik hakkında kafa yoran örümceklerin, her ne kadar olası görünmese de, Mickey Mouse gibi farelerin olabileceği düşüncesine benzemesidir. Jeffrey Masson'ın örümceklerin zengin içsel yaşantıları olabileceğine ilişkin varsayımı da buna benzer, ki onun saçmalığının tamamen yalan bir iddianın saçmalığı olmadığını söylememin nedeni budur. Bu farkı görememesi, bilinebilecek sorularla belli kavramların uygulanmasını sınırlayan sorular arasındaki farkı görememesidir.

İmgelem, bu nedenle, Tanrı vergisi olan karmaşık bir yetenektir. Bir şeyi ya da başka bir şeyi imlemeye dönük bir davetten genellikle daha önce gelen düşünce egzersizlerine bu denli fazla bağımlı olan felsefedeki büyük zorluk, resmedilmesiyle saçmalık gibi görünecek bir imge ile, tasavvur etmenin cidden olası olduğu şeyin bizdeki anlamını genişletecek bir imgeyi birbirinden ayırt etmektir.

İmgelem bizi eğlendirebilir, aynı zamanda dünyayı anlamamıza da yardım edebilir. İmgelemin dünyayı anlamamıza katkı sağlamasındaki en yaratıcı rolünün, çoğu kez, bir avluda yargıç olarak oturan bilimin ve bilimsel düşünen felsefenin huzuruna getirilecek hipotezleri üretmek olduğu düşünülmüştür. Bu, imgelemin, şeylerin dünyada nasıl olduklarını anlamamıza yardım eden önemli işlevlerinden biridir. Fakat 'dünya' aynı zamanda birçok anlamıyla birlikte bir sözcüktür. Anlam dünyasında işlerken imgelem farklı biçimde çalışır ve, daha önce de ileri sürmüş olduğum gibi, gerçekler dünyasında çalışırken sorumlu olduğundan farklı bir eleştirel kavramlar kümesine karşı sorumludur. Bonatti'nin tanımını yanıtlarken insanlarla böcekler arasında nasıl şeyler olabileceğini görüyorum. İnsanın onlara davranabilme biçimlerinden dolayı bu farkındalığın içinde gizli anlamlar vardır. Bütün bunlar, yeterince zengin bir 'böcekleri farklı görme', 'ne olduklarını daha derinden anlama' düşüncesiyle bağlantılıdır. Dil ile kurulan yaratıcı yaşam, bize kavramların ne zaman uygulanabilir ve ne zaman uygulanamaz olduğunu öğretebilir. Rhees, bize, 'birbirlerine karşı nasıl tavır almamız gerektiğini bilmenin' ne zaman kabul edilebileceğini gösterdi. Bonatti'nin merhametindeki yetke, 'yaşayan zavallı şey' ve 'yazgım senin yazgın' sözlerinin tınılarından edindiğimiz duyumu genişletti. Belki de birisi, şiir şeylerin nasıl olduğunu bize anlatabilir sözüme itiraz edecektir. Ben edeceğim. Bu itiraz, eleştirel dilin anlam alanında nasıl işlediğini ve zengin bir 'şeyler nasıldır' kavramıyla, yani, şeyleri 'duygudan ya da şefkatten yoksun güçlü bir ego'nun uyguladığı baştan çıkarmanın hemen hemen sonsuz biçimine direnemediğimizde çoğunlukla bize göründükleri hallerinden çok oldukları gibi görmeye çalışma kavramıyla, birbirlerine nasıl bağlı olduklarını kavrayamamayı ifade eder.

Rumulus, My Father'da, babamın insanlara karşı takındığı tavrı bir tür 'şefkatli kadercilik' olarak tanımladım. Bu ifadeyle metafizik herhangi bir şeyi kastetmedim. Demek istediğim, insani durumu kötü talih karşısındaki çaresizliğimizin belirlediğini düşünmesiydi. Ama şimdi bunu düşündüğümde, onun hayatın bütününe karşı takındığı tavrın, aynı tavra benzer bir şeyle biçimlendiğini fark ediyorum. Hayvanlara karşı tutumu ve onları sevmesi de, kesinlikle, aynı şekilde biçimlenmişti. Onlardan büyük keyif aldı, ama onlara karşı tutumunu, daima onların çaresizliklerine, özellikle de insanın acımasızlığı karşısındaki çaresizliklerine duyduğu merhamet renklendirdi. Babamdaki acıma duygusu yaşayan doğanın tümünü kapsardı, sevdiği ancak bir bela sonucunda biçimleri bozulan ağaçları, yazın renkleri normalde sarı olan çayırları daha da ağartan, toprağa açtığı ve bazılarının genişlikleri on santimetreyi, derinlikleriyse üç metreyi bulan büyük yarıklarla kuraklığın yakıp kavurduğu kırları. Fakat arılarına karşı davranışında insanı nasılsa şaşkına çeviren bir şey vardı.

Bal verdikleri, çalışkanlığın sembolü oldukları ve olağanüstü 'sosyal' yaşamları çok uzun zamandan beri kabul edildiği için, arılar insanlarda daima şefkati esinlemiştir. Fakat karıncalar, aynı özelliklere sahip olduklarından –çalışkandırlar ve ayrıca birbirlerini karmaşık biçimlerde etkilerler– bir tür saygı esinleseler de, sanırım şefkat uyandırmazlar. İmgelemimizde, arıların çiçeklerle ve sıcak günlerle kurdukları ortaklığın ayrıntılarına gireriz, zira soktuklarında ölürler ve biz onları, bir araya geldiklerinde ölümcül olabileceklerini bilmemize rağmen, bize verdikleri zarardan dolayı kolaylıkla affederiz.

Civardaki bir ağaçtan içinde arıların kaynadığı bir kovanı eline aldığında ya da kovanların dizildiği patikaların yolunu tuttuğunda, babamın hiçbir koruyucu elbise giymeyerek arıların kendisini sokmasına razı olmasının nedeni belki de buydu. Tahmin edilebileceği gibi, asla ciddi bir şekilde ısırılmasa da, koruyucu giysiler giymeyi reddetmenin –merak da uyandıran– sıkıntısını yeterince acıtan ısırıklarla çekti. Neden giymeyi reddettiğini sorduğumda, onları düşman olarak görmüyorum ki kendimi koruma gereği duyayım demişti. Ne demek istediğini tam olarak anlamamıştım. Onun anladığından da kuşkuluyum. Fakat bunu onlara duyduğu sevecen merhametle yapıyor olmalıydı ve yaptığı şey kesinlikle bu duygunun bir parçasıydı.

Bazı soğuk sabahlarda, kovanın dışında, çayırlarda yatan arılar bulurdu, görünüşe göre çoktan ölmüşlerdi. Onları avucunda toplar ve masanın üzerine koymak için mutfağa getirirdi. Sonra eline bir elektrik ampulü alır ve ampulü yaklaşık on beş santimetreden arıların üzerinde ileri geri hareket ettirirdi, böylece, hiçbir bölgede yoğunlaşmayan ısıyla zarar görmeden ısınırlardı. Onu bunu yaparken ilk kez gördüğümde, sevecenliği ve özeni beni çok etkilemişti, yaptığı işin sonuçlarıyla büyülenmiştim. Gittikçe canlılık emareleri belirirdi. Bacaklar öylesine yavaş seğirmeye başlardı ki, hayretle gerçek olup olmadığını düşünürdünüz, ama sonra, bu nazik ve mucizevi işçinin arıları yeniden hayata döndürdüğünü fark ettiğinizde kuşkularınız dağılırdı. Çok geçmeden arılar doğrulmaya çalışırlardı ve bunu genellikle bir parça yardımınızla başardıklarında, babam onları, sanki ekmek kırıntılarını süpürür gibi, fakat yumuşakça, bir avucuyla masaya yasladığı diğer avucuna süpürürdü ve uçup gitmeleri için alıp dışarıya götürürdük.

Bana hiçbir zaman arıların neden kovanın dışında yattıklarını söylemedi. Onun bilip bilmediğini ya da bu konuda bir teorisi olup olmadığını da bilmiyorum. Aklıma kovandan diğer arılar tarafından atıldıkları ve bizim her sabah aynı arıları topladığımız ve hayata döndürdüğümüz geliyor.

Arılarına karşı şefkatli olsa da sineklerden nefret ederdi babam. Eğer bir sinek mutfağa girmişse, ki sık sık olurdu bu, onu öldürmeden rahat edemezdi. Sinek yakalamakta uzmanlaşmıştı. Gizlice yaklaşır ve yandan yaptığı tek bir hamleyle onu avucuyla yakalar ve avucunu hemen kapatırdı. İnsanlar kendilerini kızdıran şeylere karşı takıntılı olabilirler, bunlar sonbaharda bahçeye dolan toz ya da düşen yapraklar gibi cansız şeyler olsa bile. Fakat sinekler babamı, tahammül edilemez olduklarında bile, sadece sinirlendirmekle kalmazlardı. Onlar hakkından gelinecek ve memnuniyetle öldürülecek düşmanlardı. Bilge ve derin düşünceli bir insan olmasına rağmen, eminim ki arılarına karşı tutumuyla sineklere davranışı arasında bir gerilim olup olmadığını merak etmek hiçbir zaman aklına gelmedi.

Babamın arılarına karşı tutumu beni etkiledi ve böcek dünyası hakkındaki düşüncemi dönüşüme uğrattı. Bu dünya üzerine yıllarca kafa yordum, fakat arılar hakkındaki yeni gerçeklere karşı tetikte olmama neden olduğu için değil, ne de bildiğim gerçeklerin böceklere karşı davranışlarımda şimdiye dek yalnızca hayvanlara uyguladığım ilkeli tutumu gerektirip gerektirmeyeceğini merak ettiğimden. Babam bana bir böceğe gösterilebilecek şefkatin ve tutumun ne demek olabileceğini öğretti. Bunu bana kendi örneğiyle öğretti, ama ben onun bu örneğini, onun beni etkileyen otoritesinden bağımsız olarak, değer verebildiğim bir şeyi bana tanıtması olarak düşünmüyorum.

Kızım Katie, kendinden çok emin bir şekilde insanın cebi ağrıyamaz ki dediği yaştaydı hemen hemen ve birlikte oturmuş televizyonda bir doğa programı izliyorduk. Ekranda yavru kemirgenler gördük, Suudi Arabistan çölünün kumları altında, yavru farelerden bile daha çirkindiler. "Şuna bak," dedim Katie'ye. "Korkunç değiller mi?" Biraz tereddütle, onlar da Tanrı'nın yaratıkları diye yanıtladı beni.

Yanıtıyla kendimi beğenmişliğimden utanmıştım, aslında bu tür basit sözler tavrımın bağışlanamazlığını belli edebilirdi. Bu durumu bundan daha iyi tanımlayacak, aynı zamanda yaşayan tüm canlıları böyle yalın ve harika bir biçimde kucaklayacak başka söz düşünemiyorum. Daha sonra, farklı öğretmenlerin etkisi altına girdiğini hissettiğinde, ne zaman elinde olmadan bir salyangozun ya da başka küçük yaratıkların üstüne bassa, hatta kazara çiçekleri çiğnese, 'zavallı doğa' diyecekti. Bu sözün, moda olan bir çevrecilikle söylenen ve doğal dünyaya daha önceden bakışının yerini alan kötü bir değiş tokuş, göreli bir panteizm olduğunu düşündüm.

Bu kemirgenler de Tanrı'nın yaratıklarıdır sözünü, tüm çirkinlikleriyle ama, yaşamın amaçları hakkında metafizik bir spekülasyona –evrenin doğabilimsel tanımıyla rekabet halinde olduğu düşünülen türde bir spekülasyona– dayanan bir iddiayı ifade eden biçimde almasaydım eğer, bunu bu denli etkileyici bulmazdım. Bazı insanlar inansa da ben buna inanamam derdim. Öyle olduğu için de, bu söz karşısında söyleyecek hiçbir şey bulamadım. Doğru, onlar Tanrı'nın yaratıklarıdır, ben buna evet demedim ve Tanrı'ya inanıp inanmadığımı sorsaydı inanıyorum diyemeyecektim. Bunu, kısaca 'demedim' ya da 'ben bir agnostiğim' diye söylemek yerine, bu şekilde, inanıyorum diyemeyecektim diye ifade ediyorum, çünkü bunun, Tanrı'ya inanmanın ne anlama geldiğini, ne tür bir inanmanın ona inanmak olduğunu anladığımı sanmıyorum.

Tanrı'ya inanmanın ne anlama geldiğini anladığımı sanmıyorum şeklindeki kabullenimim bazı insanları kızdıracak biliyorum, çünkü bu girişimler onlara, inancın entelektüel sorumluluklarını kabul etmeyi reddederken, dinin duygusal yararlarına tutunmayı anımsatacak. Dinsel önermelerin anlamları yeterince açıktır diyecekler. Tek ciddi soru, haklı olup olmadıklarıdır. Aksini önermek bilgisizlik taraftarlığını yüreklendirmektir. Filozofların Tanrısına inananlarla dinin Tanrısını ilan edenlerin arasındaki eski bir anlaşmazlıktır bu.

Filozofların Tanrısı, varlığı değilse de özellikleri, daha önce tanımladığım türde bir akla –insan hayatının pratik ve duygusal huzursuzluklarının dışında idealleştirilen, böylece kusursuzca işlediği düşünülen akla– sunulmuş metafizik bir varlıktır. Öte yandan, dinin Tanrısı, hayatta neyin önemli olduğu konusundaki sıradan insan kavrayışımızı derinleştirmesi gereken Tanrı inancı gereksinimiyle tanımlanır. Hiç kimse, ciddi ciddi, "Bu ucuzdur, aşırı duygusal ve sıradandır ve yaşamı kirletir, ama bu benim dinimdir ve her şeye rağmen doğrudur," diyemez. Dinsel iddialar daima ve tamamen anlam alanında ileri sürülür. Öte yandan, filozofların Tanrısı hakkındaki metafizik iddialar, dünya, içinde var olmayan bir yerden görülmediği gibi göründüğünde, en berrak zihinle ileri sürülür. Ya da taraftarları böyle olduğuna inanır. Dinin Tanrısı günahlarımızı, hazlarımızı, acılarımızı ve kalbimizdeki her şeyi bilir. Filozofların her şeyi bilen Tanrısı tüm bunların yanı sıra elektronik posta adreslerimizi de bilir. Böyle bir Tanrı'ya inananlar, Tanrı'nın her şeyi bildiğini söylemenin ifade ettiği kavrayışın sıradanlığıyla yılmazlar. Fakat Tanrıları dinin Tanrısı olanlar için, dinsel hayatlarında, dualarında ve ibadetlerinde insanların ciddi bir şekilde her şeyi bilen bir Tanrı'dan nasıl söz ettikleri, dilbilgisel açıdan bir yanlış anlamayı temsil eder.

Dünyadan Tanrı'nın yaratısı olarak ve aynı zamanda bize bir armağan gibi ve tek bir kez sunulan iyi bir dünya olarak minnettarlıkla bahsedilen dinsel geleneğimizin bir kısmına karşı yankılandığı için, Katie'nin sözleri beni susturmuştu. Bu gelenekte önce Tanrı'ya inanılmaz ve daha sonraki adımda, belki etkilenme belki de inançla, onun yarattığı dünyanın iyi bir dünya olduğuna inanılır. Göğün ve yerin yaratıcısı olarak Tanrı inancı, onun bize sunduğu bu dünyaya duyulan minnettarlıktan ayrı değildir. İkincisinin yarattığı hayal kırıklığı, birincisine duyulan inancın azalmasıdır. Bu gelenekte, insanın bir Tanrı'nın olduğunu bildiğini fakat yarattığı dünyanın koşulsuz sevgimize layık olup olmadığından emin olmadığını söylemesi, insanın bir Tanrı'nın olduğunu bildiğini fakat dünyayı yaratıp yaratmadığından emin olmadığını söylemesi kadar tuhaftır. Onları bu geleneğin derin doğrularını ifade eden sözler gibi aldığım için ve aynı zamanda onun doğanın sığ görünümü için söylediği ve bir çeşit taziyeyi dışa vuran kamutanrısal ifadesi ('zavallı doğa') nedeniyle, Katie'nin sözleri beni hem susturdu hem de utandırdı.

Dünyaya duyulan koşulsuz sevgi belki de en güzel ve en yalın biçimde dinsel geleneğimizde ifade edilmiş olsa da, böyle bir sevgi sarih dinsel inanca ya da metafizik taahhüde bağlı değildir. *Sisyphos Söyleni*'nde* Albert Camus bunu anlatır, bu tür bağlılıkları kendine saklayarak değil sadece, aynı zamanda onları meydan okurcasına reddederek... Ve bunu, Cezayir kentleri ve kırları üzerine yazdığı lirik denemelerinde çok dolaylı ama çok güzel bir biçimde ve felsefi gösterişe kaçmadan yapar. Pablo Casals da otobiyografisinde aynı şeyi ifade eder.

> Son 80 yıldan beri her güne aynı şekilde başlıyorum. Mekanik bir tekdüzelik değil bu ama gündelik yaşamım için temel bir şey. Piyanonun başına geçer, iki prelüd ve Bach'ın füglerini çalarım. Başka türlü yapmak aklıma gelmez. Bu, evde yapılan bir çeşit kutsamadır. Ama benim için tek anlamı bu değildir. Bir parçası olmaktan sevinç duyduğum dünyanın yeniden keşfidir. Beni hayatın harikalığının farkındalığıyla doldurur, insan olmaktan duyulan inanılmaz sarsıcı bir duyguyla...

* Sisyphos Söyleni, Albert Camus; çev.: Tahsin Yücel, Adam Yayınları, İstanbul, 1988.

Hayatımda doğanın mucizesinin beni şaşkına çevirmeden geçip gittiği tek bir gün bile düşünemem.

Bunu birden fazla yerde alıntıladığım için daha önce okuyanlardan özür dilerim, ama dünyaya duyulan koşulsuz sevgiyi dinsel bir taahhüt olmaksızın böyle inandırıcı, böyle dokunaklı, böyle özlü bir şekilde sunan başka bir anlatım aklıma gelmiyor. Casals, 'doğanın mucizesinin [kendisini] şaşkına çevirmeden' geçip gittiği tek bir gün bile düşünemem diyor. Onun seksen yıl boyunca her gün, bir çoğumuzun sadece ara sıra, güzel bir bahar gününe uyandığımızda ve yaşamaktan mutluluk duyduğumuzda hissettiğimiz deneyimi yaşadığı için şanslı olduğunu söylemek istediğini sanmıyorum yalnızca. Her sabah böyle bir duyguyla uyanmak sevinçli bir şeydir elbette, ki hayatın yarısında bile benzer bir duyguyla uyanmak harika olmalı. Fakat seksen yıl boyunca her gün tekrarlanan bu deneyim tam da tek bir kere gerçekleşebilmiş bir şeyin tekrarlanması koşuluna bağlı olacaktır. Bu deneyimin, bir nankörlük biçimi olarak, intiharın Camus'ye göründüğü gibi görünebildiği bir dünyaya kendiliğinden kazandırabileceği bir bakış açısı olamaz, ne de gene bu deneyimin, bir armağan gibi değer verilen bir hayata duyulan minnettarlığın bir ifadesi olarak görülebilecek açıklık arayışına kendiliğinden kazandırabileceği bir bakış açısı olabilir.

Casals yaşamdan bir armağan olarak açıkça söz etmez, ki buna mecbur kalmaz: Pasajın tümü minnettarlık anahtarıyla yazılmıştır. Şimdi, herhangi biri, bir armağan olarak yaşamın, bu armağanı kimin verdiğini sormaksızın açıklıkla yanıtlanabilir olup olmadığını soracak olsaydı, Casals'ın pasajının yanıtlanabilir olduğunu gösterdiğini söylerdim. Daha da ileri giderdim. Yaşamdan bu armağanı kimin verdiğini yanıtlamaksızın bir armağan olarak bahsetmenin entelektüel bir sahtekârlık olduğunu söyleyen birini, hayal gücünden yoksun bu düşünce eğer sıradanlıktan kurtarılacaksa, o zaman, yaşamdan Tanrı'nın bir armağanı olarak söz etmek Casals'ın anlattığı aynı dünya sevgisini aşılamak zorundadır diye yanıtlardım. Fakat bu sadece bir dizi metafizik önermeye razı olarak başarılabilir mi? Ve eğer metafizik bizi oraya götüremezse, o vakit onun nesine ihtiyaç duyalım?

Şunu hayal edin: İnsan ilk önce dünyanın adına Tanrı denen yaratıcısına inanır, sonra onun bize hayatı sunduğuna ve bu hayatın bizim içimizde yaşamasını sağladığına inanır, sonra onun bizim minnettarlığımıza layık bir armağan olduğuna, sonra da bu armağanın koşulsuz minnettarlığımızı hak ettiğine inanır. Başkaları bunu daha fazla ya da daha az adımda söylemek isteyebilir, fakat, hâlâ tartışmalı bile olsa, umarım söylemek istediğim açıktır. Böyle uzun bir çıkarım dizisi, Casals'ın dünyanın güzelliği karşısındaki sevgisini ve ona bir armağan gibi sunulmuş görünen bir hayat karşısındaki minnettarlığını ifade edebildiği yere götürmeyebilir kişiyi.

Dünyanın güzelliğine duyduğu sevgiyi tanıdığım herhangi birisi kadar güzel kaleme alan Simone Weil, bu sevgiyi, Tanrı'ya duyulan ve ifade edilmesi gereksiz sevginin bir biçimi olarak adlandırmıştır. Duada ve ibadette Tanrı'nın adını anan, dünyanın Tanrı'nın yaratısı olduğunu ve onun yarattığı her şeyi sevdiğini kalben söyleyenlerle bunu söyleyemeyenler arasında derin bir uçurumun olduğu inkâr edilmeyebilir. Ama istisnasız bütün mahlukatın Tanrı'nın yaratısı olduğunu kalpten söylemek, yeryüzündeki hayatın nedensel kökenleri hakkında metafizik bir önermeyi içtenlikle ileri sürmek değildir sadece.

Katie beni kibarca payladığında, bu, teologların ve filozofların, etkileyici olsa da beni susturan filozofların Tanrısını incelikle işlerken inşa etmiş oldukları ve insanı huşu içinde bırakan müthiş metafizik bir yapı değildi. Bu, Katie'nin sözlerinin akla getirdiği bir dünyaya ve onun üzerindeki yaratıklara duyulan sevgiye dair bazı anlatımların kalp parçalayıcı güzelliğiydi. Casals'ın yaşam için duyduğu ve kutsadığı minnettarlığı bütün bunların arasında yer alır. Onu, piyanonun başından kalktıktan sonra kayıtsızca böcekleri ezerken ya da sineklerin kanatlarını yolarken hayal etmek imkânsızdır. Onu avucunu açmış sinek kovalarken ve onları büyük bir zevkle öldürürken hayal edebilir miyiz? Bu konuda hiçbir fikrim yok.

Kutsal Yerler

Katie'nin 'zavallı doğa'sı –genellikle doğaya karşı tümüyle otantik olmayan ve genelleştirilmiş bir ilgi– istisnasız bütün mahlukatın Tanrı'nın yaratısı olduğu düşüncesini kabulünden bir geriye düşüştü. Gene de, hayvanlara duyulan ilgiyi daha genel anlamda doğal dünyaya –çimenler, çiçekler, ağaçlar gibi yaratık olmayan canlı şeylere ve aynı zamanda cansız doğaya– duyulan ilgiyle bütünleştirmenin bir avantajı olmalıydı. Bu kitabı yazmaya başlamamdan hemen hemen otuz yıl önce, dağlardaki deneyimlerimi yazmak yoluyla insanlar ve doğayla ilişkileri hakkında yazmayı düşünüyordum. Bunca yıl sonra, bunu şimdi bu bölümde yapacağım. Sanırım, bu, aynı zamanda doğa sevgisinin bir dışavurumu olmamasıyla, hayvanlarla kurulan garip bir bağ olacak.

Hepimiz tükenmiştik. Sanırım hiçbirimiz daha önce sırt çantası taşımamıştık. Ve ben köşedeki dükkândan daha uzağa yürümemiştim, o da bundan beş yıl önce sürücü belgemi almak içindi. Şimdiyse, Yeni Zelanda'nın yüksek dağlarında ve sık ormanlık Fiordland'da, yaklaşık otuz kiloluk çantalarımızla, üç gündür dik patikalarda bir aşağı bir yukarı yürüdükten sonra dinlenmek istiyorduk. Yeni Zelandalı bir arkadaşım beni, Yeni Zelanda'daki adıyla tramping* yapmaya ikna ettiği için buradaydık. Yol arkadaşlarım bir kulübede dinlenirlerken, ben, tek başıma, Hollyford Vadisi'nin bir sınırını oluşturan sırtlara doğru kısa bir yürüyüşe çıktım. Hava yağmurluydu, rüzgâr sert esiyor ve arada sırada parçalanan ve mavi gökyüzünü ortaya çıkarırken bana sırta ulaştığımda tüm vadiyi görebilecek olma umudu aşılayan bulutlar, dramatik bir şekilde dönüp duruyorlardı – ama oraya vardığımda hiçbir şey göremedim. Hayal kırıklığına uğramış bir halde geriye, kulübeye doğru yönelmiş fakat yalnızca birkaç adım atmıştım ki, bir şey beni engelledi. Bulutlardaki bir çatlağın arasından, vadinin tam karşısında bir dağ gördüm, kuş tüyü bir kar süzülürken çarpıcı bir asaleti vardı. Adı Mount Christina'ydı. Güzelliği beni o denli etkilemişti ki neredeyse ağlayacaktım, o an kesin kararımı verdim: Dağcı olacaktım.

Avustralya'ya döner dönmez tırmanışı öğreten bir kitap (ünlü Blackshaw), bir çift bot, bir halat, emniyet kemerleri ve karabinalar satın aldım ve bazı hevesli arkadaşlarla birlikte tırmanacak sarp kayalıklar aramaya gittik. Güzel bir yaz sabahıydı, canlı bir şekilde anımsıyorum. Yeni Zelandalı aynı arkadaşım ve ben, ilk kez, sık Avustralya çalılıklarının ortasındaki ücra bir yerde, elli metrelik bir uçurumun dibinde, yüreğimiz ağımızda ve halata bağlanmış halde duruyorduk. Ellerimle kayaya dokunduğumda, gelecek yılların tadını duyumsatan bir hisse kapıldım – ılık kayanın ellerimde uyandırdığı tensel his, güvenle tutulacak bir yer için kayanın hatlarını araştıran parmaklar. Yaklaşık ilk on metreyi tırmandığımda kendimizi bu işe adadığımızı fark etmiştim. Yalnızca gurur, zirveye ulaşmamızı ya da düşmemizi sağlayacaktı.

Yaklaşık bir ay önce, yerden seksen metre yüksekte, dik ve yüzeyi kimi yerde aşağıya sarkan düz bir çıkıntının üzerinde otururken meydana gelen o komik olayı daha dünmüş gibi anımsıyorum. Gene

* Ağır adımlarla yürümek, dolaşıp durmak. (ç.n.)

güzel bir yaz sabahıydı ve Wimmera'nın altın sarısı buğday tarlalarına bakarken gölgeli bir kaya çıkıntısının tadını çıkarıyordum. Kayanın yüzeyine kendimi bağlamış ve halatı Yeni Zelandalı arkadaşıma volta etmiştim. Uzatmış olduğum halatın uzunluğuna bakılırsa, tahminen benden altı ya da yedi metre yukarıda olmalıydı, ama çıkıntı onu görmemi ve duymamı engelliyordu. Bana öyle geliyordu ki, alçalmaya başlayalı çok uzun bir süre geçmişti, ne var ki, ilk rehberlik denemesi olsa da, gün öyle muhteşem, manzara öyle büyüleyici ve macera öyle keyifliydi ki, zihnimde endişeye yer yoktu.

Düşen yassı bir kaya parçası yanımdan geçtiğinde, sanırım ıslıkla bir ezgi çalmaya daha yeni başlamıştım. Kaya parçasının gözden kayboluşunu görmeye kalmadan, peşi sıra baş aşağı düşen arkadaşımı gördüm – sonradan bana söylediğine göre, çığlık bile atamayacak kadar korkmuştu. Çıkıntıya tırmanmak kollarındaki tüm kuvveti tüketmişti, ki kaya yerinden çıkarken kolları bir kereste gibi hissizleşmiş ve geriye doğru inişe geçmişti. Onu uçarken gördüğümde şok oldum ve hiçbir şey yapamadım, sadece halatı sıkıca tuttum. Eldivenli avuçlarımın arasından ne kadar halatın kaydığını bilmiyorum, ama halat durduğunda ve her iki ucunda onun ve benim hâlâ bağlı ve kayanın dibinde değil de ön cephesinde ve yüksekte olduğumuzu anladığımda, sevinçten defalarca ve öylesine yüksek sesle haykırdım ki, sesim millerce uzağa, buğday tarlalarının öbür tarafına, belki de ta Natimuk'a kadar duyulmuştur. Her şey –bizi halata bağlayan uçkur bağları, beni halkama sıkıca bağlayan sekiz-düğümü, halkayı sağlamlaştırmak için yarığa yerleştirdiğimiz takozlar–, eğer gerektiği gibi yapılacak olursa, tam da Blackshaw'un dediği gibi işlemişti. Buna inanamıyordum. Arkadaşımın düşmesini engellemiş, kazayı ucuz atlatmıştık. Gerisingeri kayaya çarptığında ayak bileği sıyrılmış, bir parça kemik yontulmuştu sadece.

Sorumsuzca davrandığımız, deneyimli dağcılara çıraklık etmeden böyle bir tırmanışa kalkıştığımız için suçlanmıştık. Belki de doğruydu, ama dağcılık kulüpleri bizim anarşist mizacımız için uygun yerler değildi. Ve içgüdüsel olarak biliyorduk ki, kendi kendimize, sadece Blackshaw ve büyük dağcılar hakkında okuduklarımızın rehberliğiyle bu işe kalkışmak, bizim için bir tür macera olacaktı ve eğer ki yanımızda deneyimli birinin rahatlığı olsaydı, bize o çok özlediğimiz yoğunluğu tattıramayacaktı. Böyle bir fırsatı dünyada kaçırmazdık.

Öyle olsa bile, sorumlusunun biz olduğumuz bu suçlama üzerine çok sık düşünmüştüm. Genç dağcıları onlarca yedek çorap ve acil durumlar için birçok gereçle yükleyen bir kişiden gelen bu suçlamayı –ki sırt çantaları fazlasıyla ağır olduğundan, bu işi hava karardıktan sonra yapmaya zorlanırlar– asla ciddiye almamıştım. Üstelik, dağların daima tehlikeli olmasını ama bunun asla gerçek olmamasını dileyenler de genellikle aynı insanlardır. Eğer ölüm olasılığı açıklıkla kabul edilmezse dağcılığın değeri düşer. Kişinin bunu kendisi ölümle burun buruna geldikten sonra ya da gerçekten ölebileceğine asla inanmayan bir dağcı arkadaşı öldükten sonra keşfetmesi, bir süredir tırmanan birisi için anlamı azalmış bir deneyimdir. Ölüm riskinin pek çok dağcı için onları dağlara çeken bu deneyimin ayrılmaz bir parçası olmasının nedeni budur. Eğer ölümsüz olsaydık dağcılık da olmazdı ya da en azından bizim tanıyacağımız bir biçimde olmazdı. Ölüm riski, zaman zaman dağcıların yaşadıkları ve tekrar yaşamaya can attıkları hazzın yoğunluğundan ayrılamaz. Kutsadıkları bir hazdır bu, fakat yalnızca ölmeye gerçekten hazır olduklarına inandıkları ölçüde. Bunun bir yanılsama olduğunu keşfederlerse, ki asla öleceklerine kalben inanmayacaklardır, o zaman bu yoğun deneyimler değersiz hale gelecektir.

İnsan, tabii ki, altı metre yüksekliğindeki bir kayaya tek başına tırmanırken, ya da sky diving yaparken, ya da yarış arabası kullanırken, yoğunluğu ölüm tehlikesine bağlı deneyimler yaşayabilir. Gene de, pek çok dağcı için bu yoğun haz, hayatlarını tehlikeye attıkları için yalnızca kendilerine bağışlanmış bir armağan olarak yaşadıkları dağların güzelliğindeki hazdır. Bu, bütün kuşkularıyla birlikte, romantizmdir elbette, fakat yüksek dağlarda bir mevsimden daha fazla hayatta kalabilmek için gereken konsantrasyon ve yetenek gibi disiplinlerle yumuşatılmış bir romantizm.

Bu romantizme karşı hiçbir zaman tam anlamıyla zayıflık göstermedim, çünkü dağcılık yaptığım onca yıl boyunca bu durumun babamı ne denli derinden üzdüğünün farkındaydım. Tırmanma nedenlerimi asla doğru dürüst anlamadı ve onları elinden geldiğince küçümsedi. Yiyecek ya da ailesi için tıbbi yardım bulması gerektiğinde, ya da kendisini bir ödev kılığında sunan başka herhangi bir zorunluluk karşısında kendisinin de dağlara tırmanabileceğini söylemişti. Tavrı, Avrupalı yoksula egemen olan ve onu zorunluluktan –özellikle de ailesinin geçimini sağlama zorunluluğundan– kurtarabilecek, aksi halde ezici yükü kişiyi umutsuzluğa sevk edecek bir yaşama saygınlık kazandıracak bir tavırdı.

Aklı başında hiç kimsenin gerekmedikçe yapmayacağı şeyi seçmek zorunda olmam bile, bu davranışımın babamın gözünde itici olması için yeterliydi. Hatta bundan bile daha ağırı, hayatımı (onun anladığı şekliyle) bu denli ucuz sürdürmem –ki sanırım bunu bazen müstehcen bulurdu– onu nasıl da gücendirirdi. Yaşadığı bazı deneyimler, onu, başka hiçbir kimseye zarar vermese de, ya da birinin sorunlarıyla ilgilenmede gösterilen korkaklık gibi bariz hiçbir karakter bozukluğuna işaret etmese de, intiharı korkunç bir şey gibi algılar hale getirmişti. İntiharın ahlaki anlamda korkunç olduğuna inandığından kuşkulanıyordum. Schopenhauer, insanların intihar konusundaki yaklaşımlarında, tıpkı babamın intihar sorunu ahlak için fazlasıyla anlaşılmazdır derkenki tutumunda olduğu gibi, önemli bir nokta yakalamıştı.

Babam dağcıların ölümünün, intihar etmiş birinin ölümü gibi, hemen hemen aynı korkunçlukta olduğuna inanırdı. Büyük dağcıların kişiliklerinde olan ve benim övdüğüm erdemler, onun için sahte erdemlerdi. Dağcıların, derdi, gerçek bir zorunluluk karşısında gösterdikleri cesaret bir erdemdir, ama bu, birinin yaşamına ve başkalarına olan sorumluluklarına duyulan saygıdan yoksun, umursamazca yerine getirdikleri sahte bir erdemdir. Bu durumda, onun sözleri, bana, Platon'da, Aristoteles'te ve ardından Aquinolu Tommaso'da bulunabilecek, erdemlerin, en azından birçoğuna sahip olmaksızın birine sahip olunamayacak bir bütünlük oluşturdukları antik doktrin hakkında bir profesörün yorumlarını anımsattı. Bu filozof, çok kötü bir amaç uğruna hayatını tehlikeye atan birinin cesaret gösterebileceğini, fakat cesaretin bu kişide bir erdem olmadığını iddia etmişti. Dağcılık konusundaki kahramanca davranışlarıma babamın duyduğu öfke, kısmen benim güvenliğimden duyduğu korkunun ateşlediği öfkenin bir parçasıydı, fakat bu, aynı zamanda, yaşamını derinleştirmiş olan ve bu yüzden minnettar olduğu her şeye karşı çıkan bir inanca da işaret ediyordu.

Elbette, birçok dağcı, yaptığını birtakım zorunluluk düşüncesiyle yapar. Tırmanmak zorunda olduklarını, bundan vazgeçemediklerini söylerler. Daha geride alıntıladığım pasajında, Bonatti, pek çok insan gibi bundan azat olmayı dilerken, kendisini kanıtlama gereksinimine lanet ettiğini söyler. Onun için, bu, kendisini başkalarına kanıtlama gereksinimi değildir, ne var ki, ölümle yüz yüzeyken bile –dağlardaki ölümle değil, ölüm sürecinin kendisiyle– bazı erdemlere sahip olduğunu kendisine kanıtlamalıdır.

Pek çok insan, hayatını, ölüm karşısında cesaretli olup olamayacaklarını merak etmeksizin yaşar. Eğer bir trende güvenliği bir gangster çetesi tarafından tehdit edilen birinin yanında oturuyor olsalardı ne yaparlardı sorusunun yanıtını bilmek, başkaları için çok önemli olabilir. Duruma müdahale mi ederlerdi yoksa benden uzak olsunlar umuduyla sessizce mi otururlardı? Komşularımızdan birinin gecenin bir yarısında gizli polis tarafından ortadan kaldırıldığı bir ülkede yaşasaydık ne yapardık diye kendilerine sorarlar. İnsanların şanslı oldukları, zira ahlaki cesaretin çok nadiren fiziksel cesareti desteklemek adına ona gereksindiği pek çok Batı demokrasisinde fiziksel cesaretin değeri azaltılmıştır. Yeryüzündeki pek çok ulus bu kadar şanslı değil.

Öyleyse, Bonatti gibi insanların cesaretlerinden duydukları kuşkuyla kendilerine işkence etmeleri, marazi konularla aşırı ilgilenmek demek değildir. Onlar dağlarda, nasıl dağcılar oldukları değil, nasıl insanlar oldukları sorusunun yanıtını ararlar. Bu yüzden, korkaklığının sonuçlarının acısını çekmemiş bile olsa, korkak olduğunun ortaya çıktığını bilmek çok utanç vericidir. Ama korkaklığın, ortağını terk etmeye yol açması mahvedicidir. Dost olmaları en az olası iki insan arasında, fakat dağlarda gelişen arkadaşlık, hayatta kalmayı sağlar, çünkü her biri diğerinin cesaretine güvenmek zorunda olduğunu bilir. Ve tabii ki, bir dağcının korkak olduğu ortaya çıktığında, yakın arkadaşlıklar artık biter. Birinin korkak olduğunu öğrenmek mahvedici de olsa, dağlarda cesaretli olmak, başka yerde cesaretli olunacağına inanmak için iyi bir neden değildir. Gene de, ölümü göze almak, bir tipide ya da birisi düştüğünde onu cesaretle karşılamak önemli bir şeydir ve bir toplama kampında insan kalabilmek için cesaret sahibi olmak da bir diğer önemli şeydir.

Yarış otomobili sürücülerinin de yaptığı gibi, pek çok dağcının dağlara yalnızca kendilerini tanımak için tercih ettikleri bir ortam gözüyle bakmadıklarını düşünüyorum. Belki kaya tırmanıcılarının hepsi olmasa da dağcıların neredeyse tümü dağlarda olmayı sever ve, dağlarda olmayı kırlarda ya da denizde olmaya tercih etseler de, dağlara duydukları büyük sevgi doğa sevgilerinin bir ifadesidir. Doğa sevgileri, dağlara duydukları sevgide kendini gösterir, tıpkı bir arkadaşı sevmenin ya da bir erkeğin karısının sadık sevgisinde bir kadına duyduğu aşkın insanlık sevgisini dışa vurması gibi. Dağcıların doğa sevgisi, onların tırmanma zorunlulukları için herhangi başka bir neden oluşturmaz – bu sevgi genellikle bu ihtiyacı dönüşüme uğratır. Kendilerini, kendilerini tanımaya zorunlu hissetmeleri, bu ya da şu erdeme ya da zaafa sahip olup olmadıkları demek değildir artık. İnsanın koşullarını kavramaya çalışarak kendilerini anlamayı araştırırlar ve bunu dağlarda, doğayla kurulan esas bağın içinde anlamaya çalışırlar.

Bir dağcılık dergisinde, dağcılık etiği üzerine yapılan –çivi ya da bolt vidası, ya da Himalayalar'da merdiven vb. kullanımı hakkındaki– sert tartışmalara yanıt yazarken, seçkin bir İngiliz dağcı, insan eğer bu savın doğurduğu hırsla karar verecek olsa, bunun dağcılık etiği hakkında değil fakat, kastetmiş olduğu ahlak anlayışı ile, 'gerçek etik' hakkında, sarp kayalıklarla ya da dağlarla olan ilişkilerimizden çok (öne sürmüş olduğu gibi) insanlarla olan ilişkilerimizi yönlendiren kurallar hakkında olduğunu düşünerek yanılabilirdi. Dağcılık edebiyatı elbette başkaları için kendi canlarını feda eden soylu ve kahraman insanların öyküleriyle doludur, ama 'dağcılık etiği' üzerine tartışmak, genellikle şimdilerde dayatılan ve bir dağa ya da kayaya tırmanmanın kurallara uygun olarak nasıl yapılacağı üzerine göreli yapay sınırlamalar hakkındadır.

Her ne kadar tırmanış olimpik bir spor dalı olabilecek olsa da, dağcılık konusundaki büyük tartışmalar, bir sporun oyuncuları yöneten kuralları gibi dağcılık uygulamasını yönetebilecek standartlar hakkında yapılmıyor. Çünkü, dağcılık dahil tüm sporlar kurallarının yarattığı birer yapıntıdır ve bu kurallar bir komite tarafından saptanabilir ya da değiştirilebilir. Böyle söyleyerek sporu önemsizleştirmek değil niyetim. Nitelikle ilgilenmek hemen hemen tüm sporlarda esastır. Onlara gösterdiğimiz ilgi, yalnızca bir insan makinenin nasıl işleyebileceğine gösterdiğimiz ilgiye benzemez, bu, insanoğlunun, bitkinliğin, moralsizliğin, kötü bir kaybeden olmak ve hatta hile yapmak için günaha teşvik eden şeylerin üstesinden nasıl gelebildiğine yönelik bir ilgidir. Böyle olmasaydı kimse sporla ilgilenmezdi. Fakat, oyunun kurallarını çiğneyen hiçbir sporcunun, kendini savunurken, vicdanı gereği böyle yaptığını söyleyebileceğini sanmıyorum.

Dağcılar, şaşırtıcı bir derece elde etmek için rekabetçi ve kibirli olabilirler, ancak bir dağa kurallara uygun bir şekilde nasıl tırmanılacağı üzerinde kafa yormak, böyle bir pratiğin rekabetçi boyutlarını artırmayı tasarlamak değildir. Bu, tırmanma tekniklerinin nasıl ilerletilebileceği, dağcılık gereçlerinin teknolojiye koşut gelişmesinin dağa duyulan saygıyı, en iyi haliyle dağın güzelliğini sevmekle derinleşen bir saygıyı nasıl tehdit edebileceği konularında dağcılık kardeşliğini her an tetikte tutmaktır. Dağcılık etiği tartışmalarının bir komite tarafından hiçbir zaman çözümlenememesinin nedeni, dağcıların anarşist bir grup oluşturmaya eğilimli olmaları gerçeğinden çok, işte budur. Ahlak gibi dağcılık etiği de karardan ziyade bir keşif sorunu olarak görülür ve bir ölçüde de daima bir vicdan sorunudur.

İyi bir dağcının, tırmanışı kolaylaştırmak için içine bolt vidası konulan bir hava çekiciyle ve sanırım bir de alüminyum merdivenlerle And Dağları'nda bir zirveye tırmanması, bir öfke seline yol açmıştı. Bu tepki fazla şiddetli olsa da, dağı kirletmesi ve dağcılığın kalbinde olması gereken doğa sevgisine ihanet etmesi aşağılık bir davranıştı.

Asıl etikle dağcılık etiğini birbirinden ayıran yazar, burada, haklı olmaktan çok haksızdır. Ahlaki değeri ancak ahlaki açıdan ciddi bir kişiyle derine işleyebilecekmiş gibi göstermek ve böyle birinin, eğer ki kafası karışık değilse ve kendisini aldatmıyorsa, başka hiçbir değerin asla ahlaki değerle rekabet edemeyeceğini düşünmesi, ahlaklı olmanın başvurduğu eski bir hiledir. Bu hile olağanüstü bir şekilde başarılı olmuştur. Çünkü kimi zaman tırmanma zorunluluğu aile yükümlülükleriyle çok bariz bir şekilde çatışır –ölüm bir aileyi bir anneden ya da bir babadan mahrum bırakabilir–, bazen de, diğer ahlaki yükümlülüklerle çatıştığında onu daha saygın gösterebilmek için ahlaki bir zorunluluğa dönüştürülür. Böylece, tırmanma zorunluluğu ile ailesine karşı olan sorumlulukları arasında sıkışan dağcı, yalnızca çelişkili ahlaki yükümlülükler arasında bocalayan bir kişiye benzemeye başlar. Bu durum onun ya düpedüz sorumsuz ya da patolojik zorunlulukların pençesinde olduğunu gösterir.

Sanırım, bu, onunla çelişen tüm önemli değerlerin kendisinin olduğunu iddia eden, katı ahlakçı bir ahlak görüşüdür. Onun bu buyurgan savlarına direnmeliyiz. Tırmanma zorunluluğu derine işleyebilir ve böyle olduğunda onun derinliği yalnızca psikolojik bir derinlik değildir. Dağcının ihtiyacının bir ölçüde kendisine karşı dürüst olma ihtiyacı olduğu doğru olabilirse de, kendisine karşı dürüst olmanın ne demek olduğu konusunda onu aydınlatan değerler bir tarafsız-değer psikolojisine indirgenemez. Bazen –en iyi zamanlarda– dağcılığın bu zorunlulukları, yani dağcıların neden tırmanmak zorunda oldukları, dışarıdan bakılınca ahlaki zorunluluklara benzer ve, aynı zamanda, içeriden bakan bir psikolojiyle açıklanmaya çalışıldıklarında ahlaki zorunluluklar gibi çarpıtılırlar.

Diğer değerler gibi dağcılığın en derin değerleri de, kendilerini önemsiz gibi görülen ayrıntılarda gösterebilirler. Hatta, diğer zorunluluklar içinde tırmanma zorunluluğu haklı olarak tinsel bir zorunluluk gibi adlandırıldığında, diyelim kendini tanıma, dünyanın dağlarda fark edilen güzelliğine duyulacak hemen hemen mistik bir sevgiyle dönüşüme uğrar, ve zorunluluk çivi ya da bolt vidası kullanan kişinin tutumunda, hatta kişinin nasıl tırmandığında bile açığa çıkabilir. Kişinin, örneğin tırmanışa uygun olmadığı ya da tırmanma becerisine sahip olmadığı için duyduğu utanç, kayanın yüzünde bir patates çuvalı gibi sürüklenmesi ya da halatla tırmanışa tırmanışın liderinden sonra başlaması, kişisel gururun bile ötesine geçebilecektir. Bu, dağa duyulan saygının bir dışavurumu olabilir. Güzelliğinden dolayı bir dağa tırmanan hiç kimse ona bu şekilde tırmanamazdı. Dağa bir parça zarafetle ve aşırı yardım almadan, olması gerektiği gibi tırmanmak, kendi içinde bir ideal olarak daha bir gayretle, daha zarifçe tırmanmak için standartları daima mükemmelleştirilecek bu zorunluluğun bir ifadesinden çok, dağı sevmenin bir ifadesi olabilir.

Birçok dağcı dağlarla olan ilişkilerini anlatırken, insanlarla ilişkilerinden bahsederken daha sıklıkla kullandıkları sözcükleri kullanır – dağa duydukları saygıdan minnettarlıkla söz ederler, tırmanırken özensiz davransalar da dağ onları kolayca affetmiştir. Bazen ondan mağlup edilecek bir düşman gibi, takıntılı bir biçimde söz ederler. Fakat hiçbir dağcı dağların insan olduğuna inanmaz elbet. Dağcılar, iradelerinin, hiçbir şekilde bir oyunun kurallarına benzemeyen ve bir grubun dayatabildiği hiçbir şey gibi olmayan ve kendileri için doğası ancak harici şeylerle açıklanabilir olan gereksinimler tarafından yönlendirildikleri zorunluluklarla sınırlandırıldığı gerçeğini, kimi zaman çok güçlü yollarla ifade eden metaforlarla konuşurlar.

Elbette kişinin mantıksal olarak kendisini bir dağa karşı suçlu hissedemeyeceği doğruysa. Mantıksal olarak hiç kimse yerleştirmesi gerekenden daha fazla bolt vidası yerleştirdiği için vicdan azabı çekemez. Dağlara haksızlık edilemez. Ve birisi eğer gereksiz yardımlarla gerçekleştirdiği bir tırmanış yüzünden utanç duyuyorsa, bu utancı dağın önünde duyamaz. Fakat bu, dışarıdan bakmaya dayalı göndermelerin aldatıcı olduğu ve bu utancın başarı ve (kişinin kendi kendini donattığı) karakter ölçütlerinin bir fonksiyonu olan öz saygıya bağlı olduğu sonucuna yol açmamalıdır.

Belki farklı türde bir örnek, söylemek istediğimin açıklığa kavuşmasına yardım edebilir. Babamın arkadaşı Hora'yla yürürken beni durdurduğu, yüzündeki ifadenin şaşkınlığa dönüştüğü bir an anımsıyorum. "Bak," demişti, "nasıl şaşırtıcı bir yaşam bu." Betondaki küçük bir çatlaktan çıkıp güneşe doğru uzanmış yassı ve uzun bir çimen yaprağını gösteriyordu. Bu çimenin orada nasıl büyüyebildiğinin tamamen doğal bir açıklaması, herhangi birinin de onun kabul ettiği gibi tepki vermeksizin kabul edebileceği bir açıklaması olduğunu biliyordu elbette. Ve bu aynı açıklama, yalnızca bir olay gibi düşünüldüğünden, şaşırılan tek şeyin bu olmadığını ortaya çıkaracaktı. Hora hepsini biliyordu. Kafası karışık ya da şaşkın bir hali yoktu. Doğaya duyduğu büyük saygıyı, onda hep var olan ama bu çimen yaprağının görüntüsüyle yoğunluğu yeniden en yüksek noktaya ulaşan bir saygıyı yansıtıyordu.

Şimdi de, yanımızda Hora'nın şaşkınlık ünlemini duyan birisinin olduğunu ve çimen yaprağını –belki de Hora'ya sinirlendiği için– geriye sadece betonun üzerinde yapışkan yeşil bir leke kalana kadar, tabanını yukarı aşağı sürterek ayağıyla iyice ezdiğini farz edin. Bu kişinin daha sonra kendinden utanması olasılığının birden fazla nedeni vardır. Utanabilir çünkü yaptığı şey doğrudan iyi bir insan olarak bildiği Hora'yı hedef almıştır. Hareketlerinin açığa vurduğu küçüklük ve kabalık nedeniyle utanabilir. Fakat tüm bunlara ek olarak, Hora'nın hayata duyduğu büyük saygı karşısında utanmış ve yaptığının sadece önemsiz ve temel güdüleyicilerin bir ifadesi olmadığını ya da işlediği suçun Hora'ya karşı değil de Hora'nın büyük saygı duyduğu hayatın kendisine karşı olduğunu fark etmiş olabilir. Hora diğer kişinin yaptığını yapmamış olabilirdi ve bu olanaksızlığın açıklaması Hora'ya değil de, onun şaşkınlığını gözler önüne seren dünyanın kendisine görünebilirdi.

Böyle bir şey, çimen yaprağını ezen kişi için geçerli olabilir. Ve bazen de, aynı şeyi sadece çiviler sayesinde yaptığının farkına vardığında, tırmanışına devam edemeyen dağcı için... Neden daha fazla tırmanamayacağını anlamak için onun psikolojisine değil, bunu bir pislik gibi gören kavrayışın nasıl bir kavrayış olduğuna bakmalıyız. Sevgi, sahte biçimlerin sevilen şeyin bağımsız gerçekliğine saygı duymakla ayırt edildiği her yerdedir. Bu durum insanlar söz konusu olduğunda çok aşikârdır, fakat aynı zamanda hayvanlar ve doğa için de geçerlidir.

Doğa sevgisinden çok fazla söz etmek, biraz önce belli bir mesafede tutmak istediğim romantizmin bir örneği gibi görünebilir. Dağ romantizminin büyük geleneği Avrupa Alpler'inde yoğunlaşmıştır. Görkemli, soylu ve vahşi olsalar da, Alpler'e tırmandığınızda uygarlıktan asla uzaklaşmazsınız. Yazın tarlaların arasından yürüyerek sadece bir bir buçuk saatte, kayalardan ve buzdan oluşan çıplak kırsal manzaraya ulaşırsınız. Kulaklarınızda düşen kayaların ve çığların eksilmeyen gümbürtüsü, buzulların ve zirvelerin soğuk ve kasvetli, cansız ve insanın gözünü korkutan dünyasından aşağıya inerken, köye varmazdan önce, keçilerin ve ineklerin boyunlarındaki çan seslerini dinleyerek, yer yer yabani çiçeklerin olduğu uzun, yumuşak ve yeşil çayırların arasında uzanıp belki bir saatliğine kestirmenin keyfini anlatmak oldukça zordur. Bir Alp tırmanışının yoğun ihtişamını ve perişanlığını ardınızda bırakarak köye dönmek, bir süre için tedirgin edici ve hatta yabancılaştırıcıdır, fakat sıradan insanların çevrelediği bir sokak kafesinde oturup salata ve zeytinli bir biftekten sonra yenilen büyük bir tüp Fransız dondurması, sizi yavaş yavaş insanların dünyasına ve bu dünyanın her günkü değişken havasına iade eder. Apler'deki köylerin hepsinde, yaşadıkları serüvenlerin hazzı ya da kimi zaman da yüksek dağlardaki çığların ve şimşeklerin dehşeti yüzlerinden yansıyan genç erkekler ve kadınlar görürsünüz, bazen de bu yüzler bir arkadaşın ölümünü nasıl kabulleneceğini bilemeyen acı bir tükenmişliği yansıtırlar. Dünyada, Avrupa Alpleri'nden başka hiçbir yerde böylesi dramatik çelişkiler yaşanabileceğini sanmıyorum. Bu dağlar nesiller boyunca dağcıları romantizmle beslemişlerdir.

Avustralya'da bu durum farklı olabilir. Dağlar bu denli dramatik olmasalar da çok uzaktadır ve çoğunlukla etekleri içine girilemez çalılıklarla kaplıdır. 1971 yılının kışında, çevreci turizmin, hatta kayak turlarının yaygınlaşmasından çok önce, üç arkadaşımla birlikte Tasmania'daki Gradle Mountain National Park'a gitmiştim. Mt Geryon'un dik uçurumlarıyla kesilen sel yataklarında, buz tırmanışı yapabileceğimiz bir yer arıyorduk. Bildiğim kadarıyla bütün parkı dolaşmış, parkta geçirdiğimiz iki hafta boyunca bu iş için uygun hiçbir yer bulamamıştık. On beşinci güne kadar taşımak zorunda olduğumuz yiyecek, en az tırmanış gereçleri ve elbiseler kadar ağırdı. Sırt çantalarımız neredeyse kırk kilogramdı. Sık sık kayın ağaçlarının kaygan köklerine ya da insanı çileden çıkaran düğme otlarına* takılıp devrildiğimizde, yardımsız doğrulamazdık.

St Clair Gölü'nü olması gerekenden daha geç bir vakitte geçtik ve ormandan çıkar çıkmaz, kulübeye bir kilometreden daha az kalmıştı ki, karanlığa yakalandık. Karanlıkta yolumuzu kaybettik ve

* "Button-grass" yerine; (*Schœnus sphærocephalus*). Dört beş metrelik ince bir sapın üstündeki yaprakların ucunda, yuvarlak, düğmeye benzeyen çiçekleri (*capitate inflorescence*) olan bitki. (ç.n.)

aniden kendimizi bir bataklıkta bulduk. Kimi yerde yüksekliği belimize kadar gelen suyun içinde ümitlerimiz de suya düşmüş halde yürürken, çok yakınında olduğumuz kulübeyi bulmak için hemen hemen hiç şansımızın olmadığını biliyorduk. Derken bataklıkta küçük bir adaya rastladık ve geceyi geçirmek için orada çadır kurmaya karar verdik.

Parkta geçirdiğimiz zaman boyunca elbiselerimiz hiç kurumamıştı. Doğanın daha önce bu mıntıkada, hatta yüksek dağlara özgü bölgelerde bile, böylesi acımasız düşmanlığına asla tanık olmamıştım. Hemen hemen her gün gözlerimizin önüne eşsiz güzellikte manzaralar serse de, bunları bir kez olsun dostlukla sunduğunu hissetmedim. Sadece beş altı gün sonra, özellikle de buz yerine yumuşak kar bulduğumuzdan beri moralimiz iyice bozulmuştu. İyi yemek ve kuru giysilerden başka bir şey düşünemiyorduk. Bonatti'nin K2 İtalyan tırmanışı anlatısını anımsadım. Dağcıların bir süre sonra genç ve seksi kadın yerine, kendilerine salata, pasta ve yeni pişmiş et servisi yapan şişman ve anaç kadın hayali kurduklarını söylüyordu.

Bir gün, kulübenin tam arkasındaki dağa tırmanmaya karar verdik. Dağın görünen yüzüne dümdüz yürümeyi kararlaştırdık, ki bu öncelikle çalılıkları geçmek demekti. Karmakarışık ağaçların arasından geçen bir yol seçtiğimiz için, hemen hemen bir kilometrelik yolu yaklaşık üç saatte kat etmiştik. Ağaçların dalları yüzümüze kamçı gibi çarpıyor, dalları kenara itebilmek için kollarımızı havaya kaldırıyorduk, bu sefer de kar anoraklarımızın kollarından içeri doluyordu. Bütün bir gün geçit vermeyen doğaya lanet ederken, ıslak ve soğuk bir gecenin ardından ve daha yakındaki bir dağa tırmanmanın nispeten basit hazzıyla yüzümüzü dağın yüzüne dönmüştük ve öğleden sonra da zirvedeydik. Biraz çikolata ve donmuş parmaklarla yavaş yavaş, güçlükle sarılmış bir sigaranın tadını çıkardık zirvede. Parkın ve tepelerin akşam güneşinin kızıllığına batmış görüntüsü, derin bir keder ve merhamet duygusu uyandırıyordu.

Aşağının yolunu tuttuk. Eğim fazlaydı ancak önceki gece yağan kar hâlâ yumuşaktı, bu yüzden halat döşemedik. Pek çok defa birlikte tırmandığımız ve kaya tırmanışları sırasında çok defa düşmemi önleyen iyi arkadaşım Dave, muhtemelen benim elli altmış metre önümdeydi. Kardan dışarı pırtlamış bir metrelik bir çalının yanında çiş ediyordu. İnerken düştüm ve karda biraz kaydım, tehlikeli değildi çünkü böylesi yumuşak karda çok uzağa kayıp sürüklenemezdim. Fakat kar yeni yağdığı için yapışkandı ve hemen küçük bir çığ oluştu. Dave'in yakınına geldiğinde çığın onu sürükleyebilecek kadar büyüyeceğini görebiliyordum. Yirmi metre kadar gerisinde en az seksen metrelik bir uçurum vardı.

Oturmuş çığın büyümesine ve giderek hızlanmasına bakıyordum. Dave'i devireceği ve cesedini dibine gömeceği uçuruma doğru sürükleyeceği hemen hemen kesin diye düşündüm. Buna rağmen, tüm olan biteni ağır çekimmiş gibi ve oyalayıcı bir dalgınlıkla seyrediyor, düşmüş dağcı pantolonuyla hangi yöne gideceğini düşünüyordum. Bir çalıyı yakaladı ve çığ yanından geçip gitti.

Çok uzun bir süre geçmemişti ki, bir İngiliz takımının Everest tırmanışını konu alan bir film izledim. İki dağcı, oksijen olmadan zirve denemesi yapıyorlardı. Tırmanışın lideri rampada tükenmiş ve devrilmişti. Yıllardır birçok tırmanışı birlikte yaptığı arkadaşı onun öldüğünü sandı. Yere yıkılan arkadaşının ceplerini kabuklu yemiş* var mı diye araştırıyordu. Öldüğü için yemişlerini alabilirim diye düşünmüştü. O kadar. Başka hiçbir şey düşünmemiş, hiçbir şey hissetmemişti.

Birçok dağcının tırmanış sayesinde araştırmak zorunda olduğu insan doğasını anlamaya ilişkin zorunluluktan söz ettiğimde, bu zorunluluğa beslediğim sempatiyi ifade ettim. Benim kendi duyarlığım büyük ölçüde bununla ve çocukluğumun kır manzaralarının etkisiyle biçimlenmiştir. Bununla birlikte, doğanın ya da hayvanların herhangi bir türüne yönelik ilginin, insan doğasının tam olarak gelişiminde temel olduğuna inanmıyorum. Doğada ve kırlarda yapılan modern kutlamalarda, kimi zaman, doğaya hiç ilgi duymayan, kendilerini çeşitli fiziksel biçimlerde yetersiz hisseden insanlara karşı

* "cashew-nut" yerine. Batı Hint Adaları ve diğer tropik bölgelerde yetişen büyük bir ağacın (*Anacardium occidentale; cashew-tree*) böbrek şeklindeki yemişi. Yemişin üç tabakadan oluşan kabuğunun orta tabakası çok acı ve siyah bir yağ içerir, bu yüzden, yemişin yenmeden önce kavrulması gerekir. (ç.n.)

sahte bir tevazuuyla davranma ve hatta onları hor görme tehlikesi içindeyizdir. Bizler daima, Marx'ın tanımladığı ideal yaşam karşısında çaresizizdir: bütün hayatımızın, sabahları felsefe okuduğumuz, öğleden sonraları ellerimizle çalıştığımız ve akşamları balık tuttuğumuz bir hayat gibi olması. Ne var ki, yalnızca felsefe çalışmak isteyen, asla kentten ayrılmayan, hayvanlara karşı bir şey hissetmeyen ve elleriyle bir şey yapmak söz konusu olduğunda gerçekten yetersiz olan insanlar vardır. Bu insanların hayatlarında hiçbir şeyden yoksun kalamamaları da önemli bir durumdur. İngiliz filozof Stuart Hampshire, diğer kültürlerden birtakım bilgilerle ve insan olmanın olanakları içinde yaratıcı bir düşünceyle donanmış herhangi bir insanın, birbiriyle kıyaslanamaz pek çok yaşam tarzı olduğunun farkına varması gerektiğini söylemiştir. Unutulmaz tümcesinde de, hepimizin mezara yan yatmış olarak, dengesiz bir şekilde gittiğimize işaret etmiştir. Kısmen doğru bu söylediği.

Norman Malcolm, *Wittgenstein* biyografisinde şöyle der: Filozof ölüm döşeğindeyken hizmetçi kadından, dostlarına 'harika bir hayatı olduğunu' söylemesini ister. Malcolm, Wittgenstein'ın bunu ömrünün büyük bölümüne damgasını vuran böylesi acı bir durumda söylemesini çok dokunaklı bulduğunu ifade eder. Bununla birlikte, bu perişanlığın bilgisinin Wittgenstein'ın söylediğine meydan okuma nedeni olamayacağını ileri sürmez. Wittgenstein yaşamına *biçtiği değeri* ifade ederken sıradan bir düşüncede değildi. O bunu koşulsuz bir minnettarlıkla ifade ediyordu. Hiç kimsenin, kendi minnettarlığını nitelikli kılmak için ona meydan okuma hakkı yoktur.

Kadın ya da erkek hiç kimse için, Wittgenstein'ın ifade ettiği gibi bir minnettarlığı ifade edemeyeceğini söyleme hakkımız olamaz. Bütün ömrünü doğal dünyadan ayrı geçirmiş bir kimsenin harika bir hayatı olduğunu açıklıkla söyleyemeyeceğini düşünmemize yalnızca küstahlık ve aptallık neden olabilir.

Küstahça Bir Kibir mi?

Jack ve Orloff'la birlikte kırda yaşadığımız dönemde, babamla benim, bize hepsini Bimbo diye çağırdığımız bir sürü buzağı veren Rusha adında bir ineğimiz vardı. Babam içlerinden birini yemek için kesti. Bunu yaparken bakamamıştım. Buzağıyı kestikten sonra eve döndüğünde sarsılmış bir haldeydi. Onun bu görüntüsü yıllarca içime dert oldu. Yapmış olduğu şeyin korkunç olduğuna inandığını biliyordum. Çünkü o benim babamdı ve sadece yedi yaşında olduğum için yaptığı herhangi bir şeyin onu böylesine rahatsız edebileceğine, aynı zamanda hataya sürükleyebileceğine inanamazdım.

Sonraki günlerde de bu sarsıntı dinmedi. Benimle bu konu hakkında konuşmasa da, annemle ve Hora'nın buzağıyı kesmesine yardım eden erkek kardeşiyle konuştuklarına kulak misafiri oldum. Duyduklarımdan, kendisinden utandığını öğrendim, fakat ben aynı zamanda onun bu sarsıntısına utançtan daha derin bir şeyi ifade eden bir anlam yükledim. Hiçbir zaman doğru dürüst anlayamadığım nedenlerden ötürü, babam ve Hora'nın erkek kardeşi, onlara inatla direnen buzağıya uzun süre boyun eğdirememişlerdi. Babam yerin dibine geçmişti, bu kepazeliğin esas nedeni buzağıyı öldürmesi değil, ona acıyıp merhamet etmemesiydi. Vermeyi reddetmekle sergilediği küstahça kibri bir türlü kabullenemedi. Utancının asıl kaynağı, sonunda böyle bir adam olup çıkmasıydı. Daha derinlerine işleyense, doğanın düzenindeki bir şeye aykırı davranmış olduğuna inanıyor olmasıydı.

Daha önce onun şefkatli kaderciliğinin yaşayan her şeyi, onları besleyen toprağı bile kapsadığını söylemiştim, hatta toprağın, kuraklığın üzerinde çatlaklar açtığı, çimenleri kavurup kuruttuğu ve kırları azaltıp toza dönüştürdüğü halini bile. Buzağıyı öldürürkenki davranış biçimi, her ne kadar ipuçları Jack'e ve Orloff'a yönelik tavrında sezilse de, babamda henüz tam anlamıyla yerleşmemişti. Ancak delirdikten ve deliliğin dehşeti ona bu illetin acısını tattırdıktan sonra derinleşti ve dünyayla kurduğu uyumu tanımlar hale geldi. Buzağıyı öldürme biçimine tepkisi, sanırım, dönüştüğü şeyi, yaşayan her şeye borçlu olduğuna inandığı merhamet duygusuna nasıl olup da aykırı davrandığını ima ediyordu. Merhametinin yalnızca nesnel bir dünyaya yüklediği öznel bir tutum gibi bir şey olduğunu asla düşünmedi. O bunu sanki dünyayı gerçekten olduğu gibi gösteren bir yetenekmiş gibi dışa vurdu. Bu, tıpkı merhametin ona bunu göstermiş olması gibi, acıyıp merhamet etmeyi reddettiğinde aykırı davranmış olduğuna inandığı dünyaya aykırıydı.

Diğer yaşam biçimlerine karşı sergilenen küstahça kibir için ağlayıp sızlanmak yaygın bir durumdur ve, bazen, bizim kendini beğenmişliğimizle ve doğaya hükmetme hakkını kendimizde görmemizle alay ederken aldıkları hazla birlikte, bizzat bu sızlanmalar küstah ve kibirlidir. Böylesi küstahça bir kibir asıl ağlayıp sızlanmanın türlü biçimleri için tehlikelidir, zira bunlar sıradan insani kaygılarımızdan daima belli bir mesafe ötede gerçekleşirler. Bazen, bu mesafe, herhangi birinin, gerçek insani kaygının duygudan ya da şefkatten yoksun güçlü bir egodan kaynaklanan biçimlerini ayırt edememesine yol açar. Ağlayıp sızlanmamızın nedeni, içinde bir 'toz zerresi' gibi göründüğümüz evrenin kendisi olduğunda, acıyı ifade eden ses yöreden yöreye farklılık göstermek zorunda olsa bile, yapıyor ve acısını çekiyor olduğumuz şeyin anlamını içimizde duyduğumuz şefkate farklı farklı açıklayacak sesler duymak olanaksızdır. Sonuç, öyleyse, nesnel olarak hiçbir şeyin öneminin olmadığıdır. Sonuç, önemi ve anlamı olan bir şey kavramının evrenin bakış açısından bir uygulaması olamaz şeklinde olmalıdır. Öyleyse, ne bu önemsiz iddianın ne de bu önemsiz inkârın anlamı vardır.

Böceklerin üzerine basmamaya çalışan Albert Schweitzer'le sevecen bir biçimde alay edilmiştir. O, mikroskop altında gördüğü mikroplar dahil yaşayan her şeye yönelik bu davranışını Yaşama Saygı olarak ifade eder. Şöyle yazar:

> Farklı yaşam biçimleri arasındaki değerin geçerli farklılıklarından evrensel anlamda vazgeçmeye kalkışmak, –kendimizi yargıladığımız gibi– onların da biz insanlardan az ya da çok bir mesafe ötede duruyor gözükmeleri yüzünden yargılanmalarını sona erdirecektir. Fakat bu tamamıyla öznel bir kıstastır. Aramızda kim başka tür bir hayatın kendi içinde ve evrenin bir parçası olarak nasıl bir anlamı olduğunu bilir?

Birçok anlamda takdire değer olsa da Schweitzer'in söyledikleri aptalcadır, ne var ki, bana biraz çılgınca gibi göründüğünü itiraf etsem de, mikropları öldürmekten pişmanlık duyduğu için değil. Gene de, bu kendine sitem etme konusunda muhtemelen okurların da aynı şeyi hissedebileceğinin farkındayım, bir örümceği lavabo deliğinden akıtmanın ya da kır çiçeklerini düşüncesizce ezmenin bile insana makul gelebileceğini söylediğimin de farkındayım. Söylediklerinde aptalca bulduğum, insan hayatını kurtarmak için mikropları öldürürken vardığı öznel yargıya ilişkin iddiasıdır. Hangi açıdan özneldir bu yargı?

Nesnel ve öznel, insanın başını kolayca belaya sokan sözcüklerdir, fakat sanırım nesnelliğin kuralları olan bir kavram olduğu tartışılmaz. Bu durum nesnel olmayı başaramamak için kötü bir şeydir, zira kişi ancak nesnel olduğunda 'şeyleri oldukları gibi görebilir'. Schweitzer vardığı yargı için 'öznel' olduğundan dolayı özür dilerken ya da onu bir koşula bağlarken, ya nesnel bir yargının onunla uyuşmaz olduğunu ve bu uyuşmazlığı belli ettiğini ya da varılacak nesnel bir yargı gibi bir şeyin olmadığını söylemeye çalışır. Bence birincisini söylemek ister, çünkü eğer nesnel yargının prensip olarak bile var olamayacağını söylemek isteseydi, o zaman varılan yargının, sanki bir kusurmuş gibi, olabilecek tek yargı biçimi olduğunu 'kabul etmesinin' bir anlamı olmazdı kuşkusuz.

Bu tür tartışmalarda, her ne kadar bu yer, kabul edelim ki, şeyleri evrenin bakış açısından görmeye çalışmak için iyi bir yer olmasa da, kişinin ayaklarını yere basması iyidir. Ne var ki, gerçekten bunları söylemek istediğini, ya da söylüyor olduğu sözlerin anlamı olduğunu, ya da, gerçekten anlamlılarsa eğer, kişinin bunları söyleyerek ciddi bir şey söyleyebileceğini kendisinin ve diğerlerinin fark edebilmesi için, –kendisi dahil– herhangi bir kimseyi ciddiyete, sözlerinin arkasında durmaya gereksinebileceği bir çeşit ağırbaşlılığa davet edebileceği tek yerin de burası olduğunu düşünüyorum. 'Evrenin bakış açısından kaygılarımız hiçbir şey ifade etmez' tümcesinin, sözcükleri bir şey söylemek isteyen bir tümce olduğunu farz ediyorum, fakat bu sözcükleri söylemekle, hakiki ve insani alışverişe benzeyen herhangi bir konuda ciddi hiçbir şey söylenemeyeceğini düşünüyorum.

Her insan yaşamı değerlidir. Bunun gibi, farklı şekilde olmasına rağmen hayvan yaşamı da değerlidir, ve gene farklı şekilde de olsa, bitkilerin, ağaçların, kırların ve ıssız yerlerin yaşamları da değerlidir. Farklı biçimlerde değerlidirler derken söylemek istediğim, bu saygı her defasında kendini farklı yollarla açığa vurmasına rağmen, bütün hepsinin saygıyı, çağlar boyunca sahip oldukları saygıyı esinleyebilecek olmalarıdır. İnsan hayatına duyulan saygı, diğer insanların kişinin isteğine bağlı oldukları türden bir sınırda belli eder kendini – koşulsuz haklara sahip olduklarını ya da bunların kendi içinde sonlu haklar olduklarını söylediğimizde ifade ettiğimiz türde bir sınırdır bu. Bu, bir insanın böylesi sınırları ihlal edip de bir insanı öldürdüğünde hissettiği vicdan azabında dramatik bir biçimde görülür. Biliyoruz ki insanlar katil ya da cinayete ortak olarak birbirlerini öldürebilirler, her ne kadar olmamalarını dilesek ve yaptıkları için onları kınasak da, insanların birbirlerini öldürmek istemelerini anlaşılır bulmamız başka bir insanı öldürmenin ne anlama geldiğine ilişkin kavrayışımızın bir parçasıdır.

Bütün acılara katlanabilmenin onlar hakkında öykü anlatmakla olası olduğunu söyleyen Isak Dinesen'den bir alıntı yapmış ve ardından bu harika anlayış için duyduğum takdirin niteliğini belirtmiştim. Şimdi de başka ve daha radikal bir şeye girişeceğim. İçkin ölüme karşı tepkimiz, her canlının ölümlü olduğu bilgisinde bulunan yalnızlık duygusu ve teselli arasında bocalar durur, ancak bu tereddüt kafa karışıklığının bir göstergesi değildir. Gene de, sadece soysuz bir vicdan azabı teselliyi suçlu bir toplumda arayabilir. Vicdan azabı, hem kurbanı hem de kurbana haksızlık eden kişiyi diğer insanlardan radikal bir biçimde ayırır. Vicdan azabının, bunun acısını çeken insana yükleyebileceği, onu intihara sürükleyebilecek boyuttaki ahlaki umutsuzluğun, suçluların radikal biçimde nadir bulunduğu gerçeğinin atfetmiş olduğu bir gölge, berrak bir kefaret için gerekli olan net görüşü karartan psikolojik bir gölge olduğunu düşünüyorum. Mikropları ya da böcekleri öldürdüğü için kendisini öldürmek isteyen bir kimsenin durumu bile anlaşılır değildir ve eğer bunu bir hayvanı öldürdükten sonra yapmak isterse, bu, erdemlerden çok ahlaki zaafları gösterir. Eğer babam buzağıyı öldürdükten sonraki günlerde kendisini silahla vurmaya çalışsaydı, ben bunu buzağıya duyduğu merhametin derinliği olarak değil, aklını oynatmaya başladığının bir işareti olarak alacaktım.

Ve, tabii ki, bu büyük pişmanlığın birçok yozlaşmış biçimi dahil vicdan azabı konusunda kafa yormak, bize bir kişiye kötülük yapmanın ne anlama geldiğine ilişkin kavrayışımız konusunda pek çok şey öğretebilir. Yaşama saygı ya da yaşamın kutsallığı duygusu, cinayet suçlusu birinin ağırbaşlı ve açık bir biçimde duyumsadığı vicdan azabı hakkında elbette bir şeyler anlatabilir, ama *bu* anlatım nasıl olursa olsun, suçun hayata ya da genel anlamda kutsal olana değil fakat belirli bir bireye karşı işlenmiş olduğu gerçeği üzerine odaklanmalıdır. Vicdan azabıyla yanan biri, yapmış olduğu şeyin anlamının farkında olarak ve acı içinde, "Tanrım, ne yaptım ben?" diye bağırdığında, onun ya da herhangi başka birinin ayrıntısıyla vereceği hiçbir yanıt fazlasıyla genel olamaz. Bu, onun toplumsal sözleşmeyi çiğnemiş ya da ussallığa ihanet etmiş ya da yaşamın kutsallığına karşı gelmiş olduğu şeklinde bir yanıt olamaz.

Neden çok açık: Böyle bir yanıt ilgiyi kendisine kötülük edilmiş bireyden başka yöne çevirir. Bir insanın öldürülmesi söz konusu olduğunda, öldüren birey eğer kendi vicdan azabının odağında değilse, herhangi biri yaşamın saygınlığından bahsederken ne söylemek isterse istesin, bir insan yaşamına saygı duymakla ya da onu kutsal bulmakla kastedilen şeyi ıskalar. 'Yaşam' sözcüğü yaşayan her şeye verilen etik tepkilere hangi bütünlüğü kazandırırsa kazandırsın, 'yaşam'ın çok anlamlı bir sözcük olduğu gerçeğine karşı uyanık olmazsak eğer, bu bütünlük yalnızca çarpıtılacaktır.

Vicdan azabının kötülük edilmiş bireyde odaklanması, bu konu hakkında düşünen filozofları büyük sıkıntıya sokmuştur. Fred öldürüldüğünde ona yapılan kötülük, Tom öldürüldüğünde ona yapılanla aynı olacaktır. Cinayeti korkunç yapan Fred'in ya da Tom'un öldürülmesi değil, bir insanın ya da bir kişinin ya da ussal bir failin öldürülmesidir derler. Fred'i böylesine farklı, renkli ve sevimli yapan kişilik özellikleri konumuz dışındadır.

Doğrudur bu. Fred'in ayırt edici özelliklerinin, onu liberalizmin bireysellik kutlamasının medarı iftiharı haline getirecek olan farklı kişiliğinin, öldürülmesindeki ahlaki korkunçlukla bir ilgisi yoktur. Ama bu tür bir bireysellik, onun değerli olduğu düşüncesiyle yan yana gitmesi anlamında, onu yeri doldurulamaz yapan bir bireysellik değildir. Hangi ayırt edici özelliğe sahip olurlarsa olsunlar, isterse bu özelliklerden yoksun olsunlar, onlara kötülük yapmanın anlamı konusunda bilgi veren, her insanın değerli ve yeri doldurulamaz olduğunu söyleyen bir düşüncedir bu. Hayvanlara yönelik tepkilerimizdeki fark, bu tür bir bireyselliğin onlarda hafifletilmiş olma derecesinin bir işlevi olmasıdır. Hiç kimsenin örümcekleri lavabo deliğinden akıttığı ya da sineklerin kanatlarını yolduğu için cidden vicdan azabı çektiğini söyleyememesinin nedeni, böceklerin bu hafifletilmiş bireysellikte hiç pay sahibi olmamasıdır.

Vicdan azabı bazen ahlaki bir pişmanlık olarak nitelenir. Eğer vicdan azabı örümceği lavabo deliğinden suyla akıttığı için kendine sitem eden birinin hissettiğini tanımlamak için doğru seçilmiş bir sözcük değilse, doğru sözcüğün 'pişmanlık' olduğunu düşünebiliriz. Fakat şimdi de birisi çıkıp, örümceğe yaptığımız şeyden duyduğumuz pişmanlığın bir vazoyu, üstelik de manevi değeri çok büyük olan ve bu yüzden yerine yenisinin konulamayacağı bir vazoyu kırmamızdan ötürü duyduğumuz pişmanlıktan ne farkı olduğunu soracak olsa, yanıtın, örümceğe yaptığımızdan duyduğumuz pişmanlığın etik anlamda bir pişmanlık olduğu görülür. Bunun anlamı, bu tür bir pişmanlığın, öldürülen özel bir örümcek üzerinde değil, yalnızca kişinin karakterinde etik olarak ayıplanacak bir özellik üzerinde odaklanacak olması mıdır?

Sanırım değil. Eğer bir insan bir çocuğa örümcekleri lavabo deliğinden akıtmamasını öğretmeye çalıştıysa, "Önemli olan senin karakterindir, örümcek değil," diyemez (dememesi gerekir). Örümceğin önemi yoksa –suyla akıtılan bu özel örümceğin– çocuğun karakterine ilişkin neyin kaygı verici olduğunu anlamak zordur. Ya da, başka türlü söylersek, çocuk bu özel örümcek için kaygılanmazsa, o vakit onu suyla akıtmaktan vazgeçmesi karakterinde olması istenilen etki olmayacaktır. Bunu, varlığı Hora'nın hayata duyduğu saygıyı yeniden uyandıran çimen yaprağını boşuna ezmeye çalışan o farazi kişiyle karşılaştırın. Bu çimen yaprağı anlaşılır bir şekilde onun pişmanlığının odağında olamaz ya da utancının niteliği hakkında bilgi veremez.

Bu bireye atfedeceğimiz önemin yeri doldurulamaz olduğu düşünülür ve bunun birine kötülük yapmanın cidden ne anlama geldiğine ilişkin kavrayışımız ile bağlantısı ve her ikisinin benim anlam alanı dediğim şeyle ilişkisi, kendini sık sık yaşamın içinde belli eder. 11 Eylül'deki terörist saldırıların şokuyla yazarken, insanlardan duyduğum ve neden bu kadar endişe verici olduğunu çok düşündüğüm bir tümce vardı: 'Onlar' bireye bizim verdiğimiz biçimde değer vermezler. Bu sözle, bizler liberal demokrasilerde bireyselliğe politik bir ideal olarak değer verirken, 'onlar' kendi ahlak anlayışları gereği çok daha fazla kolektivizm yanlısıdırlar mı demek isteniyordu? Hayır, 'onlar'ın bireye 'bizim' verdiğimiz biçimde değer vermedikleri iddiası, 'onlar' için insan yaşamının bizim için olduğu kadar önemli olmadığı iddiasıyla hemen hemen aynı kapıya çıkar. Bu yüzden 'onlar' böyle korkunç şeyler yapabilirler.

Bireysel yaşama 'onlar'ın vermedikleri tarzda değeri kim verir? Yanıtın, sivil toplumdaki bizler olduğu görülüyor. Kim 'onlar'? İntihar bombacıları elbette, fakat aynı zamanda bombacıların geldiği ülkelerin ulusları da – yoksul ve nüfusları aşırı kalabalık ülkelerde yaşayan ya da yaşadıklarını düşünen koyu tenli insanlar.

Yakınlarda ölen oğlunun yasını tutan bir kadın tanımıştım. Televizyonda gördüğü ve Amerikan bombardımanı sırasında ölen çocuklarının yasını tutan Vietnamlı anneleri anlatıyordu: "Bu onlar için farklı bir durum, onlar hemen bir tane daha yapabilirler." *A Common Humanity: Thinking About Love & Truth & Justice* adlı kitabımda ona 'M' demiştim, burada da aynı şeyi yapacağım. Batı Avustralya'daki Aborijinlerin koruyucusu James Isdell, çocukları ellerinden alınan Aborijin kadınları hakkında hemen hemen aynı şeyi düşünüyordu. 'Melez* bir çocuğu, annenin anlık acısı ne denli büyük olursa olsun, bir an bile tereddüt etmeden annesinden nasıl ayırdığını' açıklarken, "Çok geçmeden evlatlarını unuturlar," demişti.

Isdell ve M, yalnızca onları seven insanlar için değil, fakat bütün insanların kesinlikle, tartışılmaz bir şekilde biricik ve yeri doldurulamaz olduğunu söylerken kastettiğimiz şeyi, ırkçı karalamalarının kurbanlarının da birer birey olabileceğini göremiyor. 'Bizim' çocuklarımızın yeri doldurulamaz, fakat 'onların' çocuklarının yeri, tıpkı ev hayvanlarımız gibi doldurulabilir. M ve Isdell'in düşündüğü şey işte bu.

M ve Isdell tarafından ifade edilen sözler, ırkçı karalamaların hangi boyuta ulaştığını gösterir: 'Onların' söylediği ve yaptığı her şeye. Hiçbir şeyleri –aşkları, acıları, sevinçleri, nefretleri– 'onlarda' derine nüfuz edemez. Bu durumdaki insanları gören herhangi biri, 'bize' yapıldığı gibi ya da en az 'bize' yapılan kadar kötü bir kötülüğün 'onlara' da yapıldığına inanamaz. En doğal anlatımla, 'onları' 'eksik bir insan' olarak görürler.

M ve Isdell'in algıladıkları gibi, onların karalamalarına maruz kalmış –her insanın, doğada bildiğimiz başka hiçbir şeyin olmadığı kadar biricik ve yeri doldurulamaz olduğuna ilişkin düşüncemizi kısmen koşullayan kısmen de ifade eden ilişkilerden yoksun– kurbanlardan oluşan ulusların ya da ırkların olduğuna inanmamız için hiçbir neden yok. Bu gerçeğin kabullenilmesi, yeryüzündeki tüm ulusların ortak bir insanlığı paylaştığını kabullenmenin en önemli göstergesidir.

İnsanlar, sık sık, keşke tüm insanların temelde aynı olduklarını görebilsek ve anımsıyor görünebilsek, o vakit adil bir dünyayı umut

* "Half-caste" yerine. İki ayrı ırktan ya da toplumsal sınıftan oluşmuş bir ulustan meydana gelen kast ya da ırk. Buradaki anlamı, Avrupalı bir baba ve yerli bir anneden olma çocuk. (ç.n.)

edebilmek için bir nedenimiz olurdu derler. Bu sözde gerçeklik payı var, fakat yalnızca, ortak yanlarımız olduğuna ilişkin algımız, M ve Isdell'in kendileriyle karaladıkları kurbanlar arasında ortak yanlar olduğunu kabul etmelerinin ötesine geçebildiği ölçüde.

Onlar, Aborijinlerin ve Vietnamlıların da kendileri gibi sevgi bağları oluşturduklarını, ölümlü ve kötü talih karşısında çaresiz olduklarını biliyorlardı, ve kuşkusuz rasyonel, kimi zaman çıkarcı kimseler olduklarını da. M ve Isdell, karalamalarının kurbanları hakkındaki gerçekleri bizim normal karşılamamızdaki cehaletin sıkıntısını çekmediler. Onlar, anlam körlüğünün sıkıntısını çektiler. Çocuklarını kaybeden kadınların kederi onlar için görülebilir ve işitilebilir olsa da, onlar bu kederi bu kadınların yüzlerinde göremediler ya da seslerindeki acıda duyamadılar, oysa bu acı, kalplerini dağlayan ve kalan günlerine damgasını vuracak bir acıydı. Onlar, cinselliğin, ölümün ve yaşamlarımıza anlam katan her şeyi bir anda kaybedebileceğimiz gerçeğinin bizim için ne anlam ifade ediyorsa 'onlar' için de aynı anlamı ifade edebileceğini kavrayamadılar. Gene de, bir kişide sadece bu yeteneği görmek bile, onlardaki insan sevgisinin tanımlanabilir olduğunu görebilmenin bir koşuludur, tıpkı bizim insanlığımızın da, insan olma koşuluna ilişkin gerçeklerin *anlamına* verilen *en derin* tepkilerin olanaklarıyla tanımlanabilir olması gibi. Bütün insanların birbirine benzediği bilgisini ummanın ötesinde bütün kalbimizle kabullenmek, aynı zamanda, içimizde herkes için adalet isteği uyandıracak bir kabullenimdir.

M ve Isdell anlam körü olmasalardı da Aborijinler ve Vietnamlılar gerçekten onların algıladıkları gibi olsaydı, o zaman, bizimle onlar arasında resmetmiş oldukları fark, türlerimizin üyeleri arasındaki gerçek bir farkı belirtmiş olacaktı. Bu, elbette, Isdell'in Aborijin annelere yönelik davranışının haklı olduğu anlamına gelmeyecektir. Bunun bize olduğu kadar onlara da yapılmış aynı türden bir kötülüğü barındırdığına inanmasak da, Aborijinleri tıpkı Isdell'in onları görmüş olduğu gibi görebilir ve hâlâ Isdell'in yaptığının zalimlik olduğu yargısına varabiliriz. Bazı beyaz köle sahipleri diğer beyaz köle sahiplerine, köleliğin kendisinin bir adaletsizlik oluşturduğuna bir an bile inanmaksızın –hatta bunu anlaşılır bile bulmaksızın– kölelerine karşı acımasız olmayı tembihlemişlerdir.

Burada, M ve Isdell hakkında derin düşünmekle alınacak önemli bir ders var. Onlara, bizim birbirimize yaptığımız kadar onların birbirlerine kötülük edemeyeceklerine inandıkları bu insanlara kolayca atfettikleri şeyler, bütünüyle, ahlakın doğası ve üzerimizdeki yetkesi hakkındaki kuramların pek çoğu için hammadde teşkil eden şeylerdir. Gene de, M ve Isdell'in kolaylıkla kabul ettikleri bu düşünce –Aborijinlerin ve Vietnamlıların da rasyonel, arzuları, ilgileri vb. olan varlıklar oldukları– hakkında yapılacak hiçbir ayrıntılı değerlendirmenin kişiyi insanların birbirlerine kötülük yapmasının bizim için ifade ettiği şeyin kavranılmasına yarayacak bir düşünceye götüremeyeceği konusunda haklıysam eğer, o zaman, ahlaki yaşantımızı yansıtıcı biçimde nitelendirmek ve bazen de yeniden yapılandırmak için bu kuramlardan herhangi birini tartışılacak ciddi bir rakip olarak düşündüğümüz zaman, bu bize olmuş gibi kabul ettiğimiz şeyi gösterir. Bu kuramların unutmuş göründüğü şeyi –birine kötülük yapmanın anlamını– kesinlikle olmuş kabul ederiz. M ve Isdell anlam körüdürler. Bu gerçeğin önemini takdir etmeyen kuramlar ise anlam unutkanı...

Hayvanlar, M ve Isdell'in ırkçı karalamalarının kurbanlarına atfetmeye hazır oldukları şeyden neredeyse tamamen mahrumdur. Bir arkadaşımıza acımasız davrandığımızda ona yapacağımız gibi bir kötülüğü, hayvanlara karşı zalimken onlara yapamayacak olmamızın bir nedeni budur. Bu, bir insanı öldürdüğümüzde ona yapacağımız kötülük gibi, hayvanları öldürdüğümüzde onlara yapamayacak olduğumuz kötülüğün de nedenidir. Ve bu yüzden, bizden ve onlardan, insanlardan ve hayvanlardan, insanlardan ve diğer hayvanlardan söz ettiğimizden çok daha doğal bir biçimde söz ederiz.

Yaratıklara Özgü

Öğrenciyken üç tane dişi kedim vardı ve bir gün üçü birden hamile kaldı. Başka öğrencilerle paylaştığım ev birdenbire on dört tane yavru kediyle dolmuştu. Ne var ki, çok üzücü bir şey oldu ve kedi gribi bir hafta içinde sayılarını bire düşürdü. Hayatta kalan yavrunun ona bakacak üç nevrotik anne kedi sahibi olmasından dolayı şanslı mı yoksa lanetlenmiş bir kedi mi olduğunu söyleyemem. Ne zaman herhangi bir şey yapmak istese –hatta sadece koridordan yürümek istediğinde bile– annelerinin hüsrandan kaynaklanan sevgi sunumunu aşması gerekirdi. Birinci anne onu öyle bir yalardı ki, yavrucak yere yapışırdı. Tüyleri ıslak ve keçeleşmiş halde yerden kalktığındaysa, ikinci ve ardından üçüncü anne de aynı şeyi yapmadan önce yarım metre yürüyebilirse eğer şanslı sayılırdı. Bazen sadece bu üçlü yalamayla kurtulduğuna şükrederdi. Çoğu zamansa, birinci annesinin karşıdan geliyor olmasıyla her şey yeni baştan başlardı, ta ki üçüncü anne anneliğe özgü ısrarın tatmin ediciliğini yaşasın ve yorgunluktan tükenmiş hale gelsin. Böyle zamanlarda mutfak, yavrucak sanki içinde yapışkan bir sıvı olan bir havuza fırlatılmış gibi olurdu. Bu durumu keyifli bulmadığı belliydi.

Dördü birden merdivenlerin altındaki bir dolapta uyurdu. Bir gün, kör bir kadın, olağanüstü iyi huylu ve çok iyi eğitilmiş bir labrador olan köpeği Jedda ile ziyarete geldi. Dolabın kapısı açıktı. Jedda eğitilmiş olsa da, duyduğu kokunun kedi kokusu mu olduğunu anlamak için burnunu çeke çeke etrafı koklama dürtüsünün önüne geçemedi. Yaklaşmakta olan felakete dair ilk gördüğüm, dişlerini ve pençelerini açmış halde havada uçan üç kediydi. Tek vücut halinde dolabın karanlığından ileriye doğru sıçradılar. Engellenmiş olduğundan daha amansız yalayışlarla belli edilen annelik içgüdüsü, bu kez kendisini daha dramatik bir şekilde, kedilerin köpeğe saldırışındaki vahşilikte dışa vuruyordu. Ona ellerinden geldiğince fazla zarar vermeye niyetlendikleri belliydi. Zavallı Jedda'nın hiç şansı yoktu. Onu tereddüde zorlayan belki eğitilmiş olmasıydı, belki de kımıldayamayacak kadar çok şaşırmıştı. Nedeni her neyse, kedilerin kendisini kötü bir şekilde yaralamalarına yetecek kadar uzun süre dolap kapısının önünde durmuştu. Evden uluyarak caddeye fırlaması sahibini hem sarsmış hem de kan içinde bırakmıştı. Kediler, onları korumadığım için yapmak zorunda kaldıkları şey yüzünden sinirli sinirli bakarak dolaba geri döndüler.

Hayvanların anneleriyle birlikteykenki görüntüsü, belki de başka her şeyden daha fazla, kendimizi hayvanlarda görme ve onları bizde görme merakı –bazı insanlarda tiksintisi– uyandırır. Sık sık, annelik içgüdüsünün bir ifadesi olarak, insan ve hayvan annesi olmak arasında gördüğümüz ortaklıkları tanımlarız, fakat, öyle sanıyorum ki, sıradan konuşmalarımızda bu ifadeye teknik bir anlam yüklemeyiz. Böyle yapmakla daha kesin bir şeyi değil, ama sadece bunun onların mahluk olma doğalarının bir gereği olduğunu kastederiz. Ne var ki, söylemek istediğimiz şey üzerinde daha derin düşünmeye başladığımızda, yoğun kültürel baskılar, bizi, ortaklıklar olarak insan ve hayvan annelere gönderme yaptığımız duyguların ve davranışların, evrimsel kuramın incelediği türden biyolojik nedenlerin etkileri olduğunu söylemeye zorlar. İyi bilindiği üzere, bu, hem teorik hem de politik etkenlerin zorlamasıyla, insan davranışının açıklanmasında doğanın ve yetiştirmenin oynadığı göreli roller hakkında sert tartışmalara yol açmıştır.

Bu tartışmada sorulması gereken ama hiç sorulmayan, doğa bilimlerinin doğaya yükleyeceğimiz hangi görev kavrayışımızı derinleştireceği ve sosyal bilimlerin yetiştirmeye yükleyeceğimiz hangi görev kavrayışımızı derinleştireceği inancıdır. Tabii ki bu inanç temelsizdir, fakat, sanırım, bu inancın içinde varsayılandan ve kesinlikle her iki bilim adamı grubunun keşfetmeyi umduğundan çok daha az gerçeklik vardır. Doğrusu, bence, bunun gerektirdiği olanakların sınırlandırılmış anlamı yaratıklara özgü kavrayışımızı tahrif etti ve bu yüzden de kazandığımızdan fazlasını kaybettik.

Kısmen, bu, bu tür tartışmaların bazılarının gerisinde yatan ideolojik zorlamanın bilimleri, özellikle de bilimleri daha çok popüler hale getiren evrim kuramcılarını sert bir vurguyla indirgemeci yönlere yöneltmesi yüzündendi. Her iki tarafın da birçok insanın *sui generis* olmak için kabullenmiş olduğu değerlere açıklık getirmesi ve bu değerleri hizmet eden biyolojik ve sosyal işlevler olarak görmesi isteğinde kendine özgü nedenler vardı. Desmond Morris'in, astronotların bile işemek zorunda olmalarına dair yaptığı hatırlatmadaki saldırgan müstehcenlik, kitabı *The Naked Ape* ile birlikte günümüzün ve geçmişin sosyal-evrimsel yazınında yaygın olan bir hevesin, yanlış tarafları teşhir etme gayretinin bir parçasıdır. Londra'daki Regents Parkı Hayvanat Bahçesi'nden gelen bu peygamber, kendimizi ve kültürel kazanımlarımızı fazlasıyla ciddiye aldığımız ve hayvan olduğumuzu unuttuğumuz için bizleri azarlamaya kalktı. Bu tuhaf gayretin tumturaklı bir şekilde ve ısrarla söylemek istediği, kimi davranışları biyoloji kuramlarıyla açıklanabilen hayvanlar olduğumuz değildi sadece. *Özümüzde* hayvan olduğumuzu diretmekti bu.

Morris, bizi, hayvaniliğin insan kimliğimizin kalbinde yer aldığı gerçeğini kucaklamamız için yüreklendirmeyi umuyordu, fakat evrimsel teorideki hiçbir şey doğamızdaki hayvanın ne olduğunu kabule zorlayamaz bizi. "Celia dışkılıyor," diye dövünürken Swift, onun biyolojik bir zorunluluğa bağımlı olduğu ve bu zorunluluğa ciddi bir biçimde direnirse öleceği gerçeğinden habersiz değildi. Ona bu zorunluluğun doğanın bir gerçeği olduğunu söylemek, her gün karısının mezarını ziyaret eden bir adama, bunun bir faydası yok, çünkü ölüler ölüdürler ve mezarlarının soğuk ve yağmurlu havalarda bile ziyaret edilmesini takdir etmezler demek gibidir. Yalnızca bir davranışın *ifadesi* olarak, ne bu ne de diğeri bir davranış için bu denli zorlayıcıdır. Adamın, "Karımın öldüğünü biliyorum," dediğini düşünelim, peki neden hâlâ onun mezarını ziyaret etme zorunluluğu duyuyor? Diğer taraftan, Swift, Celia'nın dışkılaması gerektiğini ve bunun için iyi biyolojik nedenler olduğunu bildiğini, ama gene de bunu iğrenç bulduğunu söyleyebilirdi.

Swift'in iç organlara dair bu yanıtı daha geniş bir anlam ağının bir parçasıdır, tıpkı cinsellikten tiksinmenin 'et'e bakışın bir parçası olması gibi – ki et artık pek az insanın yer bulabileceği bir kavramdır ve bu az sayıda insan da, genellikle, bu kavramın kullanımını marazi olması dışında herhangi bir şey olarak ifşa eden dilin bu konuda çıkışsız kaldığını kabul etmeye zorlanmışlardır. Bedeni bir patoloji gibi görme zorunluluğuyla iğrenç kılan psikolojik kuramların bize makul gelmesini, içinde bedenin anlamını yaratacağımız kavramsal uzamın radikal biçimde yeniden düzenlenmesine bağlı olduğunu düşünüyorum daha çok, yoksa psikolojik ve biyolojik doğamıza ilişkin gerçeklerin bu yeniden düzenlemeyi sigorta edecek sözde tarafsız bir hesaba dayanmasını değil.

Evrimsel kuramın duygularımız ve davranışlarımız hakkında bize öğreteceği fazla bir şey var mıdır? Oldukça yavaş gelişen türler olduğumuz için, olmalı diye düşünmeye zorlanırız. Ama ben buna dair hiçbir şartın olduğuna inanmıyorum. Buna inanmak için sezebildiğim tek şey, ne başarıldığını görmek için bakmaktır, ama elbette kişinin bu konu hakkında vereceği karar, bu kararla ilgili olarak hissedeceği görev duygusunun bir işlevi olacaktır. Çok yetersiz bir kavram olan fedakârlık, asker karıncaların davranışlarını bile fedakârlık gibi gösterir. Neyin açıklanması gerektiğine ilişkin tanımlar, terzinin diktiği elbise gibi, var olan en yetersiz açıklayıcı kavramlara bile uygun gelebilir. Komşuyu sevmenin ne anlama geldiği hakkında yüzlerce yıldır süren tartışmaları boş verin. Morris gibilerinin uygun bulduğu bu tartışmalar, tam da, astronotlarda bile ortaya çıkan biyolojik gereksinimlere dair anımsatmalarla gün yüzüne çıkarılması gereken türdendir. Ya da, dürüst olmak gerekirse, bu, onun bir yarısının düşündüğüdür. Diğer yarısı ise, etkileyici bir tevazuuyla, hayvan davranışının karmaşıklığı ve ne denli sık tıpkı onlar gibi davrandığımızı fark etmenin tekinsizliği üzerinde uzun uzun düşünür.

Sosyal-evrimsel teorideki indirgemeci eğilimleri eleştirirken, aklımdakine bir örnek olarak, davranış değişikliği kavramını ele alalım. Bu, hem biyoloji bilimlerindeki hem de psikolojideki çalışmaların beğendiği bir kavram olduğu için iyi bir örnektir. Aile yaşamını bencilce davranarak imkânsızlaştıran bir çocuğu eğitirken, çocuğun davranış sorunları olduğunu ve onun bu davranışlarını değiştirecek en iyi araçları bulmaya çalışmak zorunda olduğumuzu düşünmekle yapıyor olduğumuz şeyi daha iyi anlar mıyız?

Onu cezalandırmalı mıyım, ona rüşvet mi vermeliyim, yoksa onu dışlamalı mıyım? Bu tanımlardan her biri, onun davranışını değiştirmek için kullanabileceğim bir enstrümana değil sadece, fakat aynı zamanda bu amaçla kullanabileceğim eylemlere ve bu eylemlerin anlamlarına da gönderme yapar. Her biri, çocukla ilgili olarak radikal bir şekilde farklı bir ilişkiyi ima eder ve bu farklılıklar kısmen ahlakidir. Onun babasıysam eğer, onu cezalandırma hakkım olmalı: Eğer değilsem olmamalı. İki türlü bir yozlaştırma söz konusu burada: Ona rüşvet verirsem eğer onu yozlaştırmam olası, ve eğer kardeşlerini onu dışlamaları konusunda yüreklendirirsem, bu kez de, bu durumun meşru olarak yol açabileceği biçimde, yapmış olduğu şeylerle ve vermiş olduğu tepkilerle ilgili olarak onun kavrayışını yozlaştırırım. Ve kardeşlerini de yozlaştırırım. Tabii ki bunlar ahlaki faktörlerdir, ama bunlar sadece kullanabilmem için hangi davranış değiştirme tekniklerini seçeceğime hükmedecek ve, dolayısıyla, davranış değişikliği kavramını önümdeki işi anlamamda göze çarpan bir kavram olarak bırakacak prensipler olarak düşünülmemelidir

Onun dışlanmasını yüreklendirmeye, alanında söz sahibi bir eğitim teorisi profesörünü okuduktan sonra karar verdiysem eğer, aile hayatıyla ilgili yoz ve sığ bir anlayışa sahip olduğum için herhangi birisi tarafından suçlanabilirdim. Aynı kişi, bu dışlanmanın çocuklar için doğuracağı uğursuz sonuçlara işaret edebilirdi, fakat bu sonuçların acısını çekmenin ifade ettiği şeyi tam anlamıyla kavrayabilmek ve bu sonuçlara göz yuman bir baba yüzünden, ona vermiş olduğum zarar kadar yapmış olduğum kötülüğü de anlamak için, dikkate aldığım şeyin içeriğinin onun biçiminden ayrılamaz olduğu anlam alanında düşünmek zorundayım. Eğer ki eğitim profesörü aslında benim istediğimin onun davranışını değiştirmek olduğunu söylemiş olsaydı, bunu reddederdim. Benim onun için istediğim, yapıyor olduğu şeyi, bunun ailenin diğer üyeleri için ne anlama geldiğini, düşüncesizliğin bana, yani babasına hangi yükümlülükleri ve hangi sınırlamaları dayattığını anlamasıdır. Ve daha fazlasını elbette, fakat umarım bu kadarı, farklılıkları bulanıklaştırmaktan çok ayrıntılarıyla açıklamakla, bu anlayışın konuya ilişkin olarak ilerlediğini göstermek için yeterlidir. Dilin [İngilizce'nin] gündelik kullanımda sahip olduğu çağrışımlar düşünüldüğünde, 'davranış değişikliği' hile ima eder ki bu da hemen hemen daima adaletsizdir. Bu terim, davranış biliminde tarafsız bir terim haline gelmeye ve böylelikle genellemenin zor bilimlere devrettiği derin kavrayışı genellemenin içinde bulmayı umarak bu çağrışımları gidermeye çalıştığında, anlamaya yardım etmekten çok onu engeller.

İnsanların kavrayışıyla böyledir bu, aynı zamanda hayvanların kavrayışıyla da böyle olduğuna inanıyorum. Bu durum, hayvanlarla olan ilişkilerimin ve onların yaptıklarının bana sağlamış olduğu tanımlarda dolaylı olarak görülür. Bu nedenledir ki, bir köpeği terbiye etmenin, onu, gerçek bir otoriteyle verilen emirleri gerçek olmayan bir otoriteyle verilen emirlerden ve her ikisini de zorla verilen emirlerden ayırt etmeyi gerektiren bir süreç içinde, 'yurttaş olarak eğitmek' olduğunu söyleyen Vicki Hearne'ün önerisini onayladım ve ayrıntısıyla açıkladım. Bu ayırım, köpeğin asaleti için, Rush Rhees'in köpeği Danny'yi eğitmedeki başarısızlığını anlatırken çok güzel örneklediği türde, gerçek ve devamlılığı olan bir saygı kavramı gerektirir. Bu, biz Gypsy'yi tepkileri tahmin edilebilir olsun diye değil onu güvenilir kılmak için eğittik derken, dolaylı olarak söylemeye çalıştığım saygıdır. Hearne, davranışçı kuramlara göre davranan hayvan terbiyecilerinin bu kuramlar sayesinde değil, onlara rağmen başarılı olduklarını söyler. Terbiye etme, az ya da çok davranışçılığa özgü terimlerle doğru olarak tanımlanabilir olduğunda, hayvanlara gaddarca davranır. Bunların hiçbirinin duygusal olmayı gerektirmediğini anlamak için, kimlerin 'toplumsal olayların öznesi' olduğu konusunda büyük hayvan terbiyecisi William Koehler'i onaylarken alıntı yapan Hearne'den alıntı yapacağım:

Pek çoğu 'sevecen' bir ebeveyne ya da 'eğitilmediği halde söylenen her sözü neredeyse bir insan gibi anlayan bir köpeğe sahip' bir teyzeye benzeyen 'iyiliksever' insanlar... Çoğunlukla ayrı ayrı iş görürler, fakat en büyük acımasızlıklarını toplum içine karıştıklarında sergilerler. Birbirlerini, dünden kalma krepin üzerindeki kurumuş sosa benzeyen gülümsemelerinden kolaylıkla tanırlar. En belirgin huyları, köpeklerin etkili bir şekilde ıslah edilmesinden çekinmeleri ve bir düzine etkisiz ıslah çabası yalnızca köpeğin kendisini kısa bir çatışmada onu sakat bırakabilecek bir başka köpeğin önüne atmak için gösterdiği manyakça çabaları tetikliyor göründüğünde, bu durumu onaylarcasına gülümsemeleridir. Hepsi de, 'Oo, ooo! Bunu yapamam, bunu yapamam!' diye bağırır. Bunun onlar için hiç de uygun olmayan bir ünlem olduğu kolaylıkla anlaşılır.

Davranış değiştirme kavramı hakkında sürdürdüğüm tartışmayı hiçbir şeyi kanıtlama amacıyla yapmadım. Bunu yalnızca, ilk olarak insan ve hayvan davranışına ilişkin kavrayışımızın büyük bir bölümünün anlam alanından önemli ölçüde çarpıtılmaksızın çıkarılıp gerçeklere dayalı/bilimsel araştırmanın kişisel olmayan alanına dahil edilemeyeceğini ve, ikinci olarak da, anlam alanındaki kavrayışın doğal bilimlerdeki daha genel tanımlamalardan çok, genellikle, daha özel ve ayırt edici tanımlara doğru etkileyici bir şekilde ilerlediğini düşündürtmek için öneriyorum.

Sosyal evrimsel kuramın kendimizi ve hayvanlarla, daha genel anlamda doğayla olan ilişkilerimizi anlamamızda bize yardım edip etmediği sorusunu yanıtlamak, bu önerinin değerini diğer örneklere taşır. İkili ilişki kavramı sadakatle kutladığımız şeyi, hatta rasgele cinsel ilişkide bulunmanın belli biçimlerini anlamamızda bize yardım eder mi? Bölgesel içgüdü kavramı, yurt sevgisinin ne olduğunu ve bizim onu aşırı milliyetçilikten doğru biçimde nasıl ayırt edebileceğimizi gösterebilir mi? Fedakârlık hakkındaki evrimsel kuramlar, bize, ciddi özürleri olan insanlara duyulan merhametin doğası hakkında, ortada sahte tevazudan hiç iz kalmadığı anlarda saflığın doğası hakkında ya da özürleri insan sevgilerini gözle görülmez kılan kişilerin bütün insanlığını ifşa eden gücün doğası hakkında, çok az dahi olsa bir şeyler söyler mi? Bu örneklerin herhangi birisi, erdemin gerçekliğini pek çok sahte biçiminden ayırt etmemize yardım edebilir mi? Birisi bizi sadık bir dostumuza ihanet ettiğimizde, ya da aşırı milliyetçilik duygusuyla vatana bağlı olmaktan dolayı kanlı politikaları desteklediğimizde, ya da evsiz bir kimseye sahte tevazuumuzu gizleme gereği duymaksızın para verdiğimizde, yapmış olduğumuz şeyin anlamını düşünmeye davet ettiğinde, evrimsel kuramın yardımına başvurur muyuz?

Evrimsel teoride, Sokrates'in kötülük yapmak kötülüğe uğramaktan daha iyidir savına destek bulunması, benim için kavranılamaz bir şeydir. Bu Sokratik etik vazgeçmenin etiğidir. Sadece bizim için en değerli olanı korumaya yarayan araçlardan ve eğer bu araçlar kötüyse en yoğun gereksindiğimiz şeyi korumaya yarayan araçlardan vazgeçmeye hazırlıklı olmamızı gerektirir. Sokrates'in yalnızca kendisini koruyan araçlardan değil, fakat aynı zamanda ona güvenen insanları da koruyan araçlardan vazgeçmek için yüzsüz olması gerektiğini açıkça ilan ettiği, hemen hemen herkes tarafından söylenmiştir. Bu düşünceyle hemfikir olmasak bile, çoğunlukla Sokratik etik kendisini bize ikilemlerle birlikte sunar. Birinden birinin seçilmesinin gerektiği bu iki zor Sokratik seçenek üzerinde düşünmemiz, evrimsel kuramın bunların lehinde mi yoksa aleyhinde mi konuşuyor olduğundan etkilenmeyecektir. Eğer aleyhinde konuşursa –bir bakıma Nietzsche'nin ifade ettiği gibi– hiçbir şey bizi daha fazlasını dikkate almaya zorlamaz. Lehinde konuşursa, o zaman, bu, daima yanlış nedenlerden dolayı olacaktır. Fakat bu sorunda doğru nedenler için, ya da belki daha iyisi, doğru bir ruhla davranmak bu sorunun özüdür.

Uygarlık, diyordu, G. K. Chesterton, ince ayırımlardan bir örümcek ağında asılıdır. Bu örümcek ağı anlam alanıdır. Bir şeyin hep yanlış taraflarını açığa vuranlar onu parçalamayı çok isterler. Ne zaman pek çok ince farklılıkla birlikte sunulsa, sabırsızlıkları artar. Bunun teorik etkenlere bağlı olduğu kadar entelektüel ve ahlaki mizaca da bağlı olan birçok nedeni vardır. İndirgemecilik için duydukları ani isteğin ikinci mizaçlarını oluşturduğu böyle pek çok ifşacının, eğer ki şeyleri yaygın bir düşünceyle sahip olunan toplumsal bir amaca indirgeyebilirlerse ya da onları evrensel biyolojik kökenlerinin olduğu bir kuramın içinde bir nedene dayandırabilirlerse, çok sağlıklı bir şeyi arzulamaları ve buna sahip olacaklarına inanmaları önemli bir nedendir. Bunlar 'esasında' türü arzulardır – esasında bütün insanlar aynıdır, esasında ahlakça duyarlı olan insanın iyiliğini amaçlar vesaire. Birçok insanın sosyal-evrimsel teoriden yardım istemesi, orada kültürler üstü, evrensel bir etik bulmayı ummalarındandır.

Gerçeğe ilgi duyan ve onu bulma yeteneğine sahip kişinin kabul etmek zorunda olduğu ve 'evrenin işleyişinin bir parçası' olmayan, doğanın kesintisiz bir parçası olmayan anlam alanının akılla garantilenemeyeceğini bu kitapta birçok kez vurguladım. Hiçbir şey, yağmurun yağıyor olması gerçeğinin bu iddiayı doğrulaması kadar, doğru ya da yanlış anlamda iddiada bulunamaz. F. R. Leavis, bir şiir ya da bir roman hakkında verilen eleştirel bir hükmün 'Öyle, değil mi?' ve öyle olduğuna dair verilen yanıtın da 'Evet, ama...' şeklinde olduğunu söylemiştir. Bu, anlam alanındaki hükümlerin aslında konuşma diline özgü doğasını, nesnellikleri kadar gerekliliklerinin de bitmemişliğini nitelemek için güzel bir yoldur. Hem yaşamsal alanda hem de anlam alanında düşünceyi oluşturan eleştirel kavramlarla terbiye edilmiş bir heveslilikle, daima, metnin konuşmacıların önünde olduğu ve hiç bitmeyen 'Evet, ama...'ların kişinin konuya açık kalmasını gerektirdiği farz edilir. Bu nedenle, Leavis, iyiyi kötü eleştirel tepkilerden ayıran kıstasları listelemenin mümkün, *a priori*, olması gerektiğini söyleyen filozoflara direnmekte haklıdır. Bu durum yaşamda da farklı değildir. Anlam alanında neyin olası olduğunu önceden söyleyemeyiz, çünkü dille terbiye edilmiş ve 'tam bir esneklikle kullanılan' bir dili terbiye eden yaşamsal hevesliliğin bize neyi ifşa edeceğini söyleyemeyiz.

Örümcek ağının zarafeti bazı insanları sinirlendirir. Onun kırılganlığı bu tür insanların güvenini sarsar.

En önemli değerlerimizin evrimsel kurama bakarak açıklanması ve aynı zamanda yeniden inşa edilmesi çabası, bu değerlerin amaçlara hizmet ettiğini varsayan etik kuramlar ailesine dahildir. Davranışı, kurallar ya da ilkeler aracılığıyla, insanın iyiliği gibi varsayılan bir sonucun başarılmasına yöneltmek doğal bir düşüncedir, özellikle de bu değerleri onların özlerindeki uyulagelmiş kurallar gibi alırsak. Bu varsayım doğal olsa da, ona yönelik basit, ki bana göre kesin bir itiraz vardır. Bunu bir sloganla ifade edelim: Ahlak amaçlarımıza hizmet etmez ama onların yargıcıdır. Galli profesör J. L. Stocks, ahlak, 'ayırım yapmanın ek bir ilkesi gibi, hemen amacın yerini alır' demiştir. Örneğin, kişinin amacı mümkün olduğunca az uyuşmazlıkla yaşamaksa, böyle yaşamak için stratejiler geliştirecektir. Öncelikle, bu stratejiler arasından hangisini seçeceğini, bu stratejilerin amacına ulaşmadaki değerlerini düşünerek belirleyecektir. Bu (amaçlar için etkili aracın kararını verme), ayırım yapmanın bir ilkesini uygulamaktır, bu da, tam da amaç kavramının bir parçasını oluşturur. Diğerleri de olacaktır, ama söz sırası onlara geldiğinde, ahlak bir yargıç olmaya başlar. Bazı araçlar etkili fakat acımasızdır, bazıları daha az etkilidir ama sonuçları bakımından fazladan bir haz verir, ki bu araçlar, muhtemelen, verdikleri hazların ahlaksız olmaları dışında, güzel olacaklardır. Fakat hangi araçları kullanmanın uygun olduğunu belirlemek için kişi terbiyeye hizmet eden amaçtan medet umamaz, zira böyle bir amaç yoktur. Birisi kalkıp da, örneğin, terbiyenin özünün sosyal işbirliğine hizmet etmek olduğunu öne sürecek olsa, o zaman, kişi, sosyal işbirliğinin hangi türlerinden yeterince zevk alınabileceğinin yargıcının terbiye –ya da daha genel anlamıyla ahlak– olduğunu keşfedecektir. Ve böylece, bu, ahlaklılığın hizmet etmek için olduğunu iddia eden herhangi bir amaçla birlikte, bireysel ilerleme ya da mutluluk, kolektif iyilik ve hatta türlerin yaşamasıdır – ahlak bunların hangi türlerini yargılayacak ve onların elde edilebilmesinde hangi araçlar temiz bir vicdan için kabul edilebilir olacak?

Yeniden M hakkında düşünmek umarım öğretici olur. Evrimsel etikler, en iyi ihtimalle, M'nin kendisiyle Vietnamlılar arasında var olduğunu kabul ettiği ortaklıklarla ilgilenebilir sadece. M, onlar gibi kendisinin de aynı türün bir üyesi olduğunu bilir, fakat ona göre, onların yapıyor ve acısını çekiyor oldukları şeyde derinlik aramanın bir mantığı yoktur. Onları dışında bıraktığı aynı insanlık düşüncesini sosyo-biyolojik araştırma için elde edilebilir türde gerçekler değil, fakat anlam, çocuk sahibi olmanın ve onları kaybetmenin, birisini sevmenin ve vefakârca yasını tutmanın ifade ettiği anlam oluşturur.

"Ne yaptığını görmüyor musun?" M bunu, 'bizden biri' olarak kabul ettiği fakat başka bir çocuk sahibi olmaya çalışacak kadar yüzeysel düşünen bir kişiye, tam da Vietnamlılara atfettiği bir ruhla söyleyebilir, ama kendisi için imkânsız bulur. Ne var ki, bu kadını bir çocuk kaybetmiş bir anne olmanın ne anlama geldiği konusunda ciddiyete davet etmekle, M, kendisine, kendisiyle 'kendi türü' ve Vietnamlılar arasındaki ortaklığı biliyor olduğu gerçeğini anımsatmayacaktır. Ve Vietnamlıları azarlamanın hiçbir yararı olmadığını fark edecektir, çünkü onlar (diye düşünür), beyaz ve koşulları gereği böyle yüzeysel düşünen arkadaşının tersine, 'sadece daha fazlasına sahip olabilen' bir insan olmanın aslında nasıl alçaltıcı olduğunu anlayamazlar. İnsanların bireysel özelliklerinden bahsettiğimizde yaptığımız ayırımları aşan türde bir bireyselliği kısmen koşullayan yollarla neden birbirimize sevgiyle bağlanan mahluklar haline geldiğimiz konusunda evrimsel teorinin söyleyecek sözü olabilir, ama bu durum M'nin bakış açısından onlar 'kederlenirken' bizim neden kederlendiğimizi, gerçekten kederlendiğimizi açıklayamaz. M'nin Vietnamlılardan kaynaklanan ve onları biricik ve yeri doldurulamaz bir kimse için onun hissettiği acıya bağlı olan bir bireyselliğin değerini tam anlamıyla takdir etme yeteneğinden yoksun olarak görmeye dayanan farklılık düşüncesi, bu bireyselliğe biyolojiden çok kültürün ne anlam kattığına bağlı olan bir farklılık düşüncesidir.

Eğer bu doğruysa, o zaman, bir kişi olmanın ifade ettiği önemden kolaylıkla türetilebilen, (ki M'nin Vietnamlıların kişiler ve ussal failler olduğundan hiç kuşkusu yok), tüm kişileri ya da ussal failleri bağlayan ve 'ahlaki' dediğimiz tüm zorunluluklarla bağdaşan türde zorunluluklar, onlara ulaşmayı başaramamanın (ahlaki olarak) ifade ettiği şeyi hâlâ iletiyor olamayacaktı. Bir kimseye M'nin anlaşılmaz bulduğu bir şekilde (ki 'bizim' 'onlara' kötülük yapabileceğimizi anlayamaz M) kötülük yapmanın anlamı, korkarım ki hâlâ açıklanmamış olacak. Bu nedenle, yalnızca M'nin Vietnamlılara ne verebileceğiyle ilgilenen filozofların, sürekli olarak, doğal dildeki çağrışımları teorilerinin izin verdiği kavramsal kaynakların çok ötesine giden ifadelere onlara rağmen başvuruyor olmaları, muhtemelen, rastlantı değildir. Sadece kişilerden ve ussal faillerden söz etmek yerine, örneğin, insanlardan söz etme biçimlerimize ve paylaştığımız insanlığımıza iliştirilen zengin çağrışımlardan yararlanacaklar. Doğal olarak, insan, kavramsal çalışmanın gerçekten ne başardığını merak ediyor. M'nin örneği işte bize bunu anlatır.

(Kültürel bir armağan olarak kabul ettiğim) anlam alanına yerleştirmiş olduğum bu vurgu, beni doğanın eğitim tarafına/terbiye etme tartışmasına mı hasreder? Böyle olduğuna inanmıyorum. Tartışmanın her iki tarafı da farz etmelidir ki, biyoloji bilimi haklı olarak doğaya yüklediğimiz şeylere ilişkin kavrayışımızı derinleştirecek ve evrimsel kuram pek çok duygu ve düşüncemizin biyolojik nedenselliğini açıklayacaktır. Fakat, daha önce belirtmiş olduğum gibi, yaratılmış olmamıza özgü kavrayış, bilim onları açığa çıkarana kadar genellikle bizim için gizli kalmış olan davranışlarımızın biyolojik nedenlerine odaklanmamalıdır, fakat bedenin kavramlarımızın yapısındaki rolüne ve anlam alanında bedene verdiğimiz anlam üzerine odaklanmalıdır.

Şimdi vereceğim örneğin söylemek istediğimi açıklayacağını umuyorum.

Zaman zaman, evlat edinilmiş çocukların gerçek ebeveynlerini bulmaya çalışmaları ve kendilerini onların kim olduklarını araştırmak yoluyla tanımlamaları bildik bir gerçektir. Babası tarafından terk edilen bir çocuk, bazen, onunla annesi arasındaki ilişkinin bir gecelik bir ilişkiden öte bir şey olmadığını biliyor olsa da, onu gene aynı nedenle arar, ki babanın çocuğun yetişmesinde hiçbir payı yoktur, hatta sağlıklı ve mutlu olup olmadığını bile sorup soruşturmamıştır. Ahlaki ve diğer sorumluluk kavramları açısından onun baba olmadığı söylenebilir. Gene de, ilginç bir şekilde, bu söz asla tam olarak geri alınmaz. Doğrusunu söylemek gerekirse, 'Sen kendine baba mı diyorsun!' suçlamasının, bir baba değilse eğer, bu bağlamda hiçbir anlamı yoktur. Ve şimdi biz, her ne kadar evlat edinen ya da üvey babalarla biyolojik babalar arasında ayırım yapıyor olsak da, bir kişinin iki babaya sahip olduğunu düşünmenin hâlâ bir gerilimi var, ki bu gerilim, bu unvan üzerinde çok güçlü bir şekilde hak iddia etmemesi için, bu iddia sınırlı da olsa, evlat edinen ve üvey babalar üzerinde bir baskı yaratır. (Bazı insanlar evlat edinen babadan 'baba (*dad*)' diye söz ederler ve ona 'baba (*father*)' demeyi kabul etmezler.)*

Çocuğuna düşkün üvey ya da evlat edinen bir 'baba'nın sahip olduğu erdemlerin, en iyi, onun sorumsuz asıl babadan çok daha gerçek bir baba olduğunu söylemekle kabul edileceğini düşünmek, ana-baba olmanın bir tür ahlaki değerlendirmesi olarak, benim için çok sarsıcıdır. Böyle düşündüğümüzden kuşkuluyum, çünkü, bir gecelik bir ilişki yaşayan ve ardından anneyi ve çocuğu terk eden bir babanın bazı sorumluluklarından kaçınması bize itici gelse de, bizi asıl yaralayan (hatta belki de dehşete düşüren), bir kadınla yatmanın ve onu hamile bırakmanın *kendiliğinden* ne denli önemli olabildiği gerçeğinde aşikâr biçimde görünen akıldışılıktır. Oidipus'un babası sorumlu, örnek bir baba olmasa da, gene de biz Oidipus'un kendi babasını öldürdüğünü anladığında yaşadığı dehşeti anlarız:

> Baba kanı döken ve
> Annenin kocası, artık benim adım,
> Kardeşlerinin babası,
> Utancın çocuğu ve Tanrısız,
> Oidipus'tan bahsetmeyen
> Hangi alçaklık kalır geriye.

İnsanlar, son zamanlarda, annelerini dölleyen spermleri bağışlamış erkekleri araştırmaya başladılar. Bunu bazen genetik kalıtımlarını bilmek arzusuyla, pratik bir nedenle yaparlar. Fakat bazen de sperm verenleri, evlat edinilmiş ya da terk edilmiş çocukların ger-

* Çaresiz, her ikisini de, parantez içinde İngilizce asıllarını vermek koşuluyla, 'baba' diye karşılamak zorunda kaldığım (*dad*) ve (*father*) sözcükleri, pek bir anlamı olmayan boş bir konuşma sırasında, kişinin (kendi babasından daha yaşlı olması gerekmeyen) bir kimseye hitap ederken kullandığı sıradan, öylesine bir "baba" (*dad*) ile, ana-babalığa özgü sevecenlik, merhamet, kaygı, sorumluluk vb. duygular taşıyan ve evladın saygısına ve itaatine gereksinen feodal bir niteliğe sahip gerçek bir "baba" (*father*) arasındaki ayırımı vurgulayabilmek içindir. (ç.n.)

çek babalarını ararkenki aynı ruh haliyle, kim olduklarını anlamak arzusuyla bulmaya çalışırlar. Annelerini dölleyen spermleri veren kişileri araştırırken çocukların kendileri tarafından anlatılan tüm bu anlatılarda, asla sahip olamadıkları şeye gereksindiklerini bilmelerine rağmen, şaşkınlık ve acıma duygusu uyandıran bir nitelik görüyorum. Babalarını bulmak istiyorlar, fakat bir sperm bağışçısını gerçek bir baba olarak düşünemiyorlar. "Sen kendine baba mı diyorsun? Sperm bağışçısından başka bir şey değilsin sen." Sıradan konuşma biçimleri ile etkileyici bir şekilde ifade ettiğimiz destek arayışımızda, sperm bağışlayıcısının da bir baba olabileceği düşüncesini yadsıma eğilimimizi gösteren bu sözler, gerçek babası tarafından terk edilen bir çocuğun ona karşı nasıl bir acıyla dolu olduğunu yansıtabilir.

Dışardan bakılınca, annesinin nasıl döllendiğinin bu denli önemli olması mantıksızmış gibi görünür. Bir yandan, bir kadın doğal cinsel ilişkiyle döllenir ve bu terk edilmiş çocuğuna, çocuğun kimlik duygusunun ayrılmaz bir parçası olabilecek bir baba verir. Öte yandan, bir kadın yapay olarak döllenir, dünyaya bir çocuk getirir, fakat o çocuğun babası yoktur.

Bu mantıksızca görünüm, sanırım, 'döllenme' sözcüğünün kullanımıyla artıyor: Bu sözcük, tam da birisiyle seks yaptıktan sonra hamile kalmayı bir sperm vericinin nezaketiyle gebe kalmaktan ayıran farklılıkları konu dışı kılan terzi yapımı bir giysidir. 'Hamile kalmak', sanki, doğrudan doğruya bir taraf için olan ve tıbbi ve diğer bilimsel tanımlamalar yönünde hızla ilerleyen 'döllenmek'ten daha nötr bir ifadedir. Diğer taraf içinse, bu, 'kendi etinden ve kanından' gibi bir ifadedir, tıpkı karnında taşıdığının kendi etinden ve kanından olması gerçeğini umursamayan âşığı için ağlayıp dövünen hamile annenin durumunda kullanılabilecek bir ifade gibi.

Kökenleri modern bilimsel gelişmelerden daha önceye ait olsa da, 'kendi etinden ve kanından', bilim öncesine ait aşağılayıcı bir ifade değildir, ki biz bu ifadeyi, eğer ki kavrayışımız genetik bilimi tarafından derinleştirilmiş olsaydı daha bir açıklıkla kullanıyor olacaktık. Tersine, onu anlam alanındaki doğal yerinden alıp kişisel olmayan bir biçimde gerçeklere dayanan bir yere koyduğumuzda, kavramaya yardım etme gücünden hemen hemen bütünüyle yoksun bırakmış oluruz. Eğer bir sperm verici, bu bağışından meydana gelen çocukla karşılaşacak olsaydı, "Ben senin babanım. Sen benim kendi etimden ve kanımdan olma çocuğumsun," diyebilir miydi? Sanırım böyle bir şeyi yalnızca söylediğini kulağı duymayacak kadar düşüncesiz biri, bu durumu kendisini aldatma çabalarına destek amacıyla kullanarak söyleyebilirdi.

Gene de, onun anlam alanının içine giden yolunda bulunabilecek ve bulunamayacak şeyleri önceden söylemek çok zordur. Çocukların, annelerin ve sperm vericilerin aralarındaki ilişkiden ne anladıklarını önceden söyleyemeyiz, çünkü bu durum soyut felsefe, psikoloji ya da diğer bazı bilimlerden dolayı değildir. Bu durum, hemen hemen bütünüyle, kim olduklarından ve ne yaptıklarından yaratıcı bir şekilde, dürüstlük ve açıklıkla nasıl söz edebildiklerine bağlıdır. Fakat bunun çözümlenmesi gereken bir soru olduğu gerçeği, sperm vericiyi bir baba olarak düşünmemizdeki zorluğun başlı başına kanıtıdır. Daha tarafsız bir sosyal çalışma terimi –'biyolojik baba'– sanırım insanların başarmasını umduğu şeyi başaramamıştır. Bu, 'sperm verici' ile 'gerçek baba' arasında kalmış mutsuz bir terimdir. 'Gerçek baba'ya olan yakınlığından dolayı, 'biyolojik baba' terimi, anlam alanında gerçek baba teriminde biriken ve evlat edinilmiş çocukların biyolojik babalarını aramalarını anlatırken gerçek babalarını aramalarını olası kılan birçok çağrışıma sahiptir. Bu çağrışımlar henüz 'sperm verici'yi kapsayacak denli genişletilmemiştir ve hiç kimse de bunların 'sperm verici' ifadesinin çocuğun kimliğini kavramasında rol oynayabilmesi için gereken derinliğe sahip diğer ifadelerle birbirine geçmesi ya da bu türde bir derinliği kazanması yönünde yeterince genişletilebilip genişletilemeyeceğini bilmiyor.

Vericinin aynı zamanda kadının âşığı olduğu ve onunla birlikte çocuğu büyüttüğü durum için söylenecek şeyleri kasten dikkate almadım. Bu konu hakkında söylenenler, elbette, söylenecek başka şeylerin bir fonksiyonu olacaktır.

Ama kabul etmeliyim ki, yaptığımız bu önemli ayırımları az çok benim onları göstermiş olduğum şekliyle kabul etsek bile, neden bu ayırımları yaptığımız sorusu yanıtlanmamış olarak kalacaktır. Söylediğim hiçbir şey onlarda aşikâr olan mantıksızlığı azaltmaz.

Sperm vericiye baba demekte isteksiz olmamızın nedeninin, gelişigüzelmiş gibi davranılsa da, özü itibariyle seksin asla gelişigüzel olmamasından kaynaklandığını söyleme eğilimindeyim. Fakat 'özü itibariyle gelişigüzel' ve 'özü itibariyle anlamlı' terimleri, açıklık sağlamak için uygun terimler değil. Seksin daima 'derin ve anlamlı' olması gerektiğini kastetmiyorum kesinlikle, ya da verdiği haz dışında hiçbir şey ve sadece her iki tarafın bir gecelik ilişki yoluyla zevk aldıkları bir şey olabileceğini yadsıdığımı da söylemek istemiyorum. Ancak, girift ve çoğunlukla karmakarışık insani engellere açık olan bir gecelik ilişkiyle, ki seks doğası itibariyle bu engelleri umulmadık bir şekilde önümüze yığabilir, bu tür olasılıklara yanıt vermeyi reddeden ilişki arasında bir fark vardır. Seksin özü itibariyle asla gelişigüzel olmadığını söylerken, son söylediğim ilişki türünü kınamanın, cinsellik için olan dışsal değerlerin ışığında bir kınama olmadığını, fakat bunun yerine cinsellik için olan içsel değerlerin ışığında bir kınama olduğunu söylemek istedim. Bir analoji bize yardımcı olabilir. Ana-babaca sevginin koşulsuz olması gerekir, ama bu dışarıdan dayatılan, örneğin ahlaklılığın dayattığı bir gereklilik değil, ana-babaca sevginin özünü oluşturan ve eğer mümkünse onu sahte biçimlerinden ayıran bir gerekliliktir.

Seksin özü itibariyle derinliğe sahip olduğu düşüncesi, özü itibariyle gelişigüzel olduğu ve özel ilişkilerde onunla bir şey yaparız düşüncesinin tersine, birçok bakımdan bize yabancıdır, fakat bu durum kendini, gene de, sanırım tecavüzü kınamamızda belli eder.

Bir kadının cinselliğinin onun için değerli olabileceğini varsayıyorsak, tecavüzü ancak o zaman, öneminin anlaşılabilir olduğunu kavramakla korkunç olarak değerlendiririz. Eğer seks olması gerektiği gibi, esas itibariyle hazzın ve diğer amaçların bir aracı olarak, kesin olmamak kaydıyla, sonuçları bakımından çok daha ciddi bir şey sağlayan bir araç olarak görülebilseydi, tecavüzün neden bir saldırı türü olarak ya da bir kadının kendi bedeni üzerinde mahrem hakları olduğu fikrinin bazı farklı türlerinde yeterli derecede karakterize edilebilen bir şey olarak yargılanmaması gerektiğini anlamak zorlaşırdı. O zaman, tecavüz altın bir dişi çalmaya, ya da alyansını almak için birinin parmağını kesmeye benzerdi. Otonominin, yani bir kimsenin kendi bedeni üzerindeki söz hakkının ihlali ya da bir saldırı türü olarak düşünüldüğünden, tecavüz çoğu zaman pek çok saldırı ve soygundan daha az önemli olurdu. Haklı olarak, hiç kimse böyle düşünmez.

Gene de, tecavüzün psikolojik travmanın ağırlaştırdığı bir saldırı türü olduğunu söylemekle gereksindiğimiz şeye daha yakınlaşmayacağız, çünkü, doğal olarak, görece önemsiz bir saldırının neden böyle bir travmaya yol açtığı gibi bir soru çıkar ortaya. Travmanın fiziksel zarara katkısı olmadığından, tecavüz korkunç değildir. Bu travmanın doğası tecavüzün kendine özgü korkunçluğuyla, tecavüzün amaçladığı şeyle koşullanmıştır. Fiziksel anlamda vahşi olsun ya da olmasın, tecavüz kadının cinsel varlığının ihlalidir. Eğer gerçek bir rıza söz konusuysa tecavüz olamayacağı için, rızaya odaklanma ve, dolayısıyla, özü itibariyle fiziksel zararın ağırlaştırdığı özel bir otonomi ihlali olarak, yanlış bir şekilde tecavüzü anlama eğiliminde oluruz.

Seksin bizi, hissetmenin asla mümkün olabileceğini düşünmediğimiz şeyleri hissetmeye ve hayal bile edemeyeceğimiz (iyi veya kötü) biçimlerde davranmaya sevk eden gücü, seks hakkında düşünmeye başlamalarından beri insanları şaşırtmıştır. Biyolojinin bu konuda yalnızca küçük bir rol oynadığını sanıyorum, zira seksin üzerimizdeki gücü, sevinçli yüceliği kadar bizi deli gibi davranmaya iten, hatta bizi katil yapan gücü, hazzın ve deliliğin, kültürel olarak derinleşmiş bir bireylerin biricikliği kavramına bağlı olması gerçeğinin bir fonksiyonudur. Ya da belki de daha iyisi: Seksin yüce ve demonik gücü ve bu bireysellik kavramı birbirine bağlıdır.

Yalnızca son yirmi yıldır, kişilerin otonomilerine saygı göstermemiz gerektiği talebinden türetilen bir dizi reçeteyle birlikte, seksin bu korkunç gücünü denetleyebildiğimiz duygusuna kapıldık. Ama, elbette, kişinin bir gecelik bir ilişkide bile sorumlu olduğu şey, daha önceden makul bir şekilde rıza gösterdiği herhangi bir şeyin, 'nesnel olarak' (bir mahkemeye örneğin) makul görünen herhangi bir şeyin sınırını her zaman için aşabilir. En azından Homeros zamanından beri bildiğimiz üzere, hiçbir şeyin fazla ciddiye alınmayacağı sonucuna karşı güya bir anlaşmalar ormanı tarafından korunan partnerimizin (ama sıradan bir ilişkideki değil) tehlikeli bir şekilde âşık olma ve hatta takıntılı bir kıskançlıkla altüst olma olasılığı, cinselliğe özgü bir durumdur. O zaman, kişi, daha önceki bütün yalanlamalara rağmen, bundan sorumludur.

İnsanca bir karışıklık riski olmaksızın, seksi, insanı bütün sorumluluklardan kurtaran bir sözleşme gibi arzulamak, genellikle, insanların fahişelerle yaptıkları sekste aradıkları şeydir. O zaman, bu bir yanılsama olsa bile, fahişenin rahatlığı ve müşterinin bu tür bir aldanmaya katılımı, fahişeliğin fahişe için ve hatta daha çok da müşteri için aslında alçaltıcı bir durum olarak görülmesinin bir nedeni olur. Bu yüzden, fahişelik, asıl değerli şeylerin aşağılanmasının bir metaforu olarak çok iyi iş görür – örneğin, hakikat gereksinimimizin yarı-aydın tavrıyla aşağılanması. İfade etmeye çalıştığım, toplumsal sorumluluktan ve hatta ahlaki sorumluluktan bile daha derin bir sorumluluktur. Cora Diamond, ölüye saygı gösterme ve çocuklarımıza numara yerine ad verme pratiklerimizin, ahlaklılığın kaynağını oluşturan pratiklere çok da benzemediğini söylemiştir. Bunun hemen hemen aynısının, en sıradan cinsel ilişkiler yüzünden gelişebilen duygusal ve tinsel –her ikisi de harika ve bazen gerçekten korkunç– karışıklık karşısındaki sorumluluğumuz için de geçerli olduğunu sanıyorum.

İnsanların birbirlerine duydukları ve genellikle ölçülemez gereksinim, insanın biricik ve yeri doldurulamaz olduğunu söylerken ifade ettiğimiz bireyselliğin kısmen yapısal kısmen de anlamlı bir parçasıdır. Muhtemelen, bu gereksinim ve bu bireysellik kendisini cinsel ilişkilerden başka hiçbir yerde böyle güçlü ve bazen de dramatik bir biçimde göstermez. Filozof D. A. Richards, insanları yalnızca 'kişilik özellikleri ve ahlaki prensiplere ilişkin karakter temelinde' severiz demiştir. Sevgi bağına dayanan bireysellik kavramımız kimi zaman ahlakla çelişse de, gene de, o ahlakın içinde en iyi olandır ve eğer Richards'ın öğüdünü dinleyecek olursak ona sinsice fakat büyük bir zarar vermiş oluruz. Bununla birlikte, ana-babaların çocuklarına duydukları karşılıksız sevgiyi çok daha aşikâr bir biçimde baltalarız ve hatta Richards'ın bunu ahlakça yükselten bir olasılık olarak görecek olmasından bile kuşku duymam. Umarım söylediği sözdeki budalalık açıktır, fakat sanırım her tür cinsel ilişkinin ayrılmaz bir parçası olan ve öngörülemeyen insani risklerden kaynaklanan sözleşme benzeri düzenlemeler aracılığıyla kişinin kendisini meşru olarak koruyabilmesi inancında, ahlak dersi çıkarmaya benzer bir aptallık ve küçük çapta bir heyecan söz konusu.

En rasgele cinsel ilişki bile insanları birbirlerinin gereksinimlerine ve ilişkinin (kimi zaman vahim) sonuçlarına karşı sorumlu kıldığından, ve gerekli sevgi bağı ve bu bağa ilişkin olarak duyduğumuz sorumluluk insanların biricik ve değerli olduklarını düşünmemizde derin bir rol oynadığından, cinsel edimdeki kökenlerimizin konumu içimizde öyle derinlere işler ki, kim olduğumuz düşüncesine temel oluşturabilir. Seksle kimlik arasındaki ilişki, seksin derinleşme kapasitesinin bir fonksiyonudur, buna karşılık olarak da, bizim başkalarıyla ilgilenme biçimimizin bir fonksiyonudur. İnsanlar kendilerini heteroseksüel ve homoseksüel olarak düşünebilir, fakat kadın ya da erkek hiç kimse, aynı şekilde, kendisini mastürbasyon yapan biri olarak düşünmez. Mastürbasyon yapan biri olmak, cinsel kimliğin olası bir biçimi değildir.

Cinselliğin fiziksel ayrıntılarından dolayı olmasaydı, sanırım, bu durum böyle olmazdı. Kadınlar eğer bir erkek bedenlerine girmeden rutin bir şekilde hamile kalsaydı ve bu içe girme hiçbir zevk ve sevgi uyandırmasaydı, bu durum gene böyle olmazdı. Sevecen okşamaları davet eden bedenlerimiz dokunuşlara karşı duyarsız olsaydı, sıcaklık ve teselli için başka insanları aramasaydık ve saygı duyacak ya da sakınacak yüzlere sahip olmasaydık, sanırım, bu durum, cazibenin ve uyandırıcılığın tüm tensel ayrıntısından dolayı olmasaydı, böyle olmazdı.

Bir çocuğun doğmadan önce sevilebilecek olması ve bu sevginin annenin bedeninde ortaya çıkan, annenin (ve başkalarının) kabul edebildiği ve bize güzel görünen değişimlerin hazzıyla olanaklı kılınması, buna vesile olması da önemlidir. Sevgi bu güzellik algısında somutlaşır ve müşfik ifadesini bulur. Doğal olarak tüm dikkatlerin odağında yer alacak olsa da, şömine rafı üzerinde, cam bir kavanozun içinde büyüyen bir ceninin sevgi duyarlığının bir nesnesi olabileceğinden kuşkuluyum. Doğrusu, bu, bir kadının bedeninde ortaya çıkan ve 'çocukla olma' ifadesine anlam veren değişimlerin aracılık ettiği sevgi sanatımızın kutlanmasıdır. Bu, –'kendi etimden ve kanımdan' gibi– sevgi dilinde bir deyimdir ve ceninin 'nesnel' özellikleri hakkında ihtilaflı bir şekilde felsefi, teolojik ya da bilimsel kuram ortaya koymanın odağı haline geldiğinde yanlış anlaşılan bir ifadedir. Cenin haklı olarak sevilebilen, yalnızca sevginin sahte görünümlerini değil, aynı zamanda, örneğin kızgınlık gibi başka tepkileri de açığa vuran dil sayesinde, sevginin berraklaştırdığı bir şeydir. Pek çok insanın bunu, ceninin rasyonel bir varlık olup olmamasından daha az önemli bulması şaşırtıcıdır.

Bedeni anlam alanına iade etmek ve onu tıbbi, politik ve katı ahlakçı nedenler için seksi kuşatan sözde-tıp terminolojisinin anlamdan-etkilenmez doğasından kurtarmak, bazı günümüz feministlerinin öncelikli konusu haline gelmiştir. Feministlerin kadın cinselliğini anlamdan-bağımsız çeşitli alanlardan kurtaracak bir dilin iadesini istemelerinin, bir nötr-cinsiyet dili kurma çabaları bakımından buyurgan olamayacak olması ilginçtir. Bir komite (prensip olarak), 'erkek kurul başkanı' yerine 'kurul başkanı'* sözcüğünü kullanmamız şartını getirebilir, fakat hiçbir komite bize 'vajina'nın alternatifi olarak 'am', ya da 'cinsel ilişki'nin alternatifi olarak 'sikişme' sözcüklerini kullanmamızı emredemez, ahlaki açıdan uygunsuz olacağı için değil sadece, fakat 'vajina'nın ve 'cinsel ilişki'nin alternatifi olan sözcüklerin gündelik konuşma diline ait olmaları gerektiği için. Bazı insanlar, 'dört harfli kelimelere'** itiraz ederler, çünkü onları iffete bir saldırı olarak görürler. Bir erdem olarak düşünülen iffet, seksin özü itibariyle gelişigüzel olduğu iddiasına karşı çıkma biçimlerinin pek çoğu için temel teşkil eder. Ama iffet, tıpvari terminolojinin içine korkuyla geri çekilmektense, anlam alanının içinde kendini savunmalıdır. Sevgi diliyle temasını kestiğinde, iffet çocukça görünür.

Yaratıklara özgü doğamızı, dış görünüş doğalcılığının edebiyatla derinleşen bir türü sayesinde keşfederiz. Dış görünüşlerden derin bir şey yaratırız. Bizde ortak olan yaratıklara özgü doğayı keşfetmemiz, anneliğe özgü davranışın biyolojik nedenlerinin araştırılmasından çok, hamile kadınlarla hayvanların bedenleri arasındaki dış görünüş benzerliklerinin yaratıcı bir şekilde değerlendirilmesinde ve onların davranışlarının dış görünüş benzerliklerindedir. Bunun-

* Sırasıyla 'chairman' ve 'chairperson' sözcükleri yerine. (ç.n.)

** Metindeki '*cunt* (am), *fuck* (sikişme) sözcükleri. (ç.n.)

la birlikte, davranışımıza ve hayvanların davranışına daha yakından baktığımızda, bizim davranışımızın (ama hayvanlarınki değil) çoğunlukla davranışın anlamı üzerine derin düşünmeyle saptandığı gerçeğinde ortaya çıkan önemli farklılıklar da görürüz.

Çocuklarına karşı ihmalkâr bir anne, yavrularını içtenlikle seven bir kediyle karşılaştığında bundan utanç duyabilir, ama kedinin ve onun davranışının biyolojik temelleri üzerinde düşünmek, bir anne olarak başarısızlığının kavranmasında onu uzağa götürmeyecektir. Anne kedilerin onlara kalan tek yavruyu korumak amacıyla Jedda'ya saldırmalarındaki vahşilik ve bunun onların evrimsel tarihindeki nedenleri, annelerin çocuklarını korumakla ilgili üstlerine düşen görevler hakkında bize pez az şey söyler. Bu evrimsel tarihin bilgisi, çocuklarımızı kayıtsız şartsız sevmek için gereken şey hakkında bize ne anlatacaktır? Koşulsuz sevgi kavramının hayvanlarda hiçbir uygulaması olamaz, yavrularını nasıl içtenlikle sevdiklerinin, ya da tehlike karşısında onları kendi yaşamları pahasına nasıl vahşice koruduklarının hiçbir önemi yoktur. Sevgimize –bilinçli ya da bilinçsiz olarak– şartlar öne sürebildiğimiz ve bunu yapıyor olduğumuz gerçeğinden sorumlu olduğumuz için sadece, koşulsuzca sevebiliriz. Örneğin, eğer ki bir çocuğu kız olduğu için reddedersek bu koşulları bilinçsizce dayatabiliriz ya da eğer çocuk beklentilerimize, özellikle de ahlaki beklentilerimize uygun değilse, bilinçli olarak. Gerçekten ana-baba olmak için ilerlememiz gereken şey hakkında düşündüğümüzde, bu gerekliliklerin bir baba ya da bir anne olmanın ne anlama geldiğinin bir parçası olduğunu fark ederiz. Ne zaman ki, belli başlı erdemlerde ya da duygusal tepkilerde –sevgi, cesaret, keder, iyilik vesaire– gerçeği sahteden ayırt eden standartları yükseltmeyi düşünsek, bu böyledir. Bu nedenle, yaratık olma niteliğimizde bile hem hayvanlarla olan ortaklıklarımızı hem de bizi onlardan ayıran farklılıkları keşfederiz.

İnsanlar ve Hayvanlar

İnsanlar, Schweitzer'in dediği gibi, göstermiş olduğum farklılıkların öznel olduğunu, insanın bakış açısını yansıttığını söylediklerinde, sanki bizden bu farklılıkların kategorik doğasını nitelendirmemizi istiyorlarmış gibi görünürler. Oysa ben yapmam gereken bu tür bir nitelemeden dolayı şaşkınlık içindeyim. Anlam alanı adını vermiş olduğum ve şeylerin doğasında, 'evrenin yapısı'nda var olmayan etik düşüncemizin içine gömüldüğüne inandığım ve bir filozofun gerçekten nesnel iseler değerlerin ikamet etmesi gerekir diye tanımladığı bu yeri seve seve kabulleniyorum. Anlam alanı insan kökenlidir, daha doğrusu, sevemeyeceğimiz, ya da reddedemeyeceğimiz, ya da görmezden gelemeyeceğimiz kültürün bir armağanıdır. Hiçbir şey bizi ona değer vermeye zorlamaz. Akılda ya da bilimdeki hiçbir şey onu garanti etmez. Fakat, öyleyse bu bir yapıntı, ya da bir buluş, hatta bir yaratım demek, terimlerin doğal anlamının yanlış ya da kötüye kullanımı demek olacaktır.

Anlam alanının kültürün bir armağanı olduğunu kabullenmek, bir insanın öldürülmesinin herhangi bir hayvanın öldürülmesinden daha korkunç ve farklı bir şekilde korkunç olduğuna ilişkin kesinliğimi eksiltmez. Yenecek etin cinayet olduğunu söyleyen insanlar duymuştum, lâkin buna inanırken güvendiğim, saygı duyduğum hiç kimseye rastlamadım. Tanıdığım ya da işittiğim hiç kimse, et yiyen insanlara sanki katillermiş ya da cinayetin suç ortaklarıymış gibi davranmaz. Bildiğim vejetaryenlerin pek çoğu barışçı kimseler değiller. İnsanlar da kasaplık hayvanlar kadar sık kesilselerdi, bunu yapan insanlara ve buna izin veren hükümetlere karşı silaha sarılırlardı. Gene de, pek çok insan et servisi yapıldığında masadan kalkmaz. Kimi insanlar vejetaryen olmak gerektiğine, bazı hayvanları öldürmek bir bebeği öldürmekten daha kötüdür diyen filozofların etkisiyle ikna edilmişlerdir, gene de, sanırım, bu insanların hiçbiri, hayvan eti servisi yapan birisine gösterdiği türden bir tepkiyi, bebek eti servisi yapan birisine, bu bebekler doğal yollarla ölmüş olsalar bile, göstermeyecektir.

Bunların hiçbirini vejetaryenlerle alay etmek için söylemiyorum ve bunlardan hiçbirini vejetaryenliğe karşı bir tartışmanın başlangıcı olarak bile almıyorum, kaldı ki, bu, sürdürmeyi hiç de istemediğim bir tartışma. İnsanın başka hiçbir yaratığın olmadığı kadar değerli olduğunu dile getirmenin küstahlık olup olmadığını tartışırken, bunu ısrarcı bir ciddiyet ruhu içinde söylüyorum. Laboratuvarlarda canlı hayvanlar üzerinde deneyler yapan kişilerin, hayatlarını tehlikeye atan insanların olduğunu biliyorum, fakat henüz bu insanlardan hiçbiri, insanlara da, hayvanları teşrih eden kişilerin hayvanlara davrandığı gibi davranıldığını öğrenirsek diye, bir savaş seferberliği çağrısı yapmış değil.

Benim ciddiyete çağrımın, bizim şu an için nasıl davrandığımıza ve tepki gösterdiğimize bağlı olduğu doğrudur, ancak herhangi biri, aksi halde bizim tepki vermemiz gerektiğini, hem de ciddi bir şekilde isteyebilir mi? Herhangi biri kalkıp da, onların kendi zamanlarının önyargılarıyla –davranabilmeyi dilesek de yenecek etin cinayet olduğuna inanmış gibi davranamayız gibi bir önyargıyla örneğin– çok esaslı bir şekilde koşullanmış, daha doğrusu yozlaşmış olduklarını cidden söyleyebilir mi? Buna inanmıyorum. Kişinin belli bir yolla tepki vermeye koşullandırılmış olduğuna cidden inanmak, kişinin koşullu tepkilerinden bu tepkileri değerlendirmek amacıyla geri adım atabileceğini arzulamaktır aynı zamanda. Bu durumda, bu, belki de katiller arasında yaşıyor ve kitlesel cinayetlerin suç ortaklığını yapıyor olduğumuz inancına uygun biçimlerde tepki vermemiz gerektiğini ciddi ciddi dikkate almak anlamına gelir.

Aynı şekilde devam edebiliriz. 'Bir köpek için mi?' Bu soruyu, Gypsy için veterinere ne kadar ödeyeceğimi düşünürken sormuş ve ne kadar olduğunu bilmediğimi kabul etmiştim, fakat biliyordum ki, çocuklarım söz konusu olsa, böylesi önemli bir tıbbi yardımdan onları yoksun bırakamazdım. İnsanlar, bunun gibi bir durumda çizginin nereden çekileceği konusunda tartışabilirler, fakat ben, köpeğine hasta bir bebekle eşit muamele yapılmış hiç kimseyi tanımıyorum. Eğer herhangi biri onların köpeğine böyle davransaydı, onu etik düşüncenin bir öncüsü olarak değil, fakat aşırı duygusallığın kendisini kötü ruhlu yaptığı biri olarak düşünürdüm. Dolayısıyla, hayvanlara ve böceklere yönelik tutumumuzun insan merkezli ya da öznel olduğunu dile getirirken söylenmek istenen her ne ise, bu, kişiyi yalnızca küstahça kibrin ya da düşüncesizliğin, verdiğimizi ve vermeyi asla dileyemeyeceğimizi emin bir şekilde iddia etmiş olduğum türlü hükümlere yöneltebileceği suçlamasını ciddi bir şekilde haklı çıkaramaz.

Bu yüzden biz evrenin merkezinde miyiz? Bu soruya verilecek basit bir yanıt yok. Doğada bildiğimiz başka hiçbir şeyin olmadığı kadar değerliyiz ve bu durumu 'bizim insani bakış açımızdan' gibi boş bir sözle nitelemenin hiçbir anlamı olmaması, benim ciddiyete çağrımın ahlaki yanıdır. Öte yandan, doğaya, hatta cansız doğaya yönelik tarafsız sevgi gibi bir şey –güzel bir şey– vardır ve bu sevgi, haklar konusunda konuşurken insanların aklındaki sınırlamaya benzer bir biçimde irademizi sınırlayabilir. Ağaçların, hatta örümceklerin haklarından bahsetmenin aptallık olduğunu sanıyorum, fakat bunun nedeni, kısmen, bu durumda insanların haklarından söz etmenin yanlış olduğunu düşünmemdir.

İnanıyorum ki, kişinin haklarını ihlal ettiği için bir eylemin haksız olduğunu söylemek, eylemin haksız olduğunun, ne nedeni açıklanarak ne de iradeye daha nesnel ya da daha sıkı bir şekilde ulanarak söylenmesine hiçbir şey katmayacaktır. Bu sav elbette tartışılabilir ve ben bunu savunmaya başlamak bile istemiyorum. Bunu ben, ağaçlara hak atfetmenin aptalca ve hayvanlara hak atfetmenin yanlış olduğuna yönelik iddiamın neden olabileceği suçlamaları zayıflatabilir umuduyla söylüyorum. (Biliyorum ki, bu, bazı insanlar için suçu sadece kötüleştirecektir.)

Bir kimseye ihanet etmeyi, nedensizce hayvanları, böcekleri, hatta bitkileri yok etmeyi, onlara karşı acımasız olmayı amaçlayan anlayışın irade için nasıl da –psikolojik güç dahil– gücün gereksinimlerinden farklı türde zorunluluklar ve olanaksızlar yaratabileceğini göstermeye çalıştım. Bir insana ya da bir hayvana karşı acımasız davranmanın ve bazı eylemleri imkânsız bazılarınıysa gerekli kılan değerbilirliğin ne anlama geldiğini gözler önüne seren girift-lik, inanıyorum ki, haklardan bahsetmeyi gerektirmez. Ve bu tarz bazı insanları bir kez daha gücendirebilecek olsa da, iddiam odur ki, etiğimizin en derin noktasında sevgi bağlarımızdan oluşan temelsiz bir bireysellik kavramı vardır, ne akılla ne de değerle doğrulanan, sevgide derinleşen ve hakların ve yükümlülüklerin dilinde daha uysal kılınmış görünen – doğal dünya hakkında hemen hemen aynı şeyleri söylediğimde onu alçaltma niyetimin olmadığına başkalarını ikna edebilecek bir iddia.

İnsani meselelerle ilgili olarak haklardan konuşmanın iki işlevi olmuştur. Bunlardan sadece söz edip geçmiş olduğum ilki teoriktir – neden bazı yanlışların yanlış olduğunu açıklamak ve (çoğunlukla) bunları nesnel olarak bir nedene dayandırmak. Ahlaki olan ikincisiyse, ahlaki düşüncemizde yer alan en soylu kurmaca edebiyatlardan birini oluşturur. İyi kalpli insanlar bu ikinciyi, tıpkı güçsüzlüğü ele alış biçiminin gücün cömertliğine –eski moda anlayışla açıklığına– dayanmak zorunda olması gibi, çekilmez bulurlar. En azından 1789'dan beri bunu kabullenmenin reddi, onurlu bir girişim çerçevesinde ve hakların ahlaki güç alanının bir türü, insafsızca ezilmişliğin onursuzluğuna metafizik bir engel oluşturduğu yönünde bir etki yaratmak suretiyle, insan hakları retoriğini güçsüzlüğe saygınlık kazandırmaya zorlamıştır. 'Senin açıklığına ihtiyacım yok. Adaletine ihtiyacım yok. Haklarımdan vazgeçmez ve kabul edilmelerini talep ederim.' Bu, işte, 1789'un ruhudur.

Bu bir yanılsamadır. Haklar için yapılan çağrının bu çağrıyı destekleme gücü yoksa eğer, protesto edilmiş olmanın yanlışlığını değerlendirmek, tümüyle, çağrının yapıldığı kişilerdeki adalet duygusuna bağlıdır. Bu değerlendirmenin haklar kavramını içermesi gerekmez – içermek zorunda olmadığını düşünüyorum.

'Human Personality' isimli güzel makalesinde Simone Weil şöyle yazar:

> Duyacak kulakları olan birine, "Bana yapıyor olduğun şey adil değil," derseniz eğer, ilginin ve sevginin ruhuna kaynağında dokunabilir ve bu ruhu kaynağında uyandırabilirsiniz. Ancak bu, 'hakkım var...' ya da '...hiç hakkın yok' benzeri sözlerle bir değildir. Bu sözler potansiyel bir savaşı akla getirir ve yarışma ruhunu uyandırırlar...
>
> Yumurtalarını makul fiyata satması için bir çiftçinin gözünü korkutmaya çalışan bir kişiye karşılık olarak çiftçi şöyle diyebilir: "Eğer yeterince iyi para kazanamayacaksam yumurtalarımı satmama hakkım var." Ama koşullar genç bir kızı geneleve düşmeye zorluyorsa, haklarından söz edemeyecektir. Böyle bir durumda, söz, gülünç derecede yetersiz kalır.

Hiç kimse adalet hakkında Weil'in yazdığı kadar güzel ve direngen bir biçimde yazmamıştır, çünkü hiç kimsenin bir dert hakkında bu denli inatçı bir biçimde ve büyük acı çeken ve bu acının başkalarının göremediği alçaltıcı biçimlerini yaşayan kişilere karşı gerçek insan sevgisini hissederek yazmamış olduğuna inanıyorum. 'Forms of the Implicit Love of God'ta şöyle yazar:

> Adaletin doğaüstü erdemi, eşit olmayan bir ilişkinin güçlü tarafı olduğumuzda, tamamen sanki eşitlik varmış gibi davranmaktan ibarettir. Tamamen, her bakımdan, vurgunun ve tavrın en küçük ayrıntıları dahil, zira bir detay güçsüz tarafı, bu durumda doğal olarak ona ait olan sorunun koşulu haline getirmek için yeterli olabilir, tıpkı en ufak bir sarsıntının donma noktasının altında sıvı halde duran suyun katılaşmasına yol açması gibi.

Hayvanlarla ve doğayla olan ilişkimizi feragatin bu güzel sözlerle ifade edilen ruhu da genişletemezse eğer, insanın küstahça kibrine sınır koymak için bir haklar kavramına ihtiyacımız olur mu?

Kırda yaşayan bir çocukken arkadaşlarım tavşan avlar ve onları yakındaki bir kasabada satardı. Onlara katılmamış olmanın verdiği eziklikle, bir gün babamın tüfeğini kaptım ve bize ve Orloff'a akşam yemeği bulmak için yakındaki bir tepeye tavşan avlamaya gittim. Bu olayı *Romulus, My Father*'da şöyle anlatıyorum:

> Öğleden sonra tepeye vardım. Hayatımda ilk kez, güzellikten kaynaklanan bir tür sarsıntıyı yaşıyor ve bu güzellik karşısında kendimi gerçekten canlı hissediyordum. Avrupa'nın güzel ağaçlarından çok sık söz ettiğinden, babamın kırlara ve özellikle de kırın cılız ağaçlarına karşı takındığı tavrı özümsemiştim. Ama şimdi, benim için yerli ağaçların taşıdığı güzelliğin anahtarı, serilmiş, onları koyu mavi gökyüzüne karşı çok keskin bir şekilde betimleyen gün ışığında yatıyor. Böyle bir anahtara sahip olduğumdan, kır manzarasının bende yarattığı algı, anlamı belirsiz bir çizimde ikinci bir imge görülür olduğunda algının birdenbire ve tümüyle değişmesi gibi, kökten değişiyordu. Cılız şekiller ve seyrek yapraklar aslında, manzaranın güzelliği karşısında, kavrayışımın yoğunlaştığı yerler oluyor ve bütün her şey buna eşlik ediyordu – ilkel tepeler, beyazdan önce sarıya en son kahverengiye dönerek dolanan ve yaz rengine bürünmüş uzun otlardan aşağı kalmamak için sanki özellikle tozluymuş gibi görünen ıssız yollar... Dikkate almak zorunda olduğum ucuz ve ilkel bir biçim için değil, fakat ince ve rafine bir biçim için benim hazır olmamı bekleyen, gizli, özel bir güzelliğe sahipmiş gibiydi manzara. Sanki Tanrı beni almış ve atölyesinin arka tarafına götürmüştü ve bana gerçekten özel bir şey gösteriyordu. Artık benim için tavşan vurmak zorunda olmam anlaşılmaz bir şeydi.

Artık benim için tavşan vurmak zorunda olmam anlaşılmaz bir şeydi dediğimde ifade ettiğim olanaksızlık psikolojik bir olanaksızlık değildir. Bazen, herhangi bir şeyi yapamayacağımızı söyleriz, ne kadar çok denersek deneyelim yapamadığımız anlamındadır bu. Bu gibi durumlarda, birisi tutup da denememizi önerirse eğer, bunun bir anlamı olmadığını söyleriz, fakat sorun olan bu şeyi yapmanın bizim için imkânsız olduğunu söylediğimizde kastettiğimiz şeyi yanlış anlayan kişinin yaptığı önerinin saçma bir öneri olduğunu söylemeyiz. Örneğin, tavukların öldürülmesine hiçbir itirazı olmayan bir kişi, bunu yapamayacağını çünkü ne zaman denemeye kalkışsa fenalaştığını söyleyebilir. Başka birisi de ona, "Gözlerini kaparsan çok da kötü değil," ya da, "Kafalarını satırla kesmek boyunlarını burarak öldürmekten daha kolaydır," diyebilir. Aynı şey, haklı ve gerekli olduğu düşünülen bir savaşta gönüllü olarak askere giden birisi için de geçerlidir, ne var ki, yapması gerektiğini düşünse de başka bir insanı öldüremeyeceğini keşfeder.

Gene de, bazen, bir şeyi yapamayacağımızı söylediğimizde, kastettiğimiz şeyin bir yanlış anlama olduğunu gösterirken, denemiş olsak belki de yapabileceğimiz bir öneriyi reddederiz. Tepedeyken yanımda birisi olsaydı ve yaşadığım deneyimin yoğunlukla duygusal bir deneyim olduğunu anladığı halde bana tavşan vurmaya gelmiş olduğumu söyleseydi, vereceğim tepki, oraya yapmak için gittiğim şeyi yapmayı denemek olurdu.

Ahlaki olanaksızlığa dair ünlü ifadesinde, Luther, "İşte burada duruyorum. Başka türlü de yapamam," demişti. Bununla beraber, bu öğleden sonra bir tavşanı vuramayacağımı fark ettiğimi söylemek içimden gelmiyor, o zaman, benim için bu ahlaki olarak imkânsız bir fark edişti. Başkalarının da tavşan vurmaması gerektiğini düşündüm demek değildi bu, ya da yapıyor oldukları şeyi kavrasalardı eğer yapamazlardı demek de değildi. Hatta, ertesi gün de tavşan vurmamam gerektiğini bile ima etmiyordu. İma ettiği şey, ertesi gün tavşan vurursam eğer, onları tepede yaşadığım deneyimden önce sahip olduğum ruhla vuramayacağımdı.

Çıkarcı biri, tavşanı üç kere Ave Maria dedikten sonra vurmakla sadist bir zevkle vurmak arasında tavşan için fark eden bir şey yoktur diyebilir. Aynı kişi, muhtemelen, babamın buzağıyı merhamet etmeksizin öldürmesinin onu öldürmesinden daha önemli olduğunu düşünmesinden şaşkınlığa uğrayacaktır.

A Common Humanity'de, yaptıkları ya da karakteri ne denli kötü olursa olsun, hiçbir insanın, hak ediyor diye, dünyayı haşarattan temizleme niyetiyle öldürülemeyeceğini söylüyorum. Bunu ben bir mutlak değer ifadesi diye adlandırmıştım. Bir öğrenci şöyle karşılık verdi: Belki de 'haşarat' asla dünyayı haşarattan temizleme niyetiyle öldürülmemelidir. Belki de haklıydı. Şu soruyu ortaya atmakta kesinlikle haklıydı: Herhangi bir şeyi küçümseme niyetiyle öldürmek yanlış değil midir? Sanırım us bu soruyu yanıtlayamaz. Hindistan'da ve başka yerlerde, dünyaya, hiçbir şeyin kendileri tarafından hor görülmeyi hak etmediği düşüncesiyle tepki gösteren kutsal insanlar vardır. Bir kimse, bunun için metafizik gerekçeleri vardır ve metafizik gerekçelere akılla değer biçilebilir diyecektir. Belki de onlar bu tür nedenlere sahiptirler, bunlara sahip olsalar bile, gene de, bu nedenlerin onların davranışını, bu davranışın renklendirilmesini tam olarak açıklayabileceğinden kuşkuluyum ben. Ancak biri bana Pablo Casals da aynı şekilde davrandı deseydi, buna inanmakta zorlanmazdım. Alıntıladığım bölüm buna inanmam için yeterli olurdu. Bir açıklama getirmek için daha fazla şey eklemeyeceğim.

George Orwell, 'Looking Back at the Spanish War' adlı makalesinde bir öykü anlatır: "Siperde otururken, bulunduğum yerden az uzakta, bir parapet boyunca koşan bir düşman askeri gördüm. Nişan aldım, tam ateş edecektim ki, adamın düşmesin diye pantolonunu tuttuğunu fark ettim. Buraya 'Faşistler'i vurmaya gelmiştim, fakat düşmesin diye pantolonunu tutan bir adam faşist değildir, besbelli sizin gibi dost bir kişidir ve içinizde onu vurmak gibi bir duygu uyanmaz."

Orwell, adamı vuramadığını söylemez. 'İçinizde onu vurmak gibi bir duygu uyanmaz,' der. Sanırım bu, belki de, ahlaki olarak düşünmezsek eğer, pantolonu düşmüş bir adamı vurmamalıyız gibi yaygın bir inanca ilişkin olarak hissettiği duyarlığın sevk ettiği, bir şeyi bile bile olduğundan hafif gösteren bir ifadedir, o halde, bu duygu da psikolojik bir güçsüzlüğün *şart* belirten ifadesi olamaz. Orwell'ın insanların düşmesin diye pantolonlarını tutarlarken vurulmalarına ilişkin genel bir prensip telaffuz etmediği kesindir. Yarın, doğrusu tam da böyle bir adamı, hatta aynı adamı vurabilir. Ne var ki, anlaşılır –hatta sevecen– olsa da, Orwell'ın tepkisinin ahlaki bir tepkiden çok psikolojik bir tepki olduğunu söylemek yanlış olmayacaktır.

Orwell, pantolonu düşmüş bu adamı vuramadığını ve, kastettiği şeyin aptalca bir yanlış anlaması olarak, deneyebileceği herhangi bir öneriyi reddedemeyeceğini söylemiş de olabilirdi. Orwell'ın tepkisiyle tıpkı kendisi gibi bu faşist askeri de bir insan –bu dışavurumun tüm ahlaki tınılarıyla birlikte dost bir insan– olarak görmeye başlaması, birbirine bağlıydı. Böyle bir algılama, o anda, Orwell için askeri vurmayı olanaksız hale getirdi, tıpkı doğanın güzelliğini fark etmemin o öğleden sonra benim için tavşan vurmayı olanaksızlaştırması gibi. Lâkin, Orwell'ın bu askeri bir arkadaşı gibi algılaması değişmeden kalmış olsaydı, o zaman, bir asker olarak sürdürdüğü ruh hali de farklı olurdu. Elbette, Orwell'ın davranışında açığa çıkması gereken bu ruh hali, gene de, onun bunu –bu durumda düşmesin diye pantolonunu tutan bir adamı vurmayı– imkânsız bulmasıyla saptanamaz kesinlikle.

Bazı insanlar –ve sanırım gittikçe artan oranda genç insanlar– et yiyemediklerini keşfettikleri için vejetaryen oluyorlar. Başlangıçta, pratik bir nedenden dolayı et yemiyor olabilirler –belki etin çok pahalı olduğu ya da çok kötü pişirildiği bir yerdeler– ve sonra giderek et yemenin çok iğrenç olduğu düşüncesini keşfediyorlar. Sözünü ettiğim vejetaryenlerin hemen şimdi midelerinin bulandığını söylemek, söylediğim şey eğer tiksintilerinin ahlaki bir tiksinti olmadığını ifade ediyorsa, yanlış olur. Örneğin, akşam yemeğini pişirenler için çok daha kolay olacak olmasından ötürü ya da yaptıkları diyette etin yokluğunu telafi edecek oranda protein alamadıklarından, onlardan et yemeye çalışmaları istendiğinde, tiksinmelerinin bu tür bir tiksinme olmadığını söyleyebilirler. Fakat, vejetaryenliğin ahlaki temelinin ilke kararlarıyla ilgili olduğunu düşünmeye eğilimli olduklarından, kendi tiksintilerinin ahlaki olduğunu söylemekte tereddüt edebilirler. Ve, gerçekten, düşüncesi bile midelerini bulandırdığı için et yiyemezlerse eğer, o zaman, et yeme düşüncesine karşı 'yalnızca' psikolojik olarak duydukları güçlü tiksinti yüzünden et yiyemediklerine inanmak gibi bir yanılgıya düşebilirler. İfade ettikleri olanaksızlık için bir acıma duygusu uyandıracak olan bu durum, Orwell örneğinde olduğu gibi, bir hayvanı yemenin ne anlama geldiği algısıyla birbirine bağlıdır. İçlerinden yetenekli olan, bu anlamın şiirsel ifadesini keşfedebilir.

Ahlaki olanla psikolojik olan arasındaki keskin ayırım ve ahlaki olanaksızlık ifadelerinin gerçekten de bir yükümlülük duygusunu ifade etmenin yanıltıcı yolları olduğunu düşünme eğilimi, anlamı-boşlama adını verdiğim şeyin görünümleridir. Fakat, olanak ile gereklilik biçimleri arasında var olan birbirine bağlı olma durumu ve bir şeyin anlamını görmeye başlamak, doğal olarak ahlak diye adlandırılan şeyin çok ötesine geçer. M., Vietnamlı kadınların yapabildiklerini düşündüğü gibi, hemen yeni bir çocuk sahibi olamayacağını söylemişti. Ona olanaksız gelen bu düşünce, bir çocuk sahibi olmanın ona ifade ettiği şeyden ve onu ve esas itibariyle onun türünü Vietnamlılardan ayıran şeyin ne olduğunu düşünmesinden ayrılamazdı. Her şeye karşın, ifade ettiği bu olanaksızlık ahlaki bir olanaksızlık değildir. Ne de o gün tepede bir tavşan vuracak olan benim ya da düşmesin diye pantolonunu tutan faşist askeri vuracak olan Orwell'ın olanaksızlığıdır. Ölülerimizi çöp koleksiyonuna gönderecek ya da çocuklarımıza isim yerine usulden numaralar verecek olmamızın olanaksızlığı gibi, bunlar da bu yapılandıran ve ahlakın tam olarak içinde yer aldığı anlam alanının bu parçası tarafından yapılandırılan olanaksızlıklardır.

Coetzee'nin *The Lives of Animals* adlı kitabında, Elizabeth Costello, hayvanlara yaptığımız eziyeti ve onları maruz bıraktığımız onur kırıcı durumu tam anlamıyla kavradığımız bir dünya hayal eder. Sonunda deliliğin sınırına gelir, fakat bunun ondaki, hepimizin suç ortakları olduğumuza ilişkin kötülük düşüncesinin nedeni mi yoksa sonucu mu olduğu bilinmez.

Sanırım her ikisi de. Hayvanların katledilmeleriyle bizim bu duruma aldırmazlığımızı, Nazilerin Yahudi katliamıyla insanların bu katliam olduğundaki ilgisizliğine benzetir:

> Son bir kez, hepimizin çevresindeki ölüm yerlerine, muazzam bir toplumsal çabayla kalplerimizi kapattığımız bu katliam yerlerine dönüyorum. Her gün yeni bir imha; fakat, görebildiğim kadarıyla, ahlaki varlığımız etkilenmeden kalıyor. Lekelenmiş hissetmiyoruz. Bir şey yaparız ve temizleniverir gibi geliyor.
>
> Çevrelerindeki canavarlıkların farkında olan ve olmayan Almanları, Polonyalıları ve Ukraynalıları gösteriyoruz. Onların, cehaletin bu özel biçiminin geciken etkileriyle derinden damgalandıklarını düşünmekten hoşlanıyoruz. Kâbuslarında, acıları-

na gözlerini kapadıkları kişilerin yakalarına yapışmak üzere geri döndüklerini düşünmekten hoşlanıyoruz. Sabahları, yorgunluk ve açlıktan bitkin halde uyandıklarını ve kemirici bir korku yüzünden öldüklerini düşünmekten hoşlanıyoruz. Ama durum büyük olasılıkla böyle değildi. Kanıtlar tam tersini, hiçbir şey yapamadığımızı, yaptığımızın yanımıza kâr kalabildiğini ve hiçbir cezanın verilmediğini gösteriyor.

Kitabın sonunda oğluna gözyaşları içinde şunları söylüyor:

Görünen o ki, artık nerede olduğumu bilmiyorum. İnsanların ortasında, onlarla tamamen normal ilişkiler kurabilmek için rahatça dolanıp duruyor gibiyim. Bu olası mı, soruyorum kendime, bu insanların hepsi de bir suçun sersemletici oranlardaki failleri mi? Her şeyi hayalimde mi canlandırıyorum? Delirmiş olmalıyım! Ama her gün bir kanıt görüyorum. Kuşkulandığım insanlar bile kanıt üretiyor, gösteriyor, bana veriyor. Cesetler. Para için satın aldıkları ceset parçaları.

Sanki arkadaşları ziyaret etmiş ve oturma odalarındaki lamba hakkında kibar bir söz söylemişim gibi bir şey bu, ve onlar da bana, "Evet, hoş değil mi? Polonyalı Yahudi derisinden yapılma, bunun en iyisi olduğunu biliyoruz, Polonyalı genç Yahudi bakirelerin derisi," demişler. Ve sonra banyoya gidiyorum, ve sabunun ambalajı diyor ki, 'Treblinka – % 100 insan yağı.'* Rüya mı görüyorum acaba? Nasıl bir ev burası?

Ama rüya görmüyorum. Senin, Norma'nın, çocukların gözlerinin içine bakıyorum ve sadece iyilik, insanca bir iyilik görüyorum. Sakin ol diyorum kendi kendime, pireyi deve yapıyorsun. Yaşam bu. Başka herkes onu kabulleniyor, sen neden kabullenemiyorsun? *Neden kabullenemiyorsun?*

Müttefiklerin neden Almanlara karşı savaştıkları karmaşık bir meseledir, fakat birçok insan, haklı olarak, Almanların Yahudile-

* Sabun gibi kalıp temizleyicilerde kullanılan kimyasallardan "stearate" sözcüğü yerine. (ç.n.)

re karşı giriştiği katliamın yeterli bir neden olduğuna inanır. Ne ki, daha önce de söylemiş olduğum gibi, tek bir kişi tepki göstermez, ve sanırım tek bir insan bile hayvanların kesilmesine ciddi bir şekilde tepki vermek istemez, sanki bu durum çiftçilere, kasaplara ve mezbahalarda çalışan insanlara karşı silaha sarılmayı haklı çıkarırmış gibi. Hayvanların kesilmesine karşı ilgisizliğimizin ahlaki karakterini nasıl anlamamız gerektiğiyle hemen hemen hiç ilgisi yoktur bunun. Ama bu, Yahudi katliamıyla hayvanlara karşı tutumumuz arasındaki ilişkiyi resmetme gereği duyabileceğimiz herhangi başka analojilerin ahlaki karakteri hakkında bilgi vermelidir. İnsanlar Yahudi katliamı ve hayvanları öldürme biçimimizin 'ölümün sanayileştirilmesi'nin örnekleri olduğunu söylemekteler, sanki Auschwitz ile modern bir mezbaha arasındaki radikal farklılıklar bu kıyaslamayı ışık saçacak güçten mahrum etmezmiş gibi.

Böyle güçlü bir pasajı alıntıladıktan sonra konuşabilir miyim? Bu pasajın gücü, ahlaki açıklığından çok retoriğindedir. Ya da, pasajın inkâr edilemez gücünü eleştirel olarak değerlendirmeye her nasılsa geri döndüğümde, beni iddiamı yeniden gözden geçirip değiştirmeye yöneltecek hiçbir şey bulamıyorum, hayvanların öldürülmesine sanki bir kitle katliamıymış gibi tepki gösteremeyeceğimi, gösterebilecek kimseyi de tanımadığımı keşfediyorum. Costello'nun resmettiği analojinin aptalca ve aynı zamanda incitici olduğuna inanıyorum, ama Yahudi katliamına özgü ayırt edici herhangi bir şey içerdiği için değil. İnsanlar Yahudi katliamının eşsiz ve esrarengiz olduğunu iddia etmektedirler. Bu iddia hakkında burada hiçbir yorum yapmayacağım. Ancak, Auschwitz ile bir mezbaha arasındaki kıyaslama, Auschwitz'i Gulag'taki bir kamptan ya da yapılan başka herhangi bir kitle katliamından ayırt edebilecek herhangi bir şeyden dolayı incitici değildir. İnciticidir çünkü cinayete tepki gösterirken mezbahada olanlara tepki vermiyor ve veremiyoruz. Costello'nun söylediğiyle incinmiş olmak için Yahudi katliamına özgü bir kötülüğe başvurmak, korkarım ki, Costello'nun söylediğinin incitici olması denli yanıltıcıdır.

Hayvanlara yaptığımız zulmün iğrenç bir şey olduğunu tam anlamıyla kabullenmek ve gelecek nesillerin de aynı şekilde düşüneceklerini ummak için böylesi aşırı kıyaslamalardan kolaylıkla etkilenen biri olmaya gerek yok. Çok zalim olduğumuzdan kuşkulanacakları ve bu durumda şu an yürürlükte olan ve istisna olamayacak kadar yaygın pratiklerin suç sayılacağı umulabilir. Yeter ki, Costello'nun pratiklerimizi Yahudi katliamı ile kıyaslaması üzerine yaptığım eleştirinin kaçınılmaz sonucu olarak oluşan koşullar açık ve sağlam bir şekilde akılda tutulsun, o zaman, 'bir suçun sersemletici oranlardaki failleri' olmuş olmakla yargılanacak olmamız konusunda Costello'nun duyduğu korkuya dair hiçbir absürd şeye gerek duyulmayacaktır. Bu, babam gibi insanların hayvanlarla olan ilişkilerinde, yemek için onları öldürdüklerinden ahlaki anlamda yetersiz oldukları anlamına mı gelir?

1980'lerin en kötü kuraklığının yaşandığı günlerde babamın otuz civarında keçisi vardı. Çarşıda gördüğü bacağı kırık bir keçiye çok üzüldüğü için sahip olmuştu onlara. Keçiyi sadece yarasının bakımıyla meşgul olabilmek için satın aldı, fakat bacağı iyileşince, babam hayvanın arkadaşlık yapması gerektiğini düşünerek tutup ona bir eş satın aldı. Sonunda bu ikisinden otuz keçisi oldu babamın ve ona kederden başka hiçbir şey getirmediler.

Kuraklığın olduğu dönem, yaşamını bir çiftlikte sürdürenler için büyük acılarla geçti. Binlerce sığır ve koyun kesildi ve toplu mezarlara gömüldü, zira onları beslemek için yiyecek yoktu. Etin fiyatı öylesine düşmüştü ki, yarım römork dolusu hayvan traktör şoförünün ücretini bile ödeyemiyordu. Keçilerin yiyeceği tükendiğinde babam bir tırpanla yolun kenarındaki otları biçti, aylar boyunca, kamyonlar dolusu. Bu sırada altmışını aşmıştı ve bu iş sağlığı için büyük sıkıntı yaratıyordu. Onu çalışırken gören ve –Maryborough'dan Castlemaine'e kadar, yaklaşık on beş kilometrelik yol boyunca otların biçilmesi– işinin sonuçlarına tanık olan yörenin çiftçilerini babamın çok sıkı çalışıyor ve hayvanlar için sağlığını tehlikeye atıyor olması şaşkına çeviriyordu. Ama onları asıl şaşırtan, babamın bu işten hiçbir kazancının olmadığını bilmeleriydi. Bu çiftçilerden biri bana, "Biliyorum, çok çalışıyorum ama asla bu kadar çok değil," demişti. Bir gün otları biçerken babam göğsündeki ve sol kolundaki ani bir ağrıyla yere yığıldı.

Babam ara sıra yemek için bir keçi öldürürdü, ama onları çoğunlukla köpeklerini beslemek için öldürürdü. Et alacak çok az parası vardı ve karısıyla birlikte, büyük bölümünü hayvanları için veteriner ücretine harcadıkları emekli aylıklarıyla geçiniyorlardı. Kızım Eva onun arada bir keçi öldürdüğünü duyduğu zaman çok üzülmüştü. Hayvanlara karşı sevgi dolu olduğundan babamı ziyaret etmekten hoşlanırdı, zira orada, hemen hemen daima görülecek civcivler, ördek yavruları, buzağılar ya da oğlaklar olurdu. İçlerinden birinin hasta ve sıcaklığa ihtiyacı olduğu zamanlarda, mutfakta yaşadığı olurdu. "Bunu nasıl yapabildi?" diye sordu bana. Gerçekten de, tüm insanları bu denli umursayan birinin bunu nasıl yapabildiğini kastetmişti. Ona, hayvanlara karşı büyükbabasından daha şefkatli davranan birisini tanıyıp tanımadığını ya da böyle birisini duyup duymadığını sordum. "Hayır," dedi.

Sohbetimizin, Eva'ya, yiyecek için hayvanları öldürmenin doğru olup olmadığı konusunda aklındaki soruları çözmesi gerektiği izlenimini vermesini istemiyordum. Gene de, onları öldürmenin ne anlama gelebileceği hakkında bir şeyler öğreneceğini ummuştum. Hayvanları bu denli önemseyen büyükbabasının, üstelik de onlar için çok çalışıp hayatını riske attığı hayvanlarını nasıl öldürebildiğini bilmek istiyordu. İlk tepkisi, onları öldürdüğü gerçeğinin, büyükbabasının hayvanları onun sandığından daha az önemsediğini belli ettiğini düşünmesi oldu. Ona sorduğum soru şunu anlamasını sağladı: Büyükbabasının hayvanları öldürmeye hazır olması, onlar için hissettiği şefkatte bir eksikliği göstermek zorunda değildir.

Eva tam da şöyle diyemeyeceğini içgüdüsel olarak biliyordu: Eğer büyükbabam hayvanları öldürdüyse, bu durumda, tanım gereği, onlara karşı gerçek şefkatten yoksun olmalıydı. Tüm bunlardan sonra, şefkatin otoriter örnekleri üzerine kafa yorulmazsa eğer, şefkat nasıl öğrenilir, ne kadar derine işleyebilir ve sınırları nelerdir? Sanırım bunun yanıtı şöyle verilebilirdi: Çünkü babam doğal dünyayla öylesine bütünleşmişti ki, incinmiş insanların bu dünyaya yapmış oldukları kötülükten dolayı ona öylesine merhamet duyuyordu ki, onun bu örneği Eva için bu tür bir otoriteye sahipti. Fakat babamın haklı olarak otoriter olacak olan örneği sayesinde, onun şefkati bir hayvanı öldürmenin ne anlama geldiğini açıkça sezdirebilirdi.

Harika insanlar vardır, hayvanlara babamın duyduğu denli derin şefkat besleyen, bir hayvanı öldürmeyi ahlaki açıdan olanaksız gören ve bu görüleriyle yiyecek için bir hayvanı öldürmenin ne anlama geldiğine ilişkin kavrayışları birbirine bağlı olan insanlar. Gene de, bu örnekler, babamı bana karşı mahcup etmez. Tanıdığım hiç kimse, kendilerini bize sunan hayvanların cömertliği karşısında babamdan daha kadirşinas olmamış ve hayatlarımıza kazandırdıkları incelik için onlara babamdan daha minnettar kalmamıştır. Bazen, ahlaki açıdan bize olanaksız gelen bir şey sezeriz, fakat o şeyin kendileri için olanaklı olduğunu düşünen insanların, ahlaki açıdan yetersiz olmaları bir yana, o şeyle ilgili olarak hatalı olduklarını düşünmeyiz. Mükemmel ve saf otorite örnekleri bile, haklı olarak, insanlara farklı şeyler ifade eder. Bu nedenle, bu konu hakkında ancak kişisel olarak konuşabilirim.